心理语言学研究丛书
张积家 主编

青少年聋生的概念结构

Qingshaonian Longsheng de Gainian Jiegou

李德高 ◎著

暨南大學出版社
JINAN UNIVERSITY PRESS
中国·广州

图书在版编目（CIP）数据

青少年聋生的概念结构：一项语言与认知关系的实验研究／李德高著．—广州：暨南大学出版社，2010．12
ISBN 978－7－81135－580－2

Ⅰ．①青…　Ⅱ．①李…　Ⅲ．①青少年—聋哑人语言—研究　Ⅳ．①H026．3

中国版本图书馆 CIP 数据核字（2010）第 144563 号

出版发行：暨南大学出版社

地　址：中国广州暨南大学
电　话：总编室（8620）85221601
营销部（8620）85225284　85228291　85228292（邮购）
传　真：（8620）85221583（办公室）　85223774（营销部）
邮　编：510630
网　址：http：//www．jnupress．com　http：//press．jnu．edu．cn

排　版：暨南大学出版社照排中心
印　刷：广东省农垦总局印刷厂

开　本：787mm×960mm　1/16
印　张：12
字　数：213 千
版　次：2010 年 12 月第 1 版
印　次：2010 年 12 月第 1 次
印　数：1—1000 册

定　价：23．00 元

语言、思想和行为（总序）

张积家

“心理语言学研究丛书”由暨南大学出版社出版了，这是一件可喜可贺之事。丛书包括十部书，其中九部是由华南师范大学九位语言认知方面的博士论文改编而成，一部为社会科学研究方法类的书籍。丛书反映了我们近年来在心理语言学研究方面取得的最新成果，也从一个侧面反映了进入21世纪以后我国心理语言学研究取得的一些最新的进展。作者都是我的学生，在这里，我为该套丛书写一个总的序言。

毫无疑问，语言是人类最重要的交际工具。借助于语言，人们可以相互交际，一个人拥有的信息可以传递给另一个人，文明的成果也可以在世代之间积累、保存和传递，人类因而成为一种“能群”（荀子语）的动物。由于“能群”，所以，虽然人类“力不若牛，走不若马”，却能够从动物界中脱胎出来，成为万物之灵。借助于语言，人类组成了社会和组织，形成了社会性的本质。马克思说：“人不是抽象的蛰居于世界之外的存在物。人就是人的世界，就是国家、社会。”“人的实质也就是人的真正的共同体。”“人是最名副其实的社会动物，不仅是一种合群的动物，而且是只有在社会中才能独立的动物。”在人类社会中，语言无疑是个体面对的最重要的社会现实之一。人生活在语言之中，语言对人类社会，须臾不可离。

语言又是人类思维的最重要的工具。思想是什么？通俗地说，它是人类思维的结果，是人类精神活动的产物。然而，思想没有形体，也没有颜色、体积、温度和重量。思想要存在，就离不开语言。语言是符号系统，是以语音或字形为物质外壳，以语义为意义内容，以音义结合的词汇为建筑材料，以语法为组织规律的体系。没有语言，思想就失去了存在的基础，就成为无源之水、无本之木。它既无法表达出来，也无法留传下去。正由于语言对于思想的重要性，所以语言和思维的关系为历代思想家所关注。维果茨基（L. Vygotsky，1896—1934）指出，语言和思维的关系是“最为复杂和最为重大的问题”，对于这一问题的探讨，有助于揭示人类意识的本质。

行为是有机体的反应系统，是有机体的言语、活动、动作、运动、反应或行动的统称。行为有简单和复杂之分，言语行为是复杂行为。在言语行为中，处于交际中的一方说出或写出具有语音或字形的词或句子，另一方则通过解码对方的词或句子，理解其中的思想内容。虽然人类亦可以采用其他形式（如表情或动作）来交流，但它们既不清晰，也不是最主要的形式。因此，要研究人的心理，最主要的还是观察人们的言语行为。“言为心声”，“诗言志”。看一个人，要“听其言”。

于是，从20世纪四五十年代开始，西方哲学界和心理学界就出现了“语言学的转向”。哲学的研究对象和主题从思维和理性活动的内容转向表达这种内容的语言本身，命题意义研究取代了认识能力研究。例如，弗雷格（F. L. G. Frege，1848—1925）认为，哲学研究语言表达式，这些表达式意味着有客观实在性的东西。概念不是某种心灵过程或精神实体，而是某种特殊类型的客观事物。语言表达式具有可以公开考察的性质。意义研究依赖于对这些性质的考察，而不依赖于对心理过程的臆测。在语言背后，并不存在某种需要由语言来表达的理性内容，相反，语言本身就是这些内容。所以，研究语言就是研究思想本身。对于这一点，虽然英美哲学家和欧陆哲学家仍有不同认识，但是他们都认为语言比以往在更大程度上影响并决定着思想，甚至决定人类自身的生存状态。语言是人类最重要、最直接的思维现实。例如，英美的分析哲学家把语言看作是思想的逻辑形式。语言既是人类认识活动的结果，也是人类认识活动的对象。只有把语言看成是对人类共同的、客观的东西，才能真正认识语言的性质和作用。由于人们以往错误地理解或使用了语言，所以思想才会发生混乱，因而可以从语言中找到传统哲学混乱的根源。分析哲学大师维特根斯坦（L. Wittgenstein，1889—1951）明确指出：“哲学就是对语言的批判。”哲学研究的任务，就是在澄清语言的意义和用法的同时，揭示语言的客观性和独立性，使哲学研究像自然科学研究一样严格和精确。维特根斯坦写道：“凡能够说的，都能够说清楚；凡不能谈论的，就应该保持沉默。”从中可以看出分析哲学对语言的重视。维特根斯坦尤其反对语言与思维可以分离、语言是思维的载体或“物质外壳”的流行观点，相反，他认为语言与思维是形式与内容的关系，没有内容的形式和没有形式的内容都没有意义。语言不是思维的工具，它和思维是一体的。他说：“想象一种语言就是想象一种生活形式。‘语言游戏’这个术语意味着突出了这样一个事实：说出语言就是一种行为的一部分，或者就是一种生活形式的一部分。”

相比之下，欧陆的哲学家则更强调语言对人的存在的本体论意义。语言不是哲学的研究对象，而是哲学得以存在的根据，是人类存在的基础，是支配和决定人类思想的最后因素。海德格尔（M. Heidegger，1889—1966）说过："存在在思想中形成语言。语言是存在之居所。人栖居在语言所筑之居所中。""在诗的言语中，诗的想象为自己生成了话语。在诗中所说者，即是诗人自己想要阐明的东西。如此道说出来的东西，即是以阐明自己的内容在道说。诗的语言是多侧面的阐说。"他们认为，思想是语言的自我显现，是语言自己在说话，是人们在使用语言，而不是语言利用人们的身体在说话。在说的过程中，身体和工具是载体，而思想则以语言的形式得以显露。

现代西方哲学家之所以如此强调语言的作用，是因为从表达和交流的层面看，思想表达和语言交流的目的是为了让听者理解和接受，而这种理解和接受的对象不是思想而是语言。因此，"抓住了语言就是抓住了思想"。另一方面，语言的结构直接影响着思维的结构。语法和逻辑是思维结构的直接体现。有什么样的语法形式，就会有什么样的思维逻辑和思维模式。语言结构变化，意味着思维结构也将发生变化。

语言和行为的关系也是统一的。对语言与行为的关系，当代流行的言语行为理论认为，讲话者说出某种语言，如作出陈述、发出命令、提出问题、作出允诺等，其实只是在实施某种言语行为。奥斯汀（J. Austin，1911—1960）认为，话语的重心不在于传递信息，而在于行动。话语可以分为三种言语行为：①表达性言语行为——传递话语的字面意思；②施为性言语行为——使用话语完成某一功能；③成事性言语行为——由于说话而产生的结果或效应。塞尔（J. R. Searle，1932—　）认为，说出某种语言就是实施言语行为，说话即在行事，意义等于某种行为，语言研究是行为理论的一部分。塞尔把说出一句话语分析成同时实施四种言语行为的过程。这四种言语行为分别是：①发话行为——说出语词、词素或句子；②命题行为——进行指称或断定；③语旨行为——在一定语境中或在一定条件下，怀着一定意图说出某些词、词组或语句；④取效行为——话语在被说出后产生的某种效果或反应。语旨行为又可以进一步分为断言行为、指令行为、承诺行为、表达行为、宣告行为五种。结构主义大师列维·斯特劳斯（Lévi Straus，1908—2009）认为，亲属关系不仅需要靠生物学关系来维持，而且需要靠语言的反复使用加以巩固。语言是社会和文化的基础因素，语言中呈现的固定结构是社会和文化基本结构的原型。没有语言称呼系统的传承及其连续的沟通过程，就不会使建立起来的亲属关系巩固下来。各种社会关系都要靠语言沟通中的相互确认和共识，才能在社会生活中维持下来。因此，亲属之间的相互语词称呼，成为实际亲属关系的重要组成部分。他认为，所有使用亲属关系语词系统的个体或群体，由于语词所表达和所指谓的特定关系，行为上受到了语词规定的约束。他说："亲属语词不仅是某种社会学的存在，而且也是说话的因素。"

使用这些语词就等于“做”这些语词规定的关系规则。个体在使用亲属词时，也隐含着实行由亲属关系要求的不同态度，如尊敬或亲近、权利或义务、亲情或敌意等。这些蕴涵在语词意义中的亲属之间不同态度的因素，包含着比语词称呼关系更重要的心理、情感和社会关系因素。它们在亲属关系的维持和运作上，起着更为重要的作用，使亲属群体具有一定的凝聚力、稳固性和均衡性。语言使用构成复杂的社会关系和文化创造活动的基础。列维·斯特劳斯的这些看法同恩格斯的观点一致。恩格斯指出：“父母、子女、兄弟、姊妹等称谓并不是简单的荣誉称号，而是一种负有完全确定的、异常郑重的相互义务的称呼，这些义务的总和便构成这些民族的社会制度的实质部分。”

语言即思想、行为的看法，在古代和近代的先哲们那里也可以找到源头。例如，柏拉图（Plato，约前427—前347）说过：“思想就是话语，判断就是说出来的陈述，只不过是在无声地对自己说，而不是大声地对别人说而已。”培根（F. Bacon，1561—1626）认为，心智的成长离不开语言，同时又要警惕语言对认知的影响。他说：“人们以为心智指挥语言，但经常有这种情况：语言控制着人们的心智。”笛卡尔（R. Descartes，1596—1650）认为，语言是独立于人类智能之外的能力，语言不但是思维的符号，也是思维存在的直接证明，“我思故我在”。德国语言学家洪堡特（Baron von Wilhelmvon Humbolt，1767—1835）认为，语言是思维的构成工具，语言和思维一体，无法分开。语言是世界观的体现。任何思维都离不开某些普遍的感性形式，语言正是普遍的感性形式之一。从广义上说，语言是与一定的思维片断相联系的“感觉标记”。思维的本质在于思考，即把主体与对象区分开来，而思考行为一开始就与语言不可分割。他认为，语言是人类精神力量的主要表现形式；语言为人类所独有；语言不需要经过长期积累才逐渐成形，它是以完整形式突然出现的；语言的本质是人类精神。因此，不同的语言都是人类精神的不同方式、不同程度的自我显现的结果。语言是精神的创造活动，是“精神的不自主的流射”。在语言与精神的相互关系中，精神是第一性的，是语言的本源和归宿。“语言从精神出发，再反作用于精神。”语言介于人与世界之间。人必须通过自己生成语言并使用语言去认知世界。语言记录人对世界的看法和存在于世的经验，加之又有自身的组织规律，于是，它逐渐成为一种独立自主的力量，一个相对于使用者的客体，或者说，形成了一种独特的“世界观”。每一种具体语言都是这样一种“世界观”，它源于人，又反作用于人，制约人的思维和行动。洪堡特说：“语言产生自人类的某种内在的需要，而不是仅仅出自人类维持共同交往的外部需要，语言产生的真正原因在于人类的本性之中。对于人类精神力量的发展，语言是必不可缺的；对于世界观的形成，语言也是必不可缺的，因为，个人只有使自己的思维与他人的、集体的思维建立起清晰明确的联系，才能形成对世界的看法。……语言是普遍的人类力量不断积极地从事活动的领域之一。换言之，精神力量力图把语言完善化的理想变为现实。”主张语言即思想和行为的观点在心理学史上也不乏其人。例如，行为主义的创始人华生（John B. Watson，1878—1958）就认为，思维与语言没有丝毫的不同。思维是无声的语言，人“大声言语中所习得的肌肉习惯也负责进行潜在的或内部的言语（即思想）”。

马克思主义的经典作家也非常重视语言和思维的统一性。马克思和恩格斯指出：“人也具有‘意识’，但人并非一开始就具有‘纯粹’的意识。‘精神’从一开始就很倒霉，注定要受物质的‘纠缠’，物质在这里表现为震动着的空气层、声音，简言之，语言。语言和意识具有同样长久的历史；语言是一种实践的、既为别人而存在并仅仅因此也为我自己存在的、现实的意识。语言也和意识一样，只是由于需要，由于和他人交往的迫切需要才产生的。”维果茨基创造性地发展了马克思和恩格斯的这一思想。他认为，人有两种工具：一种是石刀、石斧乃至现代机器的物质工具，人运用物质工具进行劳动操作，最终脱离了动物界；另一种工具是符号、词乃至语言的精神工具，人运用语言进行心理操作。动物没有也不可能有这种工具，所以它们的心理永远只能停留在低级水平。人因为有了精神工具，所以心理就发生了质变。他说：“心灵是无法直接交际的，不通过言语或其他符号系统或交际手段的交往，也像在动物界能够观察到的一样，只可能是最原始形式的、范围极为有限的交往。”“建立在理解、转达思想和感受基础上的交际必然要求一定的工具系统。这个工具的原型直到现在仍然是人们在劳动过程中由于交往的需要而产生的语言。”

当代的社会建构理论也重视语言在建构思维中的作用。建构是社会的建构，而建构的过程是通过语言完成的。“现实”并非是客观实在，而是社会以话语为媒介的建构物。话语是特定共同体中社会关系和社会存在的呈现，表现为一整套的意义、隐喻、表征或陈述系统。话语本身是同一文化中的“游戏者”共同参与建构的产物，反过来，它又构成一种解释框架或概念背景，为“现实”提供了定义和注解，以此实现对“现实”的建构。因此，语言为个体提供了一个划分经验的范畴和意义系统，并因此生成和建构了个体经验。语言具有“生成性”、“建构性”而不是“反映性”。因此，语言为第一性的存在。语言不是对现实的表征，而是以其自身“构成”现实。与之类似，认知语言学中的隐喻理论认为，人是通过隐喻和转喻认知世界的，而隐喻和转喻都是语言。

在有关语言、思维和行为的理论中，语言关联性假设的贡献最大。语言关联性假设又称为语言决定论或语言相对论。它的产生既受现代西方哲学影响，更受现代西方语言学的影响。例如，洪堡特曾经论述了语言在民族生活中的作用。他认为，一个民族所处的生活环境、气候条件、宗教、社会建制、风俗习惯等，在一定程度上都可以跟这个民族脱离开来。然而，语言却是一个民族无论如何也不能舍弃的。语言是一个民族生存所必需的“呼吸”，是它的灵魂之所在。通过一种语言，一个人类群体才得以凝聚成民族，一个民族的特性只有在语言中才能完整地铸刻下来。所以，要想了解一个民族的特性，若不从语言入手必然徒劳无功。对民族进行比较，语言也可以提供非常有用的信息。美国语言学家萨丕尔（E. Sapir，1884—1939）认为，语言不是本能行为而是社会习俗。“言语是一种非本能的、获得的、‘文化的’功能。”语言影响人类关于现实世界概念系统的形成。语言成分是“概念”的符号，语言模式决定思维模式。他说：“正像数学推理非借助一套适当的数学符号不能进行一样，没有语言，思维的产生和日常运用未必更能想象。”语言影响人类生活的各个方面，几乎深入生活的骨髓，用各种眼光去分析、观察，语言都有价值。语言的影响深入到人类的各个角落，通过语言这把钥匙，就可以窥见人类的生活。他说：“事实上，只要我们试一试叫一个印象和另外一个印象在意识上发生关系，就会发现自己默默地说了一连串的词了。思维可能是另一个自然领域，不同于人为的言语，但是就我们所知，言语似乎是通向思维的唯一途径。”“人类并不仅仅生活在客观世界中，也不仅仅像一般人所理解的那样生活在社会活动中，而是更大程度地生活在语言之中，语言已经成为人类社会的表达媒介。如果以为一个人可以不运用语言而使自己基本适应现实，或以为语言仅仅是一种解决特定交际问题或思考的随行工具，那完全是一种错觉。事实是，‘现实世界’在很大程度上是无意识地建立在一个社团的语言习惯基础之上的……我们看到、听到以及通过其他方式获得的体验，大都基于我们社会的语言习惯中预置的某种解释。”

萨丕尔的观点深深地影响了他的学生沃尔夫（B. L. Whorf，1887—1941）。沃尔夫认为，思维的范畴和类型并非自然地存在，而是由语言来组织。不同的语言强调世界的不同方面，这会对认知产生影响。语言并非忠实地反映了现实。语言制约人的行为，经常引人误入歧途。他提出了“语言相对论原则”：“用通俗的语言来讲，就是使用明显不同语法的人，会因其使用的语法不同而有不同的观察行为，对相似的外在观察行为也会有不同的评价。因此，作为观察者他们是不对等的，也势必会产生某种不同的世界观。这种世界观是相互的、未经概括的。”对语言关联性假设，后人作出了如下概括：“语言决定认知，是思想的塑造者。”这一假设包括以下两个部分：

（1）语言决定非语言的认知过程。学习一种语言会改变一个人的思想方式。讲不同语言的人对世界会有不同看法。这就是语言决定论。

（2）被决定的认知过程对不同语言而言是不同的。不同语言有不同的决定认知的方式。不同语言的讲话者以不同的方式思考。语言结构有无限的多样性，一种语言系统中编定的范畴类别和区分定义为该语言系统所独有，与其他语言系统中编定的范畴类别和区分定义不同。这就是语言关联性假设。

沃尔夫为他的理论提供了两个方面的证据：①词汇证据：不同语言在不同领域词汇的区分度不同。词汇区分度是指各种语言在某一领域内词汇的数目。一个区分度高的领域有更多的词来描述更为细微的差异。有的语言在某些领域有更多的区别性的词，在另一些领域则不多。如果一种语言在某一领域有更多的区别性的词，那么，讲这种语言的文化在此领域就有更细微的概念。②语法证据：不同语言的语法也存在很大差异。首先，不同语言对时间性的强调不同；其次，不同语言使用词序或形态表达意义的程度不同；最后，不同语言对形状和物质的重视程度不同。

语言关联性假设提出后，遭到了许多批评。但它提出的语言与认知的关系却引起研究者的广泛关注。特别是认知心理学、心理语言学和认知神经科学兴起后，语言关联性假设又出现了复兴。问题是，如何界定语言关联性假设？语言影响认知究竟意味着什么？目前，有三种不同的版本：①强式：语言决定思维。②弱式：语言影响知觉。③最弱式：语言影响记忆。大量的研究表明，语言影响颜色知觉、空间知觉、时间知觉、典型性判断、数学认知和社会认知等多方面。语言不仅影响记忆，还影响知觉，甚至影响思维。关于语言影响认知的观点，我们在许多地方都论证过，并提供了诸多证据，这里仅谈一下语言影响思维和如何影响思维，即强式的语言关联性假设。

首先，语言影响概念表征。概念是思维的基本单位。语言的符号化水平影响着概念的抽象概括程度和分析的深刻程度。例如，在我国摩梭人的语言中，词汇量缺乏，缺少上属概念名称和下属概念名称，这必然会影响到摩梭人的思维的抽象概括程度和深刻程度。其次，语言影响概念联系。我们的研究表明，摩梭人的语言和聋哑人的手势语都对语言使用者的概念联系产生了影响。摩梭人和聋哑人的分类学概念中上下位概念联系比汉语讲话者弱，摩梭人和聋哑人的分类学概念具有形象化的倾向。最后，语言影响概念结构。例如，我们的研究表明，讲不同语言的人的颜色词、空间词、称呼语、亲属词的概念结构不同，有着不同的语义空间的维度。思维的基础是概念。既然语言影响概念表征、概念联系和概念结构，那么，语言影响思维就是不言而喻的了。

在《语言如何影响人们的思维》（《自然辩证法通讯》2009年第4期）一文中，我们指出了语言影响思维的一些机制：①语言表达强迫人们以不同的方式组织信息，语言会强迫人们以不同的方式记忆所经历的事件；②语义表征的差异可能影响到概念表征；③抽象符号促进高级认知的发展；④语言为人们提供了整合各种信息的工具。语言的最典型特征就是可合并性：一旦人掌握了词的意义和把词组合成句子的规则，他就可以进行各种各样的合并，从而创造出新的意义表征。

既然语言如此重要，那么，语言心理研究理所当然应成为心理学研究的重要内容。心理语言学理应成为心理学的最重要的分支之一。所以，改革开放以来，语言心理研究特别是汉字认知研究在我国心理学界成为一门显学，取得了大量的研究成果，丰富了心理语言学的理论宝库。进入21世纪以后，语言心理研究进入了相对平稳的时期，但仍然是我国心理学研究的重点领域。我个人觉得，经过这个相对平稳的时期以后，一个新的高潮就会出现。就目前的情形而言，下述研究领域仍然是最富有希望的方向：

（1）研究不同语言的认知过程和影响因素。世界上存在着种类众多的语言，一说为七千多种，一说为五千多种，一说为两千多种。不同语言有不同的符号表征，有不同的词汇和语法，研究不同语言的认知过程和影响因素，既可以丰富心理语言学的理论，又可以为不同语言的学习者和使用者提供启示，在理论上和实践上都具有重要价值。

（2）研究不同语言的心理表征和脑机制，包括双语和多语者的语言表征和脑机制。我国是一个多民族国家，许多民族都有自己的语言。这些语言之间在语音、词汇、语法方面各不相同，其心理表征和脑机制也有差异。另外，随着社会交往的扩大，双语者乃至多语者不断增多，研究双语者或多语者的语言表征和获得机制也是非常具有产生性的研究领域。即使在汉语共同体内部，还有许多既能讲普通话又能讲方言的人。他们也是一种特殊的双语者。双语者的语言表征和语言联系也具有重要的研究价值。

（3）研究语言对认知和行为的影响。近年来，在国内外大量研究和我们自己研究的基础上，我们提出了“新版的语言关联性假设”：语言塑造大脑，语言影响认知，语言构建民族。我们认为，语言影响认知主要表现在下述方面：①语言影响认知方式，即习惯的思考模式；②语言影响认知途径和过程；③语言影响认知策略；④语言影响认知过程的难易；⑤语言影响认知结果。这其中的每一个方面都值得我们深入地进行探讨。

正是在上述思想的指引下，我们进行了大量的实证方面的研究。在本丛书中，每一部著作都指向了一个具体的研究领域。这其中，有汉字认知方面的研究，如对义符在汉字认知中的作用的探讨，对汉字错误记忆特点的探寻；有对纳西东巴文认知机制的研究，对图画和汉字认知关系的比较；有对反语、空间词和管教用语的研究；有对双语者语言表征的研究；还有对青少年聋生概念结构的探讨。这些研究成果都体现了一个主题：语言影响人的思想和行为。本丛书的大多数成果都在国内外的心理学权威杂志上发表过，虽然尚存在着诸多不足，但对今后的研究还是会提供一些有益的启示，至少会产生抛砖引玉的作用。

心理学兼具自然科学和社会科学的双重性质，心理语言学就更是如此，它与不同的语言和文化交织在一起。在社会科学的研究中，只有民族的，才是世界的。语言是构成民族的最基本的要件。由于语言和思想、行为密不可分，所以，要了解中国人的心理，建立有中国特色的心理学，就应该从研究中国人的语言入手。我们课题组有一个口号："中国人，中国文，中国字，中国心。民族而不本土，强调共性而不忽视差异。"我相信，沿着这一思路探索下去，肯定会取得丰硕的成果。

张积家

2010 年 8 月 10 日于广州励耘书屋

目　录

前　言

耳聋是一种普遍的生理现象。在语言发展之前就有严重听力损失的人约占人口的千分之一。耳聋也是一种复杂的现象。体现耳聋复杂性最为突出的两个方面是耳聋程度[①]和耳聋发生时间。通常，聋人是指其优势耳听力损失达70分贝或以上者。如果耳聋发生在两岁半以前，那么患者一般还没有习得有声语言，称之为语前聋人。本书以后提及的聋人均指没有经历有声语言实践者。他们是语言学和心理学领域主要研究的听障群体。增加耳聋现象复杂性的第三个主要因素来自患者的家庭成长环境。在绝大多数情况下，聋人从小生活在听人中间。而且，不论耳聋与否，婴儿基本上都会发出咿咿呀呀的声音，这也降低了人们发现其听力状况异常的可能性，有的甚至直到两三岁才被觉察患有听觉障碍。

耳聋的最大影响莫过于它对患者语言实践的制约。尤其是那些在听人中间成长的聋人，他们往往因为某些客观原因，既学不好口语也发展不好手语。因为语言交流实践受到限制，聋人在参与社会活动和受教育程度方面也会受到严重限制，而且，这种限制的强烈程度会随年龄增加而加重（Stokoe，2005）。因此，对聋儿最有价值的补救措施是尽早觉察其耳聋障碍并尽早为之提供语言发展环境，对之进行语言康复训练。聋儿接受有效语言康复训练越早，他/她较好习得口语和/或书面语能力的可能性就越大（Yoshinaga Itano，2003）。然而迄今为止，多数聋人其口语和/或书面语能力的发展远远达不到同龄听人水平。

通常，聋人不能像听人那样用口和耳通过有声语言进行言语交流。他们主要使用手语——一种基于视觉手势模式而不是基于听觉口语模式的人类自然语言。虽然手语和有声语言没有本质区别，但是手语似乎确有不同于有声语言的地方。在许多与语言有关的认知活动中，聋人可能因为对手语的依赖

---

① 耳聋指听力损失。听力损失的程度以分贝（dB）计。按WHO 1980年耳聋分级标准，将平均语言频率纯音听阈分为五级：轻度聋，近距离听话无困难，听力计检查纯音和语言听阈在26～40dB；中度聋，近距离听话感到困难，听阈41～55dB；中重度聋，近距离听大声讲话困难，听阈56～70dB；重度聋，需在耳边大声呼喊方能听到，听阈71～90dB；全聋，听不到耳边大声呼喊的声音，纯音测听听阈超过91dB。

而发展了独特的认知技能。

概念的发展受语言、文化和背景知识等因素影响。聋人和听人生活在同样的社会文化环境中，如果聋人在概念认知活动中的行为表现和听人有所不同，那么，这种不同必然来自他们和听人在语言认知方面的差异。因此，对聋人概念认知活动的研究不仅有助于揭露聋人独特的语言认知机制，为促进聋人的语言教育发展提供理论指导，而且也有助于在普遍意义上揭露语言与认知的关系，推进语言与认知理论的发展。

通常，儿童到10岁时其概念发展已经接近成人水平（Desprels Fraysse & Lecacheur，1996），其概念组织认知策略也已经趋于成熟。虽然聋童可能因为受语言影响，在某些方面的发展会有所滞后，但是，除听觉之外，他们在其他生理机能以及与语言无关的认知能力方面都和听童没有差异（Vernon，2005）。求知欲强烈但还没有走向社会的青少年聋生，他们在心理学实验中的行为表现能够体现其单纯的、相对成熟的认知心理，是一个可以对之进行语言与认知研究的理想群体。这就是本研究之所以选择青少年聋生为研究对象的原因。

现有概念理论的建立主要基于对听人的研究成果。已经得到普遍认可的概念理论主要包括分类学联系概念、主题关联联系概念、Slot-Filler 概念（Lucariello & Nelson，1985）和 Ad-Hoc 概念（Barsalou，1983）等。本研究从前三种概念联系及其相互关系的角度，通过认知心理学系列实验，比较聋、听青少年的概念认知活动，考察其概念词产生、归类、识别、记忆和联系判断的行为特点，揭示其语言认知方面的独特规律。

本书包括以下四个方面的内容：概念联系类型及其相互关系的理论框架、聋人的语言与认知研究现状、青少年聋生概念联系研究报告和青少年聋生语言与认知关系的讨论。因此，本书的参考价值表现在以下四个方面：

（1）概念联系类型及其相互关系的理论与研究，主要介绍分类学联系、主题关联联系和 Slot-Filler 联系概念及其相互关系的理论与研究现状。

（2）聋人的语言与认知研究现状，主要介绍聋人手语的语言性本质、聋人书面语发展方面的研究进展，以及人们关于聋人在视觉与注意、工作记忆和概念与推理等独特性方面的研究成果。

（3）青少年聋生概念联系研究报告包括：①青少年聋生的分类学联系概念中不同水平概念间联系意识、概念边界意识和基本水平概念典型性意识；②青少年聋生的 Slot-Filler 和分类学联系的相对意识倾向；③青少年聋生的主题关联联系和分类学联系的相对意识倾向；④青少年聋生的普遍概念联系意识；⑤文字、手语和图片三种不同刺激呈现形式对青少年聋生概念认知活动的影响。

（4）在系统讨论研究发现的基础上，对青少年聋生语言与概念认知关系进行理论剖析，并根据聋人依赖视/知觉和手语的客观现实，提出聋人语言教育中应该注意的一些建议性事项。

本研究部分成果曾以五篇论文形式发表在《斯堪的纳维亚心理学杂志》、《心理学报》、《中国特殊教育》和《心理科学进展》上。

李德高

2010 年 6 月

第一章

概念联系

一、概念联系类型

概念是人关于事物的心理表征。人对世界的认识形成了复杂而有组织的知识体系。概念联系类型的多样性则从一个侧面体现了这种知识组织的复杂性。迄今为止，人们进行系统研究的几种概念联系类型主要包括分类学联系、主题关联联系（thematic associations）、基于情景的 Slot-Filler 联系（script-based slot-filler relations，简称 SF 联系）（Lucariello & Nelson，1985）等。其中，分类学联系是人们研究最为深入和创建理论模型最多、最系统的概念联系类型。

（一）分类学联系

一般来说，人们根据事物间的相似性，对众多有共同特征的事物形成概念，并基于事物之间共同或相似的属性建立相应的分类学联系。因此，分类学联系是根据相似性，通过抽象概括，按上下级归类，对事物形成有层次的类别关系。分类学联系概念可分为上位水平（super-ordinate level）、基本水平（basic level）和下位水平（sub-ordinate level）概念（Rosch，Mervis，Gray，Johnson & Boyes Braem，1976）。例如，"水果"是上位水平概念，"苹果"、"桃子"等是基本水平概念，"水蜜桃"、"蟠桃"等是下位水平概念，如图 1－1 所示。分类学联系概念的一个重要属性叫做典型性。典型性高的概念比典型性低的概念更具代表性。例如，"衬衫"比"背心"更能代表"衣物"。

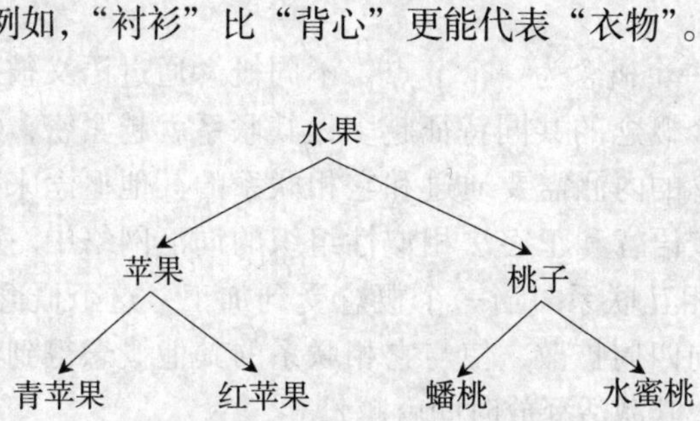

图 1－1　分类学联系概念层次化结构示意图

概念通过分类学联系得以被有效组织并形成统一的概念结构网络，使概念信息的存储和提取体现认知经济原则（cognitive economy principle）。到20世纪80年代，人们基于分类学联系概念结构提出了许多关于概念语义组织的颇有价值的理论。例如，层次网络模型（hierarchical network model，简称HNM）（Collins & Quillian，1969）、扩散激活模型（spreading activation model，简称SAM）（Collins & Loftus，1975）、集理论模型（Meyer，1970）、特征比较模型（Smith，Shoben & Rips，1974）、原型说（Rosch，1975）和样例说（Medin & Schaffer，1978）等。

Collins & Quillian（1969）关于概念知识表征的HNM认为，概念是语义记忆的基本单元。每个概念都有一定的特征。概念按上下级逻辑关系组织，形成一个有层次的网络系统。HNM具有一定的推理能力，能解释范畴大小效应，但它不能解释熟悉性效应和典型性效应，也不能解释否定判断。Collins & Loftus（1975）在HNM基础上提出了极受重视的SAM，如图1－2所示。

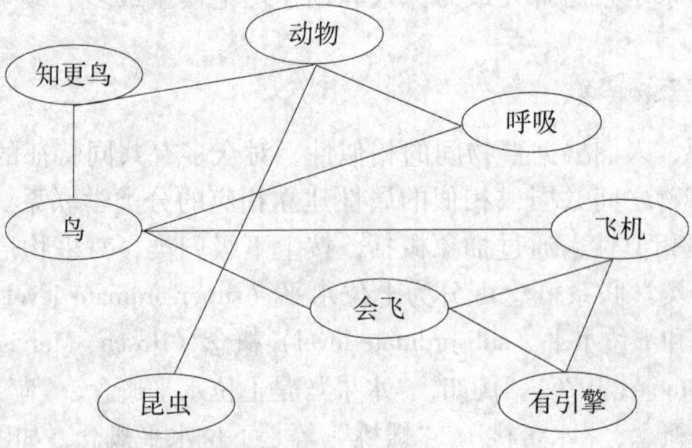

图1－2　SAM示意图（Collins & Loftus，1975）

SAM认为，一个概念为一个节点，不同概念通过语义彼此联系，形成概念语义网络。两个概念的共同特征越多，其联系就越紧密，它们之间的连线就越短。一个概念的内涵需要通过和它相联系的其他概念来确定。概念名称另外存储在一个按语音和正字法相似性组织的词汇网络中。语义网络和词汇网络彼此分开却相互联系。当一个概念受到加工，这个概念节点就被激活。这种激活会自动向四周扩散，使与它相联系的其他概念得到激活。一个概念受加工时间越长，其激活释放时间就越长。

激活在网络中的扩散会逐渐减弱，减弱程度与该概念和其他概念连线的易进入性[1]成反比：连线易进入性越高，激活减弱越少；反之，激活减弱就越多。而且，激活还受时间和/或干扰活动的影响。SAM 不仅能解释范畴大小效应，还能说明熟悉性效应和典型性效应。该模型的加工包括搜索和决策两个过程，是对层次网络模型的修正，具有更多弹性，可容纳更多的不确定性和模糊性。

Meyer（1970）的集理论模型认为，一个概念通过一集信息来表征。这些信息分为样例集和（称作语义特征的）特征集。语义记忆由大量信息集构成，信息集之间没有现成联系。该模型能解释范畴大小效应，却不能解释熟悉性效应和典型性效应。与集理论模型对应的特征比较模型（Smith et al.，1974）认为，概念由特征集来表征。不过，该模型把特征分为定义性特征（一个概念所必需的特征）和特异性特征（对概念有一定描述功能的特征）。根据特征比较模型，概念之间如果共享语义特征，尤其是定义性特征越多，它们之间的联系就越紧密，其语义距离也越近。因此，对概念间联系的评定，取决于长时记忆中储存的语义特征。

Rosch（1975）在自然概念研究基础上提出的原型说认为，概念形成基于样例的典型性特征。如果列举某类事物的特征，那么人们主要列举出的特征就是该类事物的典型性特征。概念成员如果具有越多的代表相应概念的特征，那么它就越具有典型性。事物特征之间有相关性，有些特征趋向于同时出现，并可以在心理表征中相互组合。概念成员之间存在纵横两个方向的关系。纵向关系是指概念水平的多少。如果在某个水平上，概念成员之间的共享特征高于其他更高水平，那么该水平称为基本概念水平，该水平上的概念成员最容易命名，比其他水平上的概念先得到学习。横向关系是指同一水平概念成员之间的相似性程度，有最多概念特征者就是原型，概念成员围绕原型组织。然而，根据 Medin & Schaffer（1978）的样例说，概念的心理表征基于对概念成员的编码。并非所有概念成员都共享同样特征。判断一个事物是否属于某个概念范畴，需要把它和不同的概念样例进行比较，如果它和越多的样例相近，它就是越“好”的概念成员。

除了以上理论模型之外，人们关于分类学联系还提出了其他的一些解释。每种理论都有其存在价值，而且，似乎没有哪种理论能够完全解释人们关于分类学联系概念的所有心理现象。其实，不同理论模型共存的现象也正体现了分类学联系概念组织的复杂性特点。

---

① 概念之间连线的易进入性依赖于使用频率，使用频率高的连线其易进入性高。

（二）主题关联联系

主题关联联系是指事物间的某种外部联系，是物体与物体之间、事件与事件之间、人与人之间或人与其他实体之间，在时间或空间上共同存在，或者在功能上互相补充的关系等（Lin & Murphy，2001）。通过这种关系联系在一起的事物，围绕某一主题（theme），彼此存在某种关联或互补关系。例如，蜘蛛织蜘蛛网并用蜘蛛网捕捉猎物，蜘蛛和蜘蛛网之间既有因果关系也有空间关联关系。同样，钥匙开锁、燕子在高压线上滞留、狗啃骨头、农夫种庄稼、猎人捕猎狐狸以及轮船航行在大海等也彼此存在某种关联或互补关系。因此，主题关联联系包括事物之间在空间（粉笔总是放在黑板的旁边）、时间（在饭店用餐，饭后要付账单）、功能（粉笔在黑板上写字）、因果（电使电灯泡发光）以及整体和部分（屋顶在房屋的顶部）等方面的关联。如图 1－3 所示。

图 1－3　蜘蛛织网并在网上捕捉猎物

有些概念之间存在一种以上的主题关联联系。黑板和粉笔之间不仅有功能互补关联，而且也有空间共存关联联系。主题关联联系存在于客观事物或事件之中，容易观察，所以低龄儿童容易对之形成相应心理表征。他们在生活中似乎比成人更容易依赖主题关联联系来组织概念。然而，虽然有研究者认为，主题关联联系是儿童概念结构中的一种主要联系，在成人概念结构中的作用微不足道，但是，Lin & Murphy（2001）证明，即使在成人概念结构中，主题关联联系也是主要的概念联系类型，它甚至具有和分类学联系彼此相当的权重。

主题关联联系和分类学联系概念不同，有主题关联联系的事物可能彼此没有共同特征或属性方面的相似性。事实上，许多有主题关联联系的事物甚至分属于不同的分类学联系概念范畴。例如，粉笔和黑板在形状、大小、功能和材料构成等方面均无相同之处。但是，主题关联联系对理解典型文化事件起着非常重要的作用，而且，事物间主题关联联系的强度有时比分类学联系还要强。在教室里，粉笔和黑板几乎形成一个不可分离的整体，而粉笔和记号笔之间的分类学联系就弱了许多。当然，主题关联联系在概念理论中并不少见，语义记忆的多种网络模型（如 SAM）就囊括了这种概念联系类型（Lin & Murphy，2001）。

（三）SF 联系

在参与具体事件的过程中，人们对相关事物和事件发生过程的认识形成了相应的情景知识。此时，有同样作用的事物可以通过具体的情景联系聚集在一起。例如，午餐食物有馒头、米饭、红烧鱼和牛排等，早餐食物则包括煮鸡蛋、油条、豆浆和粥等。不同情景（例如，午餐）形成了不同的“槽”，并由不同事物（例如，馒头、鱼等）来“填充”。如下表所示。人们把事物之间这种基于具体情景的联系称为 SF 联系。基于 SF 联系的概念组织有助于预测事物特征和事件发生的先后顺序。SF 联系能够较好地对应学前儿童的语义记忆结构（Lucariello & Nelson，1985）。事实上，妈妈提供的言语环境也有助于儿童发展 SF 联系（Lucariello，1998）。当然，成人也可能同时使用分类学联系和 SF 联系。例如，成人会本能地把一种先蒸后烤的发面圈看作是一种面包（分类学联系），也会把它看作一种早餐吃的食物（SF 联系）（Nguyen & Murphy，2003）。

SF 联系和分类学联系概念范畴举例对比

早餐食物	食物
豆浆	米饭
牛奶	馒头
鸡蛋	面包
稀饭	油条
咸菜	红烧鱼
油条	大闸蟹
……	……

SF联系似乎与同类事物间的分类学联系相似。但分类学联系是一种需要学习、相对抽象的概念联系类型，它不取决于任何具体情景；SF联系则是基于具体事件的联系。例如，小米粥和冰淇淋都具有可以食用的属性，它们之间有同水平的分类学联系。但是，因为分别“填充”不同的具体事件，小米粥常常是早餐时吃的，而冰淇淋则经常是天热时吃的，所以它们之间没有SF联系。SF联系得以形成的基础是事物在具体情景下有同样的、彼此可以替代的作用。和主题关联联系一样，SF联系也是事物间的一种外部联系。

二、概念联系发展的影响因素

人们关于概念联系类型及其影响因素的研究体现了这样一种观点：概念结构中同时存在多种类型的概念联系，但是，受年龄、语言、背景知识、教育程度和文化习惯等诸多因素的影响，对于不同人群来说，各种类型概念联系的发展情况可能各不相同，不同类型概念联系之间的相对重要性有不同特点。

（一）年龄

儿童的概念知识结构不同于成人。低龄儿童难以识别和表征事物的抽象特征。其实，7、8岁以前，儿童概念结构中分类学联系相对较弱，因此，他们在事物归类中较少使用分类学联系。例如，在物体自由分组任务中，幼儿会把玩具人和玩具车放在一起，还念念有词地说“人开车”。儿童在4~8岁时，其概念联系的发展特点是从事物之间的互补关系向相似关系过渡。8岁以后一直到成年，人才能逐渐依赖分类学联系对事物进行分组归类。但是，对于低龄儿童是否不能使用分类学联系来组织概念，这一点受到怀疑（Lucariello & Nelson，1985），因为在有的实验任务中，他们似乎还能够同时使用分类学联系和SF联系。例如，3岁儿童能够使用分类学联系和SF联系，7岁儿童，甚至4岁儿童在某种程度上也能有目的地使用分类学联系对食物概念作出推断（Nguyen & Murphy，2003）。

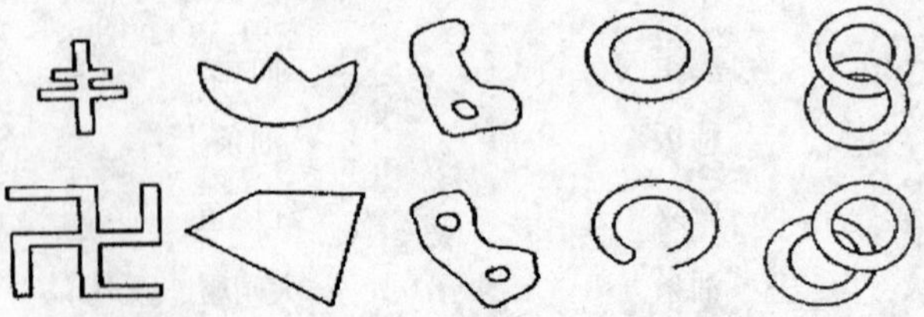

图1-4 Piaget & Inhelder（1967）研究儿童触觉作业中概念意识时使用过的几何图形

当然，SF 联系的建立主要是基于对具体事件的亲身经历，而不是对可能不会同时出现的不同事物的抽象。事件表征可能是学前儿童概念表征的基本形式，是儿童早期分类学联系形成的基础。例如，在回忆任务中，儿童可以根据在具体事件中的经历，而不是单纯根据事物的知觉特征组织概念。儿童概念组织开始可能基于情景，不同情景下有同样作用的事物共同构成一个子类，对不同情景下不同概念共同作用的认识最终导致分类学联系的建立（Lucariello & Nelson，1985）。如果分类学联系还没有从 SF 联系的基础上发展起来，那么，分类学联系的知识就难以得到提取。虽然在词语关联和事物分类任务中，学前儿童表现出其长时记忆中关于事物之间主题关联联系方面的知识，但是，在自由回忆任务中，他们的主题关联联系却不是很强；相对于分类学联系和主题关联联系，SF 联系更接近其语义概念结构（Lucariello & Nelson，1985）。而且，在概念词产生（category-generation）任务中，幼儿在 SF 联系和分类学联系两种条件下产生数量相当的概念词，二年级学生却能根据语言或分类学联系组织概念，从而产生较多分类学联系概念词（Pena，Bedore & Zlatic Giunta，2002）。

儿童可能容易识别事物之间的外部联系，却难以确定事物之间的相似性。但是，年幼儿童确实能够掌握基本水平概念，例如，狗、电话、椅子和树等。在特定条件下，他们甚至能学会和使用上位概念（Pena et al.，2002）。4 岁儿童能从分类学联系、情景和价值联系方面对食物进行分组，没有迹象表明他们对情景联系的获得早于分类学联系。儿童有一定程度的分类学联系意识，甚至 3 岁儿童也能同时建立分类学联系和情景联系；3 ~ 7 岁儿童的各种概念联系类型都能得到稳定发展。在迫选任务中，学前儿童能在不同情况下分别使用分类学联系和主题关联联系（Blaye & Bonthoux，2001）。除 SF 联系之外，儿童能够同时使用分类学联系和主题关联联系。

不过，儿童的分类学联系发展还不完善，他们似乎不能把事物看成表征（Nelson，2000）。例如，对于一个 18 个月大的幼儿而言，如果给他一把小玩具椅子，他会把它当成一把真的椅子，并企图放到地上坐上去。可见，年幼儿童可能忽略了玩具的大小特征，而把它看作真实事物。除非事物之间有自然的关联或相关线索，否则，低年级小学生在信息提取中很少表现出高于随机水平的分类学联系聚类现象。4 ~ 8 岁儿童能利用空间信息组织记忆，却难以利用分类学联系（Nida & Lange，1997）。分类学联系的知识结构影响人在言语记忆中的表现。年幼儿童不如年长儿童那么受益于概念之间的分类学联系。他们在其他认知任务中使用分类学联系的能力也较差（Lucariello & Nelson，1985）。因此，虽然年幼儿童概念结构中可以建立多种概念联系，却常常难以根据环境对同一事物使用不同类型的概念联系进行归类，儿童灵活使用概念联系对事物进行归类的能力有待于其入学以后的继续发展（Blaye & Bonthoux，2001）。

（二）语言

语言中的实词表示概念，语言中有原型，其会对概念结构产生重要影响。例如，居住在同一地区的英语和西班牙语居民对衣物类概念进行典型性评定时，说英语的居民认为，裤子、衬衫和上衣是最具典型性的衣物；而对西班牙语居民而言，裙子、裤子和衬衣却是最具典型性的衣物（Pena et al.，2002）。目前，有学者对儿童的研究结果支持语言影响概念结构的理论。幼儿开始学习事物名称时，似乎对词所指的概念有所理解，并能形成一定的概念意识。例如，他们会指猫、马、牛、象等为狗。他们可能在学习中对基本水平概念和词进行功能性和知觉性类化，使最初笼统的概念逐步得到细化，然后对概念范畴进行分类、分层次地组织（Nelson，2000）。

幼儿概念形成主要基于其亲身经历，他们对外界事物形成的概念可能个体差异极大，不符合其母语中的词所表征的概念。当面临相应的词的时候，幼儿需要重新组织自然形成的个体化概念，使概念与母语中的词相匹配，否则，语言就得不到发展（Nelson，2000）。儿童只有等词义发展到最高阶段时，才能形成完整的概念系统。此时，具体概念才能通过其他概念，得以确定自己在系统中的位置（Akhutina，2003）。

年龄大的儿童其词汇量大，经历情景也较多，从而发展了分类学联系概念组织策略。和4岁儿童相比，在词汇产生任务中，7岁儿童不仅能产生较多的分类学联系概念词，而且相当比例的概念词是语言特定的（Pena et al.，2002）。关于儿童的事物命名、画画和定义研究也表明，5岁儿童语义表征的核心内容（core aspects）是事物的功能特征和物理特征；表征常常依据分类学联系来组织、通达；语义知识多少影响词汇提取的成败（McGregor, Friedman, Reilly & Newman, 2002）。对缺乏明确语义特征的事物，语言线索强烈影响着儿童的概念判断。

（三）背景知识

背景知识是关于事物相互作用的关系的知识。这些关系体现概念和特征间的因果联系。背景知识不能脱离概念独立存在，概念发展也受制于背景知识的多少。例如，汽车这个概念有如下特征：有轮子、门和车窗，能载人等。而关于汽车的背景知识则是指由不同部件结合成为一部真正的汽车；汽车有发动机驱动车轮，整个车子才能跑起来；如果有一个物体，样子像汽车，却没有发动机，那么它就不是一部汽车（Lin & Murphy，1997）。在概念学习中，背景知识有助于指导学习者推断概念的重要特征。如果背景知识能突显概念的相关特征，学习者就能很快地掌握要学习的概念；相反，如果背景知识突显的特征和特征关系不能有助于区分概念成员和非概念成员，学习者就需要通过大量实践才能掌握相应的概念（Lin & Murphy，1997）。因此，背景知识影响人的概念结构。

背景知识的差异可能导致成人的认知行为有时甚至不如少年。例如，10岁少年棋手因为有较多的象棋知识，所以对棋盘上棋子位置的记忆成绩高于不懂象棋的成人（Lee & Obrzut，1994）。当要求经验丰富的渔民对熟悉的淡水鱼进行最好样例评定时，来自不同文化背景地区的渔民有不同的评定结果（Burnett，Medin，Ross & Block，2005）。比较密西根大学的美国学生和当地少数民族大学生对地方哺乳动物种属的归类和推理时发现，美国大学生主要根据分类学联系作出判断和推理，少数民族大学生基本没有利用分类学联系，他们的判断所依赖的是关于该动物物种栖息地、活动范围和进食习惯等方面的生态学知识（López，Atran，Coley，Medin & Smith，1997）。Proffitt，Coley and Medin（2000）发现，林业专家对树种的判断和推理也依赖于专业知识而不是普通的分类学联系，即相关专业知识首先得到利用，基于分类学联系的普通知识则处于次要位置。所以，背景知识强烈影响推理。在不同情况下，不同概念联系在推理中具有不同的重要性。

除了年龄、语言和背景知识之外，人们关于受教育程度和文化习惯对概念发展的影响也有结论性发现。例如，玛雅成人文盲比小学6年级或初中少年更倾向于使用主题关联联系而不是分类学联系来组织概念（Lin & Murphy，2001）。因此，分类学联系概念的发展会受到教育的大大推动（维果茨基，1999）。不同国家和地区的人都有自己独特的文化习惯，他们在主题关联联系和SF联系方面的心理表征必然有着自己的特色。在分类学联系方面，情况也是如此。例如，中国云南摩梭人较少使用上位概念（沙毓英，1995），而爱斯基摩人对于雪则有较为丰富的下位概念。

第二章

聋人的语言与认知

一、聋人的语言

语言是人的本能（平克，2004）。聋人因为不能通过声音接收器官感受有声语言言语信息，也往往不能自然发展通过发音器官产生有声语言言语的能力，但是，他们却能发展另外的基于其他感觉通道的语言系统，这就是聋人手语（简称手语）。如图 2－1 所示。

图 2－1　手语对话示意图（源自 Herring Harrison，Gardner III & Lovelace，2007）

和口语一样，手语也有地域性差异。北京聋人和上海聋人的手语不同，甚至上海和杭州聋人的手语也有差异。和口语的情况不同，并非所有使用手语的聋人其手语表达能力都能得到自然发展。少数聋人因为父和/或母亲耳聋，所以有机会从小习得手语。多数情况下，聋人从小生活在听人中间，身边没有可以与之进行手语交流实践的其他聋人。他们通常不得不创造自己的相对简约的手势语表达系统。直到有机会和其他聋人接触，他们的手语能力才可能有较大发展。因此，绝大多数青少年聋生是（在聋人学校）从同伴那里学来手语的（Higgins & Nash，1987）。然而事实上，即使进了聋人学校，聋人个体手语能力的发展还要取决于其所在群体的手语水平。如果手语只是用于简单的日常生活言语会话，那么这个群体的手语整体水平往往也不高，比如说，其手语词汇量可能比较小。

除了手语之外，主要是特殊教育的结果，有些聋人（还）使用唇读或指法手语等。所谓唇读，就是通过看口形来理解对方的言语表达，主要依赖视觉感知听人可能传递的信息，但是唇读不可能达到对口语的完全理解，因为只有较小部分的音位是可以唇读的（Davis & Silverman, 1978）。研究表明，唇齿音比鼻喉音容易看懂，词首音比词尾音容易看懂，短句比长句容易看懂（Most，Adi Bensaid & Bergman, 2000）。所谓指法手语，就是主要用手指拼写词，把听人用声音表达的词以视觉的手指拼写的字母串形式表达出来。如图2－2所示。

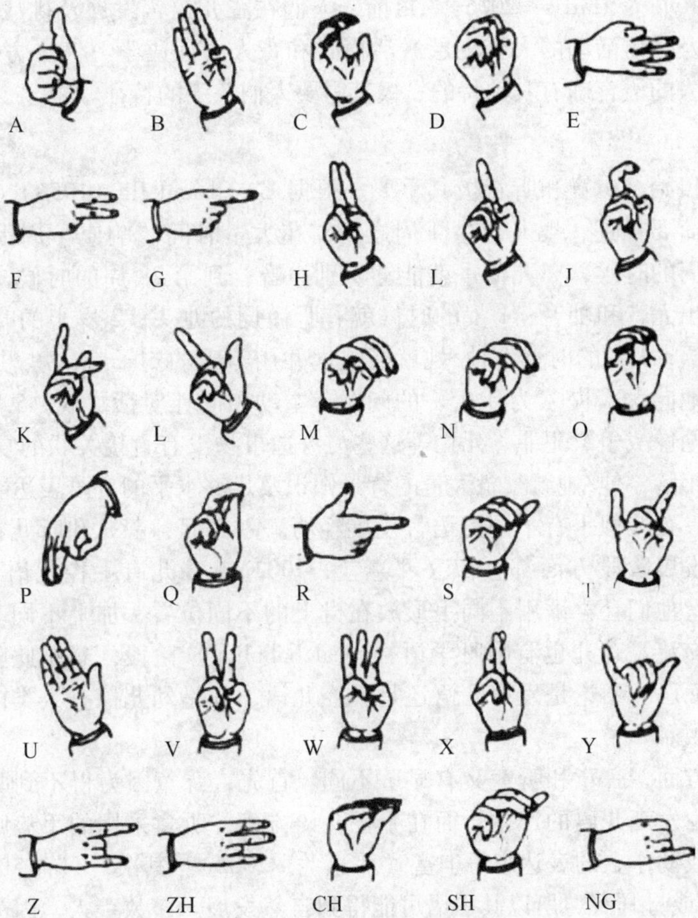

图2－2　汉语手指字母

而且，并非所有聋人都使用手语。以美国为例，总体上有 78.2% 的聋人彼此只使用手语进行言语交流，仅使用口语的聋人占 1.0%，其他 20.8% 的聋人既使用手语也使用口语（Stokoe，2005）。

聋人语言教育的主要目的是教育他们掌握听人的语言——口语和/或书面语。如果较早进行语言康复训练，如果父母能够给予足够的关注和投入足够的精力，如果学校和家长配合默契，那么，教会聋童掌握口语和/或书面语不是没有可能。但是，聋童习得口语和/或书面语所需要的帮助往往得不到满足，聋童语言教育的重担往往主要由学校来承担。遗憾的是，迄今为止，人们虽然仍在继续探索提高聋人语言教学效率的途径，但绝大多数聋人驾驭口语和/或书面语的能力提高缓慢。例如，聋人高中毕业生的阅读能力不及小学毕业生（Kyle & Harris，2006）。目前，人们在聋儿语言发展及挑战、手语的语言本质及手语活动的大脑皮层激活模式和聋人书面语学习三个方面的研究表明，聋人的语言确有其独特的、极其需要人们关注的特征。

（一）语言发展

生命伊始，声音和听觉极其重要。根据 Gesell and Ilg（1953）对听儿语言发展的简要描述，婴儿出生 4 周之内需花大量时间“响应”周围的声音；到第十六周的时候，婴儿似乎就能够识别声音；到第 28 周的时候，他/她就能模仿发出元音和辅音；1 岁的时候就有听懂词的兆头；2 岁半的时候他/她能听懂口语；3 岁的时候，他/她就能组词并用零碎的句子表达思想；4 岁儿童会不断地向大人提“为什么”的问题，主动和同伴对话嬉戏；5 岁儿童能和同伴讨论像战争、犯罪、死亡等这些与身边事物没有直接关联的复杂事件；等到入学年龄，他/她就具备大量的背景知识及足够水平的言语表达能力。

相反，聋儿似乎有不同的语言发展经历。一方面，聋儿和听儿在语言发生时间和发展阶段方面都相似（邓惠兰，2002）。聋儿有手控儿语（manual babbling），他们会尝试用不同手形放在身上的不同位置，加上不同动作模式与周围人交流。聋儿也有咿呀学语（vocal babbling）阶段，只是此阶段仅维持几个月而已。不论是发声儿语还是手控儿语，都是幼儿探查人类内在语言能力的反映。

另一方面，聋童和听童又有显著不同。首先，聋童因为得不到听觉反馈而逐渐减少发声儿语的产生；而在手控儿语方面，听童采用的手势则不如聋童在手形或动作上的表达来得丰富（邓惠兰，2002）。其次，只有 5% 的聋人因为父和/或母耳聋，所以其手语可能得到自然发展。多数聋人，因为身边没有其他聋人，其成长过程中手语交流实践的愿望得不到满足，同时，他/她又不能参与听人的言语活动，因此处于相对孤立的状态。在家里，他/她没有机会听妈妈唱儿歌哄他/她入睡，没有机会听爷爷奶奶给他/她讲故事学习传统文化，也没有机会和兄弟姐妹争吵打架锻炼社会能力。在外边，他/她不但没有其他孩子与之一起玩耍，而且还常常受到同龄儿童的欺负，因此父母常常把他/她关在屋里。结果，他/她的手语发展受到极大限制，表达能力极为有限。一种极端的可能是，等到15、16岁时仍既不懂口语也不懂手语，如果跑离家乡，别人都没办法把他/她送回。

现在，聋儿出生一天内就能够确诊其是否耳聋残疾（Mayne，1998），但是由于种种原因仍不可避免有这样的情况发生：幼儿到了该说话的年龄却不开口说话，此时大人们才意识到他/她可能有言语或听觉障碍。父母往往在孩子诊断为耳聋时才开始教其学习手语。而且，即使是能够较早确诊，即使父母积极配合，父母是听人还是聋人对聋儿全面发展的影响也会大不一样，因为听人父母手语技能较差，不能对聋儿的需要作出直觉反应（Spencer & Lederberg，1997）。

Harris（2001）对14个聋儿的研究表明，聋人妈妈和听人妈妈对聋儿言语交流的效果有明显不同。这14个聋儿中，有7个其妈妈也是聋人，懂英国手语（British sign language，简称BSL），另外7个，其妈妈是听人但是在学习使用BSL。研究者观察发现，在与自己的幼儿进行言语交流时，不论聋人妈妈还是听人妈妈，她们都主要使用单个手势。使用手势的同时，聋人妈妈的言语主要是单词，而听人妈妈却大量使用多词有声言语。数据分析表明，和听人妈妈相比，聋人妈妈更多情况下能够成功地向婴儿传递手势信息。

总之，一方面，聋人只能通过视觉（例如唇读）学习口语。聋童和他/她们的家长付出极大努力，但其口语学习仍然极其艰难（Antia & Levine，2001）；另一方面，虽然许多国家都有统一的规范的手语系统，但是，手语还只是教育实践中借以使用的辅助工具，父母和老师都不是流利的手语使用者。在学校里，老师也很少使用手语，成年聋人很少参与聋人教育。因此，聋童早期的手语习得受到严重制约。结果，聋童不仅口语学得不好，他们的手语发展也受到极大挑战（Kyle，1989）。许多聋童不论口语还是手语都达不到母语水平。然而，手语毕竟是聋人最方便、最直接的语言（Stokoe，2005）。对于聋童来说，到聋人群体中既是一种生活经历也是获取语言发展的重要途径。在英国，尽管95%的聋生其父母是听人，尽管学校里的语言教学重点是英语，但是，到6岁的时候聋生基本都能学会BSL（Kyle，1989）。不过在学校里，聋生在学习口语和手语的同时又不得不学习阅读。阅读对聋生来说则是又一种新的语言（Hermans，Ormel，Knoors & Verhoeven，2008）。

（二）手语

1. 手语的语言本质

（1）手语发展是人类语言本能的体现。

儿童有发展语言的本能，这一点也为聋童群体的语言实践所证明。不同批次的尼加拉瓜在校聋童在25年间创造了尼加拉瓜手语（Senghas，Kita & Ozyurek，2004）：聋童首先把复杂事件分解为基本元素，然后按照一定规则把这些元素组织成有结构的表达方式。尔后聋童群体不断重复和扩展这一分解组合过程，从而使尼加拉瓜手语表达方式从开始的简单手势逐渐发展成一种完善的手语语言系统。因此，单单耳聋并不能影响儿童最初自发的语言发展。如果处于手语环境中，那么就和听儿自然习得口语一样，聋儿会自然习得手语，并和听儿一样表现出各个阶段性发展（Lillo Martin，1999）。

但是，许多聋儿生长在缺乏手语交流场合的听人中间。有人对美国聋童和我国台湾地区聋童的比较研究表明，尽管听力损失使他们不可能从听人那里习得口语，但是，这两个地方的聋童都能创造自己的手势语表达系统（Goldin Meadow，Mylander & Franklin，2007）。而且有趣的是，他们的手势语系统在不同地区这个纬度上的差异并不比在同一文化背景这个纬度上的差异更大。虽然他们的手势词和妈妈的口语词不同，但他们却能和妈妈表达同样的意思。因此，聋童能够根据接收的非（手语）语言输入构建自己的词汇结构。

手语的发展与社会文化背景无关。Goldin Meadow and Mylander（1998）对比研究了4个美国聋儿和4个我国台湾地区聋儿。这8个聋儿都是语前耳聋者，其双耳听力损失在70～90分贝之间，没有其他认知障碍。这些聋儿都在特殊学校接受有声语言训练，但即使使用助听器，他们也不能自然地使用有声语言。接受观察的时候，其口语能力状况是：他们只有在迫不得已的时候才能偶尔说出一两个词。他们都没有接受常规手语训练，其父母企图与之进行有声言语交流，但是这种交流多数情况下是通过动作和手势来完成的。

研究者在每个聋儿3岁8个月和4岁11个月的时候，分别摄录了他们在妈妈陪同下玩玩具的情形。录像数据分析表明，虽然听童或成年听人很少会自发地把手势连成手势串，但这些聋儿，不论是美国的还是台湾地区的，他们都常常用手势句而不是单个手势来传递信息。这两个地域聋儿产生的手势句都符合一种句式——主动格句式，一种某些自然有声语言中主要使用的句式。重要的是，这种句式既不是英语的也不是汉语的主要句式结构，因此，也就排除了聋儿手势的句法结构是从其成长环境的口语句法结构中发展起来的可能。

研究者交叉比较不同地域母、子的手势发现，美国妈妈的手势结构不同于其聋儿的手势；相反，美国聋儿的手势和台湾地区聋儿的手势倒有更多的语言结构方面的相似之处。美国聋儿似乎创造了自己的手势系统。然而，台湾妈妈的手势至少在某种程度上类似于她们聋儿的手势句结构。研究者认为这有两种可能，一种可能是台湾聋儿从他们妈妈那里模仿了一些东西，但更大的可能是，妈妈从孩子那里学习了一些手势表达形式，因为美国聋儿和台湾地区聋儿手势的句法结构相同。如果是这样，那么为什么台湾地区妈妈能从自己孩子那里模仿一些手势结构而美国妈妈却不能？这也许是因为在对孩子语言交流态度上的文化差异所致，又或者因为汉、英两种语言本身之间的差异所致，即相对于英语，边说汉语边做复杂的手势可能更容易。不论是什么原因，事实就是，美国聋儿手势系统的发展在其妈妈的手势系统发展之前而不是在其之后。虽然中美文化差异巨大，但是，两个地域聋儿手势系统的相似性却令人吃惊。其发展与周围文化环境无关，某种意义上是受到某种内在认知机制的指使所致。同样，游顺钊在加拿大北部地区和中国部分农村进行7、8年的类似考察也证明，不同国家离群聋人的自创手语之间有极大相似性（游顺钊，1991）。但是，离群聋人自创使用的手语通常比较简单，表达能力也有限，其中一个特点就是词汇量相对较小。

（2）手语分类。

有聋人群体就有聋人手语。虽然手语得以产生和发展的背景相当复杂，但其主要途径可大致归为四类：移民传播、学校教育、官方规定和自然发展。目前，多数国家都有官方认可的在聋人中间普及推广的手语。由于历史原因，全世界手语主要有法国手语[①]（French sign language，简称 FSL）、英国手语、日本手语（Japanese sign language）、斯堪的纳维亚手语（Scandinavian sign language）、冰岛手语（Icelandic sign language）、以色列手语（Israeli sign language）、捷克手语（Czech sign language）和东方阿拉伯手语（Arabic sign language）八个分支。像尼加拉瓜手语（Nicaraguan sign language）等则是少数自成一支的手语。

中国聋人使用的手语主要是各地聋人群体自然发展的语言，我们不妨称之为自然手语。自然手语有较大的地域性差异。虽然广播电视和聋人教育工作者都使用基于自然手语句式的普通手语，但普通手语中有大量手指字母拼写的词汇。而且，和许多国家的情况一样，普通手语只是作为辅助工具用于教学活动，在聋人中间的普及程度还有待于提高（顾定倩、刘扬、冬雪、王

① 美国手语（American sign language，简称 ASL）源自法国手语。

娇艳，2005）。

（3）手语语言学研究。

近一二十年来，手语在语言学领域逐渐被公认为人类的自然语言。因为手语言语的产生和接收器官与口语截然不同，所以，人类语言能力发展所依赖的就一定是一种抽象的、与言语通道模式无关的和纯语言的能力（Wilcox，2004）。手语的语言学特征与有声语言无异。例如，在共指关系（co-reference relations）方面，手语和口语活动中有同样的语言加工机制（Emmorey，1997）。

迄今为止，人们已经进行了大量手语语言学研究。手语音系学（sign phonology）的研究范围包括手语音节结构（syllable structure）和韵律模式（prosodic model）。Stokoe关于手语由手位（location）、手形（handshape）和动作（movement）三种音系参数构成的说法得到普遍认可（邓惠兰，2002）。手语语法、语义及形态研究受到相当重视。从普遍语法角度对手语结构成分进行研究也日趋普遍。手语是一种时空形式，有时间和空间两方面的特点。手语中的每一个手势不但有它的空间配置，还有其内部成分排列的时间顺序。在这种结构中，受处理成分在时序上必须先于处理成分（郭誉玫，1984）。此外，非手控特征，例如，提眉（brow raise）、侧头（head tilt）、点头（head nod）和凝视（eye gaze）等，也是一般句法的构成成分（邓惠兰，2002）。目前，人们对手语的普遍认识是，就像口语多样化现象一样，不同地域的聋人其手语彼此存在差异，但是，作为人类的语言，手语是有结构的语言系统，具有人类语言所有应具备的成分。手语和有声语言的唯一差异是，手语是以视觉和动作而不是以听觉和发声作为信息沟通的方式。如图2－3所示。

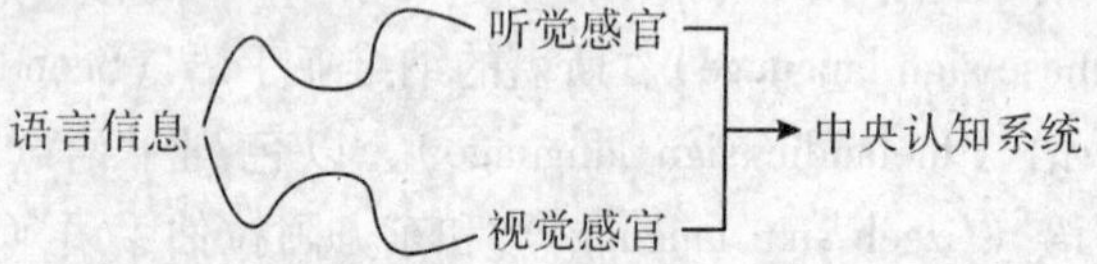

图2－3　有声语言和手语的信息沟通方式对比（参考郭誉玫，1984）

（4）手语言语活动观察研究。

人们对聋人手语言语交流活动进行观察研究发现，手语言语行为无不体现其语言特征。例如，听人能够区分词的基本构成，能通过类别知觉（categorical perception）对连续的言语声音进行义群划分。人们以往认为，只有使用有声语言的听人才具备这种言语流的类别知觉能力，然而，通过手形识别和手形区分任务研究发现，以ASL为母语的聋人也同样具备手语流的类别知觉能力（Emmorey，McCullough & Brentari，2003）。

通过听故事，听童不仅能学会讲故事，而且还能从故事中学习文化知识。不能习得口语同时又没有接受手语训练的聋童会怎样呢？Van Deusen Phillips，Goldin Meadow and Miller（2001）对4个来自欧美国家和4个来自我国台湾地区的这样的聋童进行了一项研究。这些聋童都使用自己创造的手势语系统。研究者先给他们播放故事录像，然后要求他们讲述录像里的故事。结果表明，这8名聋童都能复述故事，他们用手势语讲述的故事在情节结构上和听童完全一样，而且，虽然缺乏言语模型，但是，他们讲的故事似乎都能够体现独特的文化特征。

在言语交流中，听人说话者会时常发出笑声，但是，笑声的发生要么在言语停顿间隙，要么在完整的语块前后，绝不可能发生在一个词或一个词组还没有说完的时候。听人的这种现象可能是因为呼吸的关系，但更可能是因为言语表达中认知控制要求所致。聋人手语交流中也时常发出笑声，但是，他们的手语活动不受呼吸节制，那么，他们的笑声会发生在其手语词或手语短语表达的同时吗？Provine and Emmorey（2008）对ASL使用者的手语对话研究发现，笑声发生在言语停顿间隙或者完整语块前后的次数比发生在手语言语活动的同时多2.7倍。而且，和听人的情况相同，说话的人比听话的人笑的次数更多，女人比男人笑的次数更多。

对于有声语言，言语理解速度是平常言语交流中言语产生速度的2～3倍。以指法英语为第一语言的聋人，其对手指拼写英语句子的理解速度是其自然产生速度的2～3倍（Reed，Delhorne，Durlach & Fischer，1990）。ASL的情况也是如此，如果自然言语手语录像的播放速度翻倍，聋人的手语理解没有问题；如果播放速度是自然速度的3倍或以上，那么聋人的手语理解就出现严重困难（Fischer，Delhorne & Reed，1999）。

（5）手语心理语言学研究。

来自心理语言学的研究也提供了丰富的证据。Emmorey and Corina（1990）使用开门技术（gating task）研究发现，ASL母语者对手语词不同音位的识别有不同的顺序：词的手位最先得到识别，然后是手形得到识别，最后是动作得到识别。Hildebrandt and Corina（2002）同样以ASL母语者为被试进行了两项研究：向被试同时提供五个手势词，一个在视野中央，四个在其四周。在第一项研究中，四个位于周围的手势词中有三个分别和位于中央的手势词共享两个音位，且有一个音位不同。这些共享音位对分别是动作和手位、动作和手形以及手位和手形。在第二项研究中，四个位于周围的手势词中有三个分别和位于中央的手势词共享一个音位（动作、手位或手形），且有两个音位不同。被试须从周围的手势词中选择那个和位于中央的手势词最相似者。结果表明，和手语语言学理论一致，动作和手位是ASL音节结构的核心元素。

Corina and Emmorey（1993）研究发现，在词汇判断任务中，如果启动刺激和目标刺激（ASL词）之间有共享语义关系，那么被试的行为将体现语义启动效应。在语音形态相似性判断任务中，如果目标词和启动词有共同的手位，那么判断就出现抑制效应；如果目标词和启动词有共同的动作，那么判断就出现促进效应；如果目标词和启动词有共同的手形，判断就没有出现启动效应或抑制效应。对于共享手位和动作的手语词，BSL母语者的行为表现出语音启动效应（Dye & Shih, 2006）。手语母语者在非手语词音位切分（segmentation）判断任务中对手形的使用不同于非母语者（Brentari, 2006）：相对非母语者，聋人手语者更多地使用手形信息来完成音位切分判断。因此，手语母语使用者和手语非母语使用者有着不同的手语亚词汇信息加工机制。

Baus, Gutiérrez Sigut, Quer and Carreiras（2008）使用图词干扰任务，要求加泰罗尼亚手语母语者和非手语母语者用手语命名图片的同时忽略背景干扰手势，目的是考查其手语言语产生过程是否会受到来自其他手语词语义、语音的干扰。结果发现，被试手语产生活动受到背景手语词语义干扰，而且，如果图片手语名和干扰词共享手形或动作就有语音启动效应，但是，如果图片手语名和干扰词共享手位却有语音干扰效应。由此推断，心理词汇的语音、语义表征特点有跨通道语言普遍性。然而，在语音编码方面，手语和口语产生的编码过程有不同的机制，因为手位、手形和动作这三个音位在手语语音编码中有不同的作用。

词汇通达是言语输入激活对应心理表征的过程。关于词汇通达，人们研究较多的两个影响因素是词频和词汇心理表征的邻居大小。Carreiras, Gutiérrez Sigut, Baquero and Corina（2008）要求西班牙手语（Lengua de Signos Espanola，简称LSE）使用者对真假手语词作是非判断，以考察LSE手语词汇通达受词汇熟悉性和语音邻居大小的影响。研究者把手语语音邻居定义为在音位方面和给定手语词共享一个音位参数①因而和给定手语词有音位相似性的手语词集合，并通过评定获得手语词熟悉性指标。结果表明，不论手语母语者还是非母语者，他们的手语词—非词判断都会受到词汇熟悉性和词汇语音邻居大小不同的影响。

与听人有声语言产生过程中的TOT②类似，聋人有TOF（tip of finger，指尖效应）现象：聋人手语表达过程中会对专有名词产生TOF；相对于动作，

---

① 这里，音位参数是指手位或手形。作者认为目前尚缺乏关于动作的一致性认识，因此暂不把它作为考查内容。

② tip of tongue，舌尖效应，是指说话者知道要说什么但想不起对应词的一种语言心理现象。

他们对目标词的手形、手位和动作方向比较容易提取；对手指拼写词，他们也常常能提取首字母却拼写不出整词（Thompson, Emmorey & Gollan, 2005）。

听儿学习第二种有声语言有助于其语言和其他许多方面的发展（Snow, Burn & Griffin, 1998）。同样，手语也应作为幼儿教育的第二语言（Daniels, 2003）。如果幼儿听童学习 ASL 作为第二语言，那么，这些听童的英语词汇学习将得到很快提高（Daniels, 2004）。和没有手语词伴随的情况相比，如果字词学习的时候伴随相应的手语词，那么在之后的字词识别测验中准确率会高得多（Wauters, Knoors, Vervloed & Aarnoutse, 2007）。手语甚至有助于使用者在一般认知方面发生某些变化。即使听人在青春期之后习得手语，他们的手语言语经验也会有助于他们在操纵空间视觉信息方面调整自己的认知策略（Keehner & Gathercole, 2007）。使用 ASL 为母语的聋人和听人，他们产生复杂（不是简单）心理图像的能力相对较强（Emmorey, Kosslyn & Bellugi, 1993; Emmorey & Kosslyn, 1996）。

2. 手语与大脑

（1）大脑皮层结构。

大脑发育受先天因素和后天环境影响。大量来自临床、生理和生物化学领域的研究表明，感觉功能缺失和环境都会影响大脑结构的形成。例如，有听觉缺陷的动物，其大脑皮层神经蛋白的组合情况和听力正常的动物不同：聋动物大脑细胞有复杂的结构重组现象，在质和量两方面都不同于听动物（Bogolepova, Malofeeva & Belogrud, 2004）。那么，聋人大脑结构有什么独特的特征呢？以聋童和成年聋人为对象的相关研究表明，听觉经验缺失导致聋人大脑听觉皮层结构有不同于听人的特点。如图 2－4 所示。

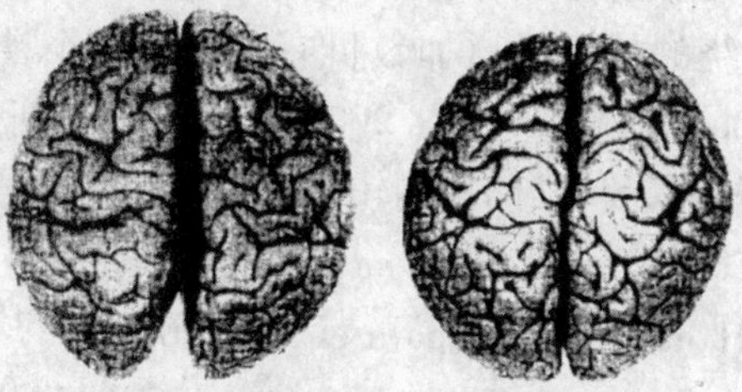

（a）　　　　（b）

图 2－4　4 岁听童（a）和 4 岁聋童（b）大脑背面图（源自 Bogolepova et al.，2004）

Bogolepova et al.（2004）对比其父亲和祖父都是聋人的 4 岁聋童和不同年龄段听童（新生儿，6 个月婴儿，1 岁、2 岁和 4 岁童）大脑左右半球皮层

44 和 45 区的细胞结构发现，聋童大脑皮层言语运动区发育缓慢。总体上，4 岁聋童和同龄听童的差异表现在：大脑偏轻（聋童大脑重 1 008g 而听童重 1 390g）；左右半球长度分别比同龄听童短 1.5～1.6cm；额叶发育不完善，其长度，即从额极到前中央回间沟底部的距离，比听童短 1.4～1.8 倍。

大脑皮质的神经元主要有椎体细胞、星状细胞和梭形细胞。在神经元周围，距离神经元不超出神经胶质细胞核直径的胶质细胞叫做随体胶质细胞。对 20μm 厚的系列额切面，使用光学显微镜，在第 III、IV 层测量每 0.001mm³ 内神经元的密度、胶质细胞密度以及随体胶质细胞密度，统计有随体胶质细胞环绕的神经元数量，并分别对大脑左右半球相应部位，确定每 0.001mm³ 脑质内神经元中有随体胶质细胞环绕者的百分比、神经胶质指数（0.001mm³ 脑质内神经胶质细胞密度和神经元密度的比例）和随体胶质细胞密度与神经元密度比例，在定性和定量两个方面都得到了有趣的结论。

在定性方面，聋童大脑言语运动区细胞结构发育欠完善，结构类型单一。言语运动区有贫富细胞层之分，层和亚层之间区别性差；第 III 层缺乏大神经元，椎体神经元数量较少，大部分神经元呈梨形或蛋形。聋童言语运动区纵横条痕不明显，好像没有第 IV 层。4 岁聋童的大脑言语运动皮层的细胞结构更像 2 岁听童。

在定量方面，聋童大脑言语运动区明显发育紊乱，45 区厚度比同龄听童薄 1.8 倍。该区第 III 层厚度占皮层总厚度 18%～22%，同龄听童占 35%～38%。44、45 区第 III、IV 层椎体神经元区数量比同龄听童少。聋童这两个区神经元密度都比同龄听童大。聋童 45 区第 III 层密度是 37.2±0.9，相当于 1 岁听儿大脑；同龄听童的密度是 24.8±0.8。

在发育早期，婴儿年龄与大脑言语运动区细胞结构中随体胶质细胞密度相关，与随体细胞环绕的神经元增加数目有关，与每个神经元的随体胶质细胞数量有关（Bogolepova & Malofeeva，2000）。进一步分析细胞测量数据发现，4 岁聋童的大脑结构神经元—锥体比例较听童小，在左半球 44 区第 IV 层，随体胶质细胞密度是 9.0±0.5 每 0.001 mm³，与 6 个月婴儿相同；而 4 岁听童是 32.4±0.9 每 0.001 mm³（Bogolepova et al.，2004）。

通常情况下，2 岁儿童言语运动区形成结构呈不对称状，左半球有较多细胞结构特征（Bogolepova & Malofeeva，2000），然而，4 岁聋童也有同样特点。因此，聋童大脑左半球言语运动区发育较右半球缓慢。例如，聋童左半球 44 区第 III 层神经元外部面积比同龄听童小 50μm²，右半球小 24μm²。聋童大脑结构不对称，右半球发育较好；同样，44、45 区第 V 层也普遍有类似特征（Bogolepova et al.，2004）。

Penhune, Cismaru, Dorsaint Pierie, Petitto and Zatorre（2003）采用功能核磁共振成像技术，对成年聋人大脑皮层结构进行研究时发现，从出生开始就缺失听觉经验的聋人和听人有同样大小的 Heschl 氏横回（Heschl's gyrus，简称 HG）和颞平面（planum temporale，简称 PT）。对成年聋人的这两个听觉区灰、白质及位置和延伸程度进行测量，结果与听人的完全叠合。聋人也有与听觉语言加工有关的跨半球不对称的 HG 和 PT。因此，在听觉皮层不对称性发展中，起决定性作用的不是听觉语言经验，而是遗传因素。聋人和听人有同样大小的听觉皮层。听觉皮层输入、输出能力有可塑性，这种可塑性包括语言专门化或来自其他感觉通道的信息加工能力。

Emmorey, Allen, Bruss, Schenker and Damasio（2003）对 25 个先天聋人和同样数量听人（两类被试均为右利手）的言语运动区皮层进行体积分析，确定颞叶、上颞回、HG 和 PT 的灰、白质体积。结果发现，两类被试总体积无差异，HG 灰质体积没有差异，因此，听觉能力不同没有导致主听觉皮层细胞缺失。然而，聋人在 HG 的灰—白质比例比听人高，聋人在左右 HG 都有较少白质。在上颞回其他部分，聋人也有较大灰—白质比例，但整个颞回却未出现同样的结构模式。因此，生来就缺失听觉经验可能导致髓鞘形成较少或者出入听觉皮层区的神经末梢较少。另外，两类被试的左半球都有体积较大的 PT 和 HG，这种听觉皮层内部的左右不对称性并非源自听觉加工经验缺失。

由于语言障碍，大多数聋人从小时候开始，不但语言交流实践活动较少，也较少参与社会、认知实践活动。他们生活在相对"孤立"的世界。语言影响认知发展，语言塑造大脑，语言、大脑和认知之间相互影响、相互促进（张积家等，2005）。虽然手语是有结构的语言系统，然而，缺乏手语交流对象的聋童主要使用自创手语，其语言能力可能没有听童发展得那么快，因此导致其大脑皮层言语运动区发展缓慢。等到成年的时候，因为缺失听觉经验，可能导致大脑皮层听觉区髓鞘形成较少或神经末梢较少，但他们的言语运动区的总体结构与听人没有差异，而且在手语活动中，其大脑皮层激活模式与听人基本一致。这说明，成年聋人比较完善地掌握了手语语言逻辑，人类大脑皮层语言运动区具有功能可塑特点，既能加工听觉语言，也能加工视觉语言。

（2）大脑皮层激活的跨通道弹性。

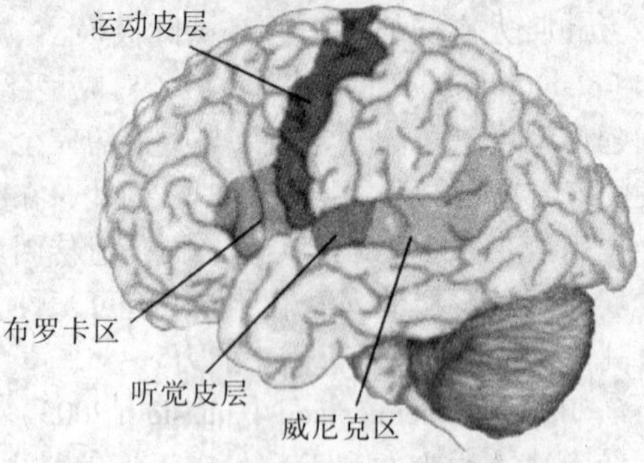

图 2－5　大脑皮层语言运动相关区

平克（2004）在《语言本能》中描述了这样的例子："一个布罗卡区受伤的聋人，他手语不行了，但是，识别其他（也要用到眼和手）跟语言无关的手势却没有受到影响，他辨认面孔描红（描绘别人的东西）也没有问题。""右脑受伤的聋人则会出现相反症状。"近年来，大量关于聋人大脑皮层功能的脑电研究，一方面支持了聋人手语具有语言性本质的结论，另一方面也证明了聋人手语活动在神经资源征用方面确有其独特性。

手语的言语产生需要两只手和两个大的运动器官，口语的言语产生只需要舌头和口腔的参与，以及很小幅度的器官运动。然而两种器官运动产生的语言在本质上却是相似的。Emmorey, Mehta and Grabowski（2007）要求聋人和听人命名属于不同语义范畴的具体事物并对之进行正电子辐射扫描（positron emission tomograph，简称 PET）测量，结果表明，两种语言模式下都能激活左内颞皮层和左下额回。在左颅顶叶的两个区域——缘上回和顶上小叶——手语活动的激活大于口语活动，说明这两个区域的激活可能是手语输出参数模式专门化的，也就是说，左缘上回的激活可能反映了 ASL 的语音加工（例如，手形的选择和手位特点），而顶上小叶的激活则可能反映了对运动输出的本体感觉监督。命名具体事物（例如，动物、工具）的时候，支配手语和口语言语输出的神经结构是相似的，但是，如果要表达空间关系，手语的视觉—空间模式对支持语言产生的神经基础有影响（Emmorey, 2002）。

Corina, San Jose Robertson, Guillemin, High and Braun（2003）要求以 ASL 为母语的聋人产生手语动词并对之进行 PET 测量，结果表明，左、右利手者的左前额区的激活模式相同。不论言语活动涉及语义加工还是语音编码，这种手语活动大脑皮层的激活模式和以往报道的口语活动大脑皮层的激活模式一致。因此，言语产生过程中的语义加工对大脑皮层区域的依赖不受言语通道模式（不论是口语还是手语）的影响。

手语的具体言语形式由手、臂和躯体的动作以及表情变化组成。MacSweeney，Campbell，Woll，Giampietro，David，McGuire，Calvert and Brammer（2004）使用功能核磁共振成像（functional magnetic resonance imaging，简称FMRI）技术比较不同被试——聋人BSL使用者、听人BSL使用者和听人非BSL使用者——观看手语言语和无意义手臂连续动作引起的大脑神经关联激活情况发现，三组被试都有前—后网区激活，对这两种刺激都有双侧上颞区皮层（包括颞平面）激活。对于这些传统的声音加工区，聋人的激活程度高于听人。因此，不论听人还是聋人，颞平面都可能会有相应的视觉运动刺激反应，但是，如果听觉经验缺失，该区的视觉加工作用就会加强。和非手语使用者相比，在左后颞上沟回一直延伸到缘上回，手语使用者对于BSL刺激的激活量大于对无意义动作信号的激活量，因此，不论手语还是口语，其基本的神经加工区域都是左后perisylvian皮层。

MacSweeney，Waters，Brammer，Woll and Goswami（2008）研究表明，就像有声语言的词能相互押韵一样，手语表达形式也有其语音规律：左侧化腹侧额颞网络参与英语语音相似性和BSL语音相似性加工。所以，在某种程度上，大脑皮层神经网络的语音加工是超语言模式的。然而，该区的激活却受语言模式（BSL/英语）、听力状态（聋人/听人）和BSL习得年龄的影响。对聋人来说，左下额回后端在基于言语的语音加工中起着重要作用，因为听觉成分的缺失增加了对言语发音部件的依赖性。在BSL任务中，非手语母语者其左前额回的激活比手语母语者多。同样，在英语任务中，非英语母语者也是如此。Newman，Bavelier，Corina，Jezzard and Neville（2002）的研究表明，口语母语者言语加工过程中主要有左侧化大脑皮层网络激活，而ASL母语者手语言语活动中既有左半球激活也有右半球激活。但是，就像口语习得者有关键期[①]一样，这种半球角回激活只能发生在手语母语者身上，而青春期之后习得手语者则没有这种右半球激活。

Emmorey，Grabowski，McCullough，Damasio，Ponto，Hichwa and Bellugi（2003）要求聋人ASL母语者用手语清楚命名名人图像或动物图片并对之实施PET测量。对于名人图像，他们用手指拼写其姓名；对于动物图片，他们既用手指拼写动物名英文词，又用ASL词直接命名。聋人用ASL词命名动物的

① 如果在青春期之后才开始学习使用有声语言，那么听人将难以真正掌握语言的句法规则（Newport，1990）。

时候，其大脑皮层激活区域和听人提取英语词的激活相似。聋人用手指拼写名人姓名时激活左颞极；而命名动物的时候，不论用手指拼写字母还是用ASL词直接命名，他们激活的都是左下颞叶皮层。总体来说，聋人提取手语词激活的神经解剖区和听人提取英语词相似。Masataka，Ohnishi，Imabayashi，Hirakata and Matsuda（2006）使用FMRI考察以日本手语为第一语言的聋人对ASL呈现数字的感知引起大脑神经激活关联情况时发现，一旦知道看到的手势事实上是一些数字符号，那么被试马上就有大脑神经网络激活，许多激活区都是以往报道过的听人数字加工活动中激活的区域。可见，大脑数字加工与语言模式无关。

Lambertz，Gizewski，de Greiff and Forsting（2005）让全聋聋人和有残余听力者观看手语录像的时候接受FMRI测量。结果表明，前者主听觉区有激活，而后者却没有这种皮层激活。因此，大脑听觉皮层功能重组只能发生在全聋聋人身上，残余听力可能抑制了这种与手语任务关联的大脑皮层跨通道的功能弹性。

（3）手语活动大脑皮层激活的独特性。

神经生理学研究表明，不论是动物还是人，如果早期发生某种感觉功能缺失，其大脑神经组织和功能会发生明显变化。聋人依赖视觉进行言语交流，其视空间知觉可能会受到听觉损失和言语交流两方面的影响而有所变化。Emmorey and Corina（1993）对比研究使用ASL的聋人和使用英语的听人表明，他们对抽象词都表现出了左半球优势。然而，前者对于表达形象事物的手势有显著的右半球优势，而后者对于相应的词却没有表现出这种视觉半球效应。大脑皮层激活侧向化差异体现了手语和有声语言在对形象化刺激加工方面的不同。

听人左半球主要负责语言加工而右半球专门负责视空间知觉信息加工。那么，手语言语活动会由哪个半球负责加工呢？Rönnberg，Rudner and Ingvar（2004）以8名从事手语翻译、早期习得手语的手语口语双语者为被试，通过PET比较他们对瑞典手语和瑞典口语的工作记忆。结果表明，两种语言模式下大脑神经激活相同的是，在各种任务条件下都有布罗卡区激活，在语义提取活动中前左下额叶有激活。但是，瑞典手语却征用独特的工作记忆神经结构组织：一个由双侧颞区、双侧颅顶区和左侧前运动区组成的激活网络构架。而且两种语言模式下在小脑的激活也有不同。双侧颅顶区的激活模式和非言语视觉空间任务下大脑神经活动模式相似，这种激活模式可能反映了视觉空间矩阵的产生过程。

MacSweeney，Woll，Campbell，McGuire，David，Williams，Suckling，Calvert and Brammer（2002）使用FMRI考察比较听人和聋人BSL母语者对BSL的知觉发现，大脑神经激活网络既与语言模式无关也有语言模式专门化特点。与语言模式无关的激活区域包括双侧次前额区和双侧上颞区（含Wernicke区）。然而，和聋人知觉BSL的时候相比，听人知觉视听言语的时候在主、次听觉皮层比聋人有较大程度的激活，而聋人在后枕颞区有相对较强的激活，这反映了聋人对BSL中运动成分的加工。和听人BSL母语者相比，聋人感知BSL时在左上颞回有较大激活，说明（对听人手语母语者来说）左颞听觉区专门用来加工听觉言语，但如果听觉缺失，该区就会转向负责视觉言语信息加工。

情景记忆不同于语义记忆，前者是指与个人经历及具体时间地点相关的信息编码和提取活动，而后者则是指关于抽象的、与个人及具体时间地点无关的普通知识的记忆活动（Tulving, 1983）。语义加工需要额叶区和左半球语言区（例如，Wernicke区）的参与，情景信息加工激活区的典型特点是比较靠近左perisylvian语言处理器末梢，而且，额叶区的激活程度也不及语义信息加工的情况（Wood, 1987）。Rönnberg, Soderfeldt and Risberg（1998）在聋人（手语刺激）和听人（声音刺激）记忆活动中测量其区域皮层血流量表明，手语呈现情景刺激激活后右半球皮层区的假设得到支持。

（三）有声语言学习

毫无疑问，聋人学习口语和书面语都很困难（Conrad, 1979）。目前关于聋人的相关研究主要集中在词汇水平上，包括词汇习得、语音意识和字词识别三个方面。虽然人们在聋生句法结构意识和阅读写作能力方面也开始有所尝试，但是，这方面的研究报道相对较少。

1. 语音意识

语音是语言的物质载体。由于长期进化，人类拥有功能强大的语音编码机制。那么，没有机会自然发挥这一功能但是却要接受有声语言教育的聋人能发展相应的语音意识吗？他们在书面词识别中采用什么策略？近几十年来，人们对这些问题进行了大量研究。虽然目前对聋人书面词识别的认知机制还不够清晰，但是，人们在聋人有声语言的语音意识及正字法技能方面还是取得了较为一致的认识。

语音意识开始于对词之间声音是否相似的觉知，是对词语音组成的清楚认识，包括对押韵和首韵的探测能力以及对词音位的分离、计数或操作能力（Sutcliffe, Dowker & Campbell, 1999）。从小缺乏语音输入的聋人能否发展和听人相同的语音意识呢？研究表明，如果接受口语训练，聋人似乎能够通过唇读发展和听人类似的语音意识。但是，唇读提供的信息极为有限：规范的元音可以识别，但辅音却不容易识别，而且其发音方式和发音位置难以通过视觉来识别。

语音意识在书面语中的作用极为重要，聋人在书面语字词识别中采用怎样的策略呢？人们通过词拼写、词韵律判断、词汇判断、同音词—图匹配和短时记忆测量等任务，考察不同年龄和不同教育背景聋人的语音敏感性，对聋人语音意识发展进行了较为合理的推测。

聋人难以发展语音表征（McQuarrie & Parrila, 2009）。例如，使用手语作为第一语言的聋童（简称手语聋童），其音位意识比听童（二语听童）第二语言的音位意识差（Sutcliffe, Dowker & Campbell, 1999）。研究者向被试随机呈现图片，要求被试看图拼写英语词，考察其拼写错误。结果（如表2－1所示）发现，二语听童之所以较少犯字母省略或字母增加错误，是因为他们知道一个词中有多少个音位；手语聋童辅音错误较多，且有些错误极为低级，这是因为他们的语音意识基于唇读。像随机的无意义拼写，省略整个音节，只拼写出词的首字母等，这样的错误一般只发生在初学者身上，在2、3年级小学听生身上都很少出现。

表2－1　手语聋童和二语听童拼写错误特征对照①

1. 元音替代错误	二语听童＞手语聋童
2. 元音和辅音两种替代错误总数	二语听童＞手语聋童
3. 辅音省略错误	手语聋童＞二语听童
4. 元音和辅音两种省略错误总数	手语聋童＞二语听童
5. 辅音错误	手语聋童＞二语听童
6. 元音错误	手语聋童＜二语听童
7. 音节省略错误	手语聋童＞二语听童
8. 无意义反应（随机的无意义错误拼写）	手语聋童＞二语听童

Harris and Moreno（2004）分别在年龄和阅读能力两个方面对聋生和听生进行匹配，使用不同的任务来考察8岁和14岁聋生是否有语音意识。以图片为材料的短时记忆测量表明，聋生的短时记忆广度和与其阅读能力匹配的听生相当，但比与其年龄匹配的听生小。14岁聋生的短时记忆广度能预测其阅读能力，但是，没有迹象表明他们在短时记忆和回忆中使用了语音编码。在正字法意识任务中，聋生的表现和与其阅读能力匹配的听生相当。最后一个

① 源自 Sutcliffe et al.（1999）。

任务是拼写测验。拼写是考察聋人语音意识和正字法意识的有效方法。接受口语教育的聋生拼写图的名称时，其错误模式和语音唇读现象相似，即对符合语音规律的词出现较多拼写错误。聋生的拼写错误主要是非语音的，他们企图再现词的总体形状而不是词的语音结构。从总体上看，聋生不能使用语音编码。

对幼儿聋童、听力困难童和听童实施 ERSI（early reading screening instrument）测量，分析四项子测验得分和总分，以确定不同被试组之间音位意识的差异（Allman，2002）。结果发现，听力困难童和听童的表现类似，而聋童的拼写分数低于其他两组。聋童拼写错误与唇读、手语和手指拼写有关，他们比听童有更多的拼写不出任何字母的现象。而且，在拼写错误比例上，听童60%～80%的错误都包括语音错误，聋童的语音错误比例却不到20%。研究者认为，在口语环境下成长并接受手语训练的聋童，他们学习拼写时，用视觉编码和触觉—肌肉运动编码来映射词的语音，因此有独特的拼写模式。接受口语教育的聋生的音节意识和听生相同（Sterne & Goswami，2000），韵律意识较差但是也高于偶然，能对非词进行语音再编码。他们有发展滞后的语音意识，但可能和听人的发展不同。

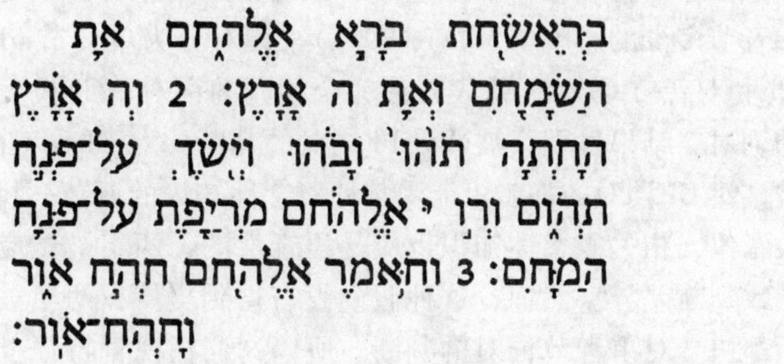

图 2－6　希伯来文片段

与其他拼音文字不同，希伯来语词的元音信息体现在辅音字母串下附加的元音标志符中，如图 2－6 所示。不过从小学 2 年级开始，这样的元音标志符就显得多余，不再出现在印刷材料中。人们利用希伯来语的这种特征来研究聋人的语音加工机制。以听人、在口语环境下成长的聋人和以手语为主要交流手段的聋人为被试，使用希伯来语名词为目标刺激，刺激或者无元音标志符，或者有正确的元音标志符，或者有错误的元音标志符但语音正确，或者有错误的元音标志符且语音错误。告知被试可忽略元音标志符，尽快决定某个名词是否属于某个语义类别（Miller，2002）。结果发现，口语环境下成长的聋人，其词的识别策略主要决定于语言的形态特征。他们加工语音扭曲的名词显著慢于加工有正确元音标志的名词，错误也显著增加。然而，对字形扭曲但语音未改变的名词却未出现高错误率。这表明，口语环境下成长的聋人可能使用语音策略加工目标词。

以手语为支配语言的聋人（简称手语聋人），其加工模式却大不相同，三种标志刺激对判断反应的影响一致。虽然其他两组被试对无标志和有正确标志的名词有较高的加工效率，但手语聋人分类正确标志名词所需时间显著长于无元音标志符的名词。因此，手语聋人似乎受名词是否标志影响而不受标志是否错误影响，手语聋人在刺激分类判断中似乎不受刺激的语音特征影响，他们仅通过字形信息实现对目标词的加工。因此，对于手语聋人，元音标志符仅是视觉干扰，没有语音价值。

虽然有些聋人在书面词识别中似乎能使用语音编码，但是，更多证据支持聋人无语音意识的观点（Harris & Moreno, 2004）。事实上，聋人看似有语音意识的现象可能是他们阅读学习的结果，而未必是学习阅读的前提（Musselman, 2000）。如果聋人没有内化的语音知识，他们又如何协调词的识别呢？有研究者要求聋人和听人被试判断希伯来语词对中的词是否相同，重点研究两组被试在非语音编码、加工速度和准确性上的差异，确定被试判断是否受词对中音节多少的影响（Miller, 2004）。词对分为单音节 PI、单音节 CI、双音节 PI 和双音节 CI。PI 代表外形完全相同的词对，CI 代表意义相同但外形不同的词对。结果发现，被试对 PI 词对的判断比对 CI 词对的判断较快较准，说明被试对 CI 词对的加工可能受某种概念性知识的调节。拼音文字系统的字形代表音位，相关概念性知识也应是语音性的，两组被试应受到音节信息影响而导致判断差异。然而，这种假设没有得到支持，两组被试对双音节词对的判断都快于对单音节词对的判断。所以，词在视觉特征上可能仍然是促进双音节词对加工的因素。两组被试之间缺乏差异也说明聋人加工书面词的发展没有受到阻碍，他们加工书面词使用的策略准确而且有效。在词对加工中，两组被试对刺激的语音特征都不敏感，即在希伯来语中，被试不依赖词的语音信息进行词对判断（此处可能和汉语的情况相同）。

为进一步考察聋人在书面词及意义之间建立联系的过程，研究者增加了图片刺激。结果发现，不论是词还是图片，两组被试判断刺激对时都不依赖语音信息，这就排除了语音对词对判断有潜在影响的可能。因此，语音在书面词加工中起重要作用的观点没有得到支持，聋人的词加工能力严重受损的观点也没有得到支持。或许因为听人和聋人在词对同一性判断中使用了不同策略，所以他们对词对加工比对图片加工需要更长的时间。既然语音在这种调节中不起作用，正字法知识就成了唯一起调节作用的因素。和图片对判断不同，词对加工需要正字法知识协调。

2. 字词识别

书面词识别是在词形和意义之间建立连接的过程。根据 Frith（1985）的词识别模型，儿童词识别发展经历了三个阶段。第一阶段，儿童注意词的整体形态结构或注意词的突出特征（如词长、词形和突出字母），通过死记硬背的方式记住词的相关特征并用于词识别。随着经验的增加，儿童逐渐明确词形和声音之间的联系，开始掌握一些简单的形—音对应。第二阶段，儿童开始使用字母策略，根据形—音规则，分析词的字母组合，逐渐掌握对词的切分技巧，词汇量开始快速增加。第三阶段，根据词位结构特征，把词分析成较大的正字法单位，逐渐熟悉字母组合和词结构。娴熟的读者快速识别词的过程是：去掉词缀暴露词根；在心理词典中查找词根含义；整合词根与词缀意义，获取整词含义。因此，词法知识决定着读者能否成功预测多词素生词的可能性（Gaustad, Kelly, Payne & Lylak, 2002）。初学者开始依赖词形—音位对应，随着语言实践的增加，这一过程逐渐自动化，把词中较大字母组合的形—音联系固定在记忆中。当看到一个词时，注意词的词形，分析词的组成，跳过语音解码阶段直接通达词义，但聋人的情况却并非如此（Gaustad, 2000）。

聋人书面词识别极其困难。聋人的语言发展受听觉经验缺乏的严重限制，他们不能在书面词识别中利用语音信息（Gaustad et al., 2002）。因此，聋人把书面词纯粹当作视觉模式对待，他们仅通过词形文字策略进行识别。词的整体形态结构或突出特征是聋人识别词的关键要素（Sutcliffe et al., 1999）。对聋人来说，词形组成部分一开始就是有意义的。当遇到多词素词时，他们便绕过词形携带的语音信息，根据词形分析完成识别（Gaustad, 2000）。

对拼音文字，词法加工可使读者直接通达词义。但是，如果聋人不能很好地掌握词法技能，他们加工书面词的唯一途径便是记忆字母组合及其意义之间的独特联系，那么，他们将面临两方面困难：要学习的词汇不断膨胀；词形差异越来越细腻，难以从整体形态上区分大量词。事实上，多数聋童都有严重的识字问题。多数 15、16 岁青少年聋生的识字技能只相当于 10 岁听少年（Harris & Moreno, 2004）。大部分聋童随年龄增长都有词汇发展滞后的现象，他们在词汇方面的具体问题表现为词汇量小，某些类别词欠缺，对任何给定词的含义掌握面狭窄，不能利用曲折和派生词缀的方法进行词法分析等（Gaustad & Kelly, 2004）。

聋人书面词词法技能发展滞后。关于聋人的词识别过程目前仍知之甚少（Miller, 2004）。如果聋人在书面词识别中缺乏语音分析，那么，作为补偿，他们应使用词形分析来识别书面词。有人以大学、中学听生和聋生为对象，比较他们对英语词词素切分能力和词素含义掌握的情况。结果表明，虽然大学聋生比中学听生有更多的阅读经验，特别是有更多的学术阅读经验，但其在词切分技能和词素意义联系上的表现仅接近中学听生。而且，大学聋生中很少有人认为阅读是件令人愉悦的事情（Gaustad et al.，2002）。

以阅读能力匹配的大学聋生和中学听生为被试，进一步考察他们在词法技能方面的差异。结果发现，无论在词根和派生词缀含义的掌握上，还是在含有多种词素的词切分上，大学聋生都不如与其阅读能力相当的中学听生。对具体词素知识和词切分能力进行项目分析发现，中学听生明显比大学聋生有较高的词法技能（Gaustad & Kelly，2004）。年龄大的大学聋生其书面词词法技能发展滞后于年龄小的中学听生。

Gaustad et al.（2002）通过词汇形态知识测验，比较聋人和听人对书面词的语素感知、切分意识以及语素相关意义识别意识。研究中控制两类被试的阅读能力相近。结果表明，大学听生分数最高，大学聋生分数低于大学听生但和中学听生相近，中学聋生分数最低。虽然在词汇形态解码方面，聋生似乎有一定的语素切分和语义联系意识，但其相关技能水平极低。

对于熟练的读者，语音解码在其正字法意识的形成中起着关键作用（Troia，2004）。根据Share（1995）的self-teaching concept理论，阅读过程中能够读懂陌生字母串便意味着学会了新词。语音解码技能欠缺将影响词的加工并进而影响阅读理解。然而，聋人阅读水平与其音位意识无关（Izzo，2002），聋人也有可能发展与听人水平相当的词加工技巧（Miller，2005）。虽然聋人的语音意识发展受到严重制约，但是，15岁聋生识别和归类书面词的效率却和同龄听生相当，这说明他们一定发展了一种不需要依赖语音意识就可获得正字法知识的策略（Miller，2006a）。正字法体现书面词的词形、语音和语义特征（Henderson，1984）。音节结构影响听生的阅读和拼写，因为听生口语与书面语相互关联（Badecker，1996）。聋生在词汇学习中较少经历言语活动，分析聋生的拼写错误可能会有不同的发现。Olson and Caramazza（2004）的研究表明，从语音角度看，聋生的错误多数不可思议但是符合正字法规律。

3. 词汇习得

许多指标可以用于词汇知识测量，例如，词汇识别、词汇命名、词汇回忆等。这些指标中有些与词的本身特征相关，例如，词长；有些基于心理词汇理论模型，例如，邻居密度（neighborhood density）（Luce & Pisoni，1998）；有些基于测量对象本身关于词的经验，例如，词的熟悉性（Auer，Bernstein &

Tucker, 2000；Gernsbacher, 1984）和词汇习得年龄（age of acquisition，简称AOA）（Gilhooly & Logie, 1980）等。许多词都是多义的，掌握词的多个意思对于阅读理解极其重要，但是聋人读者很难做到这一点。Paul（1987）对10岁、11岁和12岁聋生进行词汇测量表明，不论哪个年龄的聋生，对于同样的词掌握其两个意思远比掌握其一个意思困难得多。他们不但词汇意义掌握的深度不够，而且似乎不能利用上下文获取词义。Auer Jr. and Bernstein（2008）要求50名聋人和50名听人主观评定175个词的AOA和词汇习得方式（是书面语、口语还是手语），同时还用标准化题目测量了他们的词汇量及阅读水平。结果表明，聋人AOA（10岁）较听人（8岁半）晚，两类被试的AOA显著相关。然而两类被试的词汇习得渠道却显著不同：听人通过书面语和口语习得的词汇分别占30%和70%；聋人通过书面语、口语和手语习得词汇的比例分别是45%、38%和17%。

AOA影响词汇通达（Ellis & Morrison, 1998），而词汇通达是影响听人词汇命名速度的主要因素。Cuetos, Monsalve, Pinto and Rodríguez Ferreiro（2004）要求40名（13~58岁）聋人写出100幅图片上的事物名称。对结果进行回归分析表明，影响聋人反应时间[①]的主要因素也是AOA。因此，虽然聋人心理词汇中语音表征可能欠准确（Leybaert, 1993），但是，他们的词汇系统组织和听人相似。

Venezky（1967）认为，字词拼写得益于人们对书面语的两种意识：一种是对词内固定字符串出现的频率的敏感性（例如，字母“q”的后面几乎总是跟着字母“u”，而“th”出现的频率远高于“gn”）；另一种是关于词的语音、语义和语法知识（例如，长元音词常以“e”结尾，以词根形式出现在其他词中，如“signature”中的词“sign”语音变了但拼写形式却保留了下来，“s”出现在词尾表示复数形式）。Aaron, Keetay, Boyd, Palmatier and Wacks（1998）分析听生和聋生英语词拼写行为发现，虽然其拼写似乎有点符合语音学规律，但是年龄比听生（2~5年级）大很多的聋生（5~12年级），其拼写能力不比听生强，他们似乎也没有采用整词记忆策略，而是主要利用构成词的字符串模式规律进行拼写活动。因此，固定字符串出现频率的意识在某种程度上符合聋生的拼写行为特点（Venezky, 1967）。

新词学习与词汇知识相关而与年龄无关。听童的词汇学习有以下不同的阶段特点：1岁左右的幼儿处于缓慢发展阶段，他们需要反复接触许多次才能记住一个新词（Dromi, 1999）。1岁半左右，首先是接触几次，幼儿就能够快

① 图片命名常常用来测量被试言语产生能力。对于听人被试的测量指标是从图片呈现到被试口头开始说出图片事物名称的时间。

速把语音“匹配”到相应词义，然后就能根据大人的提示快速学习新词。2岁到2岁半的时候，幼儿就能不需直接提示而根据上下文学习新词。例如，在动物园里小孩跟着大人从关着长颈鹿、大象和羚羊的院子走过，此时，大人说“看，羚羊”。小孩如果已经知道长颈鹿和大象了，他/她就能学会“羚羊”就是这种新的动物。Lederberg and Spencer（2009）对来自12所学校的90个27~82个月大的聋童考察发现，他们有三种不同的词汇学习能力：12个孩子不能快速学会新词，36个孩子能够在直接指示条件下快速学习新词，49个孩子不需要直接指示也能在有上下文的任务中给新奇事物匹配新词完成新词学习。因此，孩子的词汇学习能力与其词汇量大小相关而与年龄不相关。

4. 语法、阅读与写作

聋人希伯来语词识别能力不比听人差，但是，他们因为缺乏足够的语法知识，不能对词的理解作更深层次的语义加工，因此，其阅读能力不及听生（Miller, 2006b）。在英语句子回忆任务中，聋生能够利用句子表达的语义关系进行句子记忆，但是，他们回忆的句子半数以上不合语法，而且还有语义错误记忆现象（Sarachan Deily, 1980）

阅读同时需要两个前提：熟悉语言和完成语言与语言书面形式的匹配。对于绝大多数聋生来说，他们在这两个方面都处于劣势，因此其阅读学习极其困难。聋生的阅读能力与其字词拼写能力不相关（Kyle & Harris，2006），但是与其手语水平正相关。研究表明，聋生手语水平越高就越有可能学好阅读而成为流利的读者（Chamberlain & Mayberry，2000）。高中毕业聋生通常落后听生至少5年（Kyle & Harris，2006）。大学聋生中很少有人认为阅读是令人愉悦的事情（Gaustad et al.，2002）。西班牙小学毕业聋生（13岁）的阅读能力还不及小学一年级听生（7岁）（Monreal & Hernández，2005）。

聋人写作语篇意识较差。聋童在叙事性言语产生中能够遵循语篇规律，但是，可能因为流畅性欠缺，他们在写作中不能够遵循语篇规律（Marschark & Mouradian，1994）。

Sarachan Deily（1982）以20个高中聋生和20个高中听生为对象，要求被试读一个故事后默写故事情节。把被试默写的故事性陈述和对故事情节作出的正确推断两方面的数据和原故事进行比较。结果发现，聋生正确的推断性回忆和听生没有显著性差异。听生回忆的句子比聋生多，听生和聋生回忆原句的数量比推断句多。Antia，Reed and Kreimeyer（2005）分析110名聋生（正常班听课）在一次写作考试中完成的作文。结果表明，他们的总体分数低于平均数但是没有超过平均数以下一个标准差，其中40%的人得分是平均分或平均分以上。

来自手语的影响。人们关于听人双语已经进行了大量研究，然而相关成果常常不适用于双通道双语者的情况。从小就习得手语和口语的双通道双语者可能发展了一种独特的、把两种不同模式的语言结合起来的能力，而且手语地位低于口语的现实在这种双语者身上也可能会有某种体现。Bishop and Hicks（2005）从父母是聋人的听人的 Internet 论坛语料中抽取了 100 封电子邮件，对这些电子邮件的 275 行书面语交流言语进行分析表明，被试的语法受到 ASL 的严重影响：句子中缺失主语、宾语、限定词、连词和介词等。句子结构奇怪：非标准的动词曲折变化、字母“s”的过分泛化使用和句法转借。他们还倾向于用英语转述手语词，例如，“我父亲叉子在喉咙里。”ASL 中“叉子在喉咙里”的意思是“被卡住了”。可见，这些双语者宁愿转述手语的视觉化描述也不肯用现成的简单的英语词。

二、聋人的认知

20 世纪 60 年代就有人提出聋人的认知能力及发展模式和听人基本相似的观点（Furth, 1966）。确实，只要撇开语言就会发现，聋童认知能力和同龄听童相当（Bond, 1987）。聋人的心理旋转能力和听人相当（王庭照, 2000）；聋人内隐记忆能力与听人没有差异（孙国仁, 2000）；聋童绘人能力的发展遵循与听童相同的规律（王红强, 1998）；聋童非言语智力水平与听童相近（孟宪章、龚耀先, 1995）。如果从手语角度考察，聋人的语言能力和创造能力都不比听人差（Marschark, Everhart, Martin & West, 1987）。Vernon（2005）对过去 50 年的研究进行综述后得出结论，聋人的 IQ 水平和听人没有显著差异。语言发展水平、文化知识健全与否可能与认知功能无关。语言发展受到严重制约和社会文化经历薄弱的聋人，其 IQ 分数和听人没有差异。

然而，聋人毕竟比听人在更大程度上依赖视觉通道获取外界信息，他们主要用手语进行语言交流。聋人甚至做梦也和听人有所不同。Gilliland and Stone（2007）对使用 ASL 的 25 个聋人和同样数量的听人对比研究表明，聋人和听人梦中都有语言交流活动，聋人使用手语，听人使用口语，聋人的梦较富有形象色彩。而且，这两个方面的丰富程度随着耳聋发生时间的不同而不同。因为语言障碍，他们参与社会实践活动和受教育的机会都受到极大限制。所有这些都可能会导致他们发展某些独特的认知心理。

（一）视觉与注意

一般认为，感知觉缺失，如耳聋、眼盲等，将引起基于其他感觉通道信息加工能力的变化（Sur, 2004）。因此，聋人可能会发展明显超越听人的视觉优势。然而，聋生的视觉加工能力不比同龄听生强；相反，在有、无注意负荷条件下，聋生视觉加工相对听生有不足之处（Rettenbach, Diller & Siretea-nu, 1999）。不过成年聋人部分地消除了这种不足，而且，成年聋人在有注意负荷任务中的表现比成年听人强。因此，视觉补偿可能只限于这种有注意负荷的任务中，且这种补偿也只有到成年才能发展起来。

聋人能够同时注意到视野中物体的数量不比听人多，他们在众多运动物体中跟踪和区别目标物体的能力和听人没有差别（Hauser, Dye, Boutla, Green & Bavelier, 2007）。因此，耳聋并没有加强聋人同时向多个事物分配视觉资源的能力。不过，聋人的视觉能力也许会因为听觉缺失和/或使用手语而在其他某些方面有所加强。Bosworth and Dobkins（2002a）使用边缘视野中物体运动方向区分任务，从定向注意、分配注意和选择注意三个角度来比较聋人 ASL 母语者、听人 ASL 母语者和听人非手语使用者在空间注意方面的差异。结果表明，聋人在空间分配注意上和听人没有差异，在空间定向注意方面略有优势，在空间选择注意上优于听人。研究者的结论是，因为听觉缺失，聋人在空间定向注意和选择注意方面的能力得到了加强。

聋人和听人在视野边缘注意方面有所不同（Loke & Song, 1991）。虽然在目标物探测任务中，对于视野中央的目标物，聋人和听人的反应速度都快于对视野边缘目标物的反应，但是，聋人对视野边缘目标物的反应显著快于听人，而对视野中央目标物的反应速度和听人没有差异。因此，聋人能够在视野边缘分配较多的视觉资源（Sladen, Tharpe, Ashmead, Grantham & Chun, 2005）。Dye, Baril and Bavelier（2007）使用 Flanker 干扰效应[①]在以下三个方面比较考察了聋人和听人在视觉注意上的差异：①用序列线索引导被试注意目标事件；②用空间线索引导被试集中注意目标的空间位置；③用空间线索控制被试对视野中央目标的加工受视野边缘分心物干扰的程度。结果表明，聋人和听人在前两种条件下行为没有明显差异，然而，聋人比听人有较大的边缘视野 Flanker 干扰效应。聋人手语母语者视野边缘觉察能力得到加强似乎是因为他们在视野边缘分配了更多的注意资源，抑或是他们发展了这种特殊功能的神经组织（Bavelier, Brozinsky, Tomann, Mitchell, Neville & Liu, 2001）。还有一种观点是，聋人手语母语者之所以视野边缘觉察能力得到加强，可能是因为他们以减少视野中央注意资源为代价（Proksch & Bavelier, 2002）。例如，Rietveld, Spiering, Rotteveel and van Beest（2004/5）通过视觉启动任务对 18 名成年聋人考察发现，聋人在图片识别方面不比听人更具优

① Flanker 干扰效应是一种视觉注意干扰效应，它是指被试在目标物与分心物一致和目标物与分心物不一致两种条件下的反应行为差异。人们常用 Flanker 干扰效应测量分配到分心物上的注意资源差异。

势；相反，他们的视觉信息加工效率以及对视觉信息作出快速反应的视觉运动技能不如听人。

聋人之间的语言交流主要是手语，手语交流中大量手势主要出现在双方的视野边缘（Bellugi & Klima, 1975）。手语交流双方还需直接注意说话者的面部，因为手势表达的意思还取决于说话者的表情和嘴唇运动。因此，手语交流需要在视野中相对较远的位置之间频繁地切换注意。此外，如果走路或者开车的时候还同时跟别人有手语对话，那么双方就必须时不时地注意视野周边的其他事物（Swisher, 1993）。这又加重了视觉注意切换的频繁程度。Colmenero, Catena, Fuentes and Ramos（2004）通过两项空间定向任务实验研究表明，聋人比听人能够更快地把注意定向目标物，更快地实现不同空间位置之间的注意切换。

在运动视知觉方面，听人表现出微弱的左视野优势，而聋人则表现出强烈的右视野优势（Bosworth & Dobkins, 1999）。聋人这种相对听人的视觉不对称现象，其原因可能是听觉缺失也可能是使用 ASL 造成的。进一步研究表明，虽然这种不对称与手语使用有关，但因为大脑左半球主宰获得和理解 ASL 视觉加工活动，因此，决定聋人这种视觉不对称现象的根本因素是听觉缺失（Bosworth & Dobkins, 2002b）。

（二）工作记忆

为维持任务顺利执行而对有限的相关信息保持短时记忆并对之进行加工操作的能力叫做工作记忆。短时记忆是工作记忆中那部分短时间内保持信息的认知机制。人们用记忆广度来衡量短时记忆能力的大小，并通常使用数字记忆广度任务对之实施测量：向被试呈现一串数字，被试须按呈现顺序回忆数字。开始时呈现的数字串较短，如果被试能够按顺序作出正确回忆，那么逐渐增加数字串长度，直到被试不能按顺序准确回忆呈现的数字串为止。此时数字串的长度为记忆广度的测量结果。听人的记忆广度为 7 ± 2 个信息块（Miller, 1956）。但是，如果使用不可命名材料为刺激，那么人的记忆广度会减少到 5 个信息块左右（Cowan, 2001）。对言语材料的短时记忆能力和语言能力显著相关。对于聋人而言，现有研究成果似乎可以得出这样的结论，聋人因为使用手语，其短时记忆容量和工作记忆机制和听人有所不同。

1. 手语信息在工作记忆中的表征

手语是严密的语言（Deuchar, 1984），然而，手语的一个根本特征是在概念和使用上具有同时性，而口语则是线性的、序列性的（Lane, 1977）。手语词的心理表征可能不同于口语词（Kyle, 1989）。聋人记忆中应该不擅长序列化地组织信息（Kyle, 1989）。Boutla, Supalla, Newport and Bavelier（2004）

用 ASL 手指拼写英文字母为材料测量表明，使用 ASL 为母语的聋人，其记忆广度为 5，手语口语双语者对语音呈现数字的记忆广度为 7，而对手指拼写英文字母的记忆广度为 5；对聋人使用手语而对听人使用英语呈现刺激材料进行工作记忆广度①测量表明，聋人和听人没有差异，他们的工作记忆广度都是 3。因此，Boutla et al.（2004）认为，聋人和听人短时记忆广度差异的原因并非像以往解释的那样，不是由语音因素、手语词操纵费时或者聋人记忆能力差之类的原因造成的。相反，聋人和听人有同样可利用的工作记忆资源，他们操纵手语信息的能力不比听人操纵有声语言信息的能力差。以往之所以获得听人短时记忆广度为 7 ±2 可能是一种例外，因为测量的是听人短时记忆中的听觉信息而不是视觉信息加工。听人对听觉信息的短时记忆广度之所以比聋人对视觉信息的短时记忆广度大是由于：①人对听觉信息的感觉记忆可以保持 2 ~4 秒（Darwin，Turvey & Browder，1972），而对视觉信息只能保持 1 秒（Sperling，1960）；②人对听觉信息擅长序列记忆（Kanabus，Szelag，Rojek & Poeppel，2002），而对视觉信息擅长空间记忆不擅长序列记忆。

同样，Bavelier，Newport，Hall，Supalla and Boutla（2008）用记忆广度任务，要求被试按呈现顺序回忆词表，从而达到测量其短时记忆能力的目的。ASL 母语者按顺序回忆词表的短时记忆能力较听人差，但是，如果不要求按顺序回忆，那么他们的成绩和听人没有差异。如果要求被试自由回忆，那么和 ASL 母语者相比，手语口语双语者对于英语词更加倾向于按词的呈现顺序回忆。Geraci，Gozzi，Papagno and Cecchetto（2008）分别测量聋人和听人意大利手语和意大利口语短时记忆广度，结果表明两者有差异。但是，听人的优势在视觉短时记忆任务中消失了。手语词短时记忆容量小的原因在于其内在结构。因此，口语和手语有同样的短时记忆加工机制。口语主要使用顺序加工策略，而手语加工则主要采用空间编码策略。

2. 手语语音环

在短时记忆中，听人靠言语编码回忆语音信息。根据 Baddeley（1986）的理论，工作记忆包括中央执行系统、视觉—空间画板和语音环。语音环又由两个部分组成：语音存储和语音复述。听觉信息自动进入语音存储，保持语音信息 1 ~2 秒左右；语音复述是发音控制加工，通过复述重新激活消退着的语音表征，使其不断刷新，防止储存消退，同时还可将书面语言转换为语

① 工作记忆广度：向被试呈现词表，要求被试以不同的句子作为对词表自由回忆的响应，每个句子中必须有刚刚呈现过的不同的词。例如，对于词表“声音、飞机”，正确的自由回忆响应是：“男孩说话不用自己的声音、飞机晚点了”，或者“飞机晚点了、男孩说话不用自己的声音”。该任务不要求按词的呈现顺序产生句子。

音代码储存在语音存储中。语音相似效应、词长效应和发音抑制效应都有力地证明了语音环的客观存在。语音相似效应即语音混淆现象。语音环依赖语音编码。因此，若项目之间发音相似，富有特色的语音特征就少，所以容易混淆和遗忘（Conrad, 1964）。词长效应是指当词长度增加时，记忆广度会下降。因为词越长，发音越长，复述就占用更长时间。这样，在给定时间内，复述次数就会减少，回忆时记忆痕迹消退的可能性就大（Baddeley, Thomson & Buchanan, 1975）。在发音抑制条件下，语音相似效应和词长效应都会消失。

但是，语音编码并非工作记忆系统的固有特征，工作记忆的编码类型取决于人的语言发展经验（Leybaert & Lechat, 2001）。以手语为母语的聋人短时记忆中存储基于手语的语音编码，他们使用一种亚手语发音机制重复短时记忆中的手势信息（Wilson & Emmorey, 2000）。研究表明，较早接受手语训练的聋童，在韵律判断和韵律产生中的表现比其他聋童好。使用手语的聋童在回忆系列名称押韵图时，准确性低于名称非押韵图；对多音节名称图的回忆准确性低于单音节名称图。使用 ASL 的聋童能区分手语和手指拼写之间的差异。就像听童知道 man 和 mom 都以相同辅音开头一样，他们能从词中分离出手形。因此，以手语为主要交际手段的聋人，其工作记忆可能有类似于听人的语音环部件——手语语音环。

Fleetwood and Metzger（1998）通过手语录像呈现五种单音节词表（如表 2-2 所示）为材料，要求手语熟练程度不同的三组聋人被试按正确顺序回忆词表，考察被试的词表回忆错误。结果发现，如果词押韵则聋人的准确率低；在手语输入时，短时记忆出现与手语语音系统相联系的特殊的相似性效应；被试对手形相似和手语手位相似的词反应准确率低，说明手语进入语音存储，并以手形和手语手位语音成分保留在短时记忆中；手语熟练组有较大的手形相似性效应。对手语刺激的即时顺序回忆体现了类似于听觉言语的手语语音环工作记忆机制。不过，手语语音环对记忆项目的视觉相似敏感，而对记忆项目的声学相似不敏感。

表 2-2　五种单音节词表

押韵	发音相同、手形相同和手语手位相同
控制押韵	发音尽量不同、手形不同和手语手位不同
手位	手语手位相同、发音不同和手形不同
手形	手形相似、发音不同和手语手位不同
控制手位/口形	发音不同、手形不同和手语手位相同

人们对各种工作记忆效应，包括语音相似性效应、词长效应（Wilson & Emmorey, 1998）和发音抑制效应（Losiewicz, 2000）研究提供的证据表明，手语活动的时候，工作记忆中有言语语音环（speech-based “rehearsal loop”）对应的手语语音环（sign-based “rehearsal loop”）（Wilson & Emmorey, 1997）。虽然这两种语音环有相似的语言学特征，但是，基于言语的语音环是加工听觉信息的，而基于手语的语音环则是加工视觉信息的。工作记忆中既有语言的结构成分，也有来自感觉通道的结构成分。工作记忆不仅对手语有基于手语的语音环，而且对于陌生的、无意义的肢体运动有对应的“语音环”加工（Wilson & Fox, 2007）。因此，工作记忆中保留信息的机制没有固定的构架，而是根据任务需要有策略地支配资源。

3. 视觉空间画板

对于有声语言言语信息，不论是口头的还是书面的，工作记忆加工容易受到任务无关声音刺激的干扰（Neath, 2000）。如果刺激列表的末尾项目之后有一个与其他刺激无关的词或者音节，那么被试对刺激列表尾部项目的记忆效果会受到负面影响。这似乎暗示，不论口头的还是书面的言语刺激，它们都以有声言语的形式编码，都受到无关言语刺激的干扰。虽然许多人认为工作记忆中的语音编码是无模式的，但是，听觉信息输入有其固有（而视觉输入所没有）的特征，即对工作记忆产生干扰。和听觉刺激相比，视觉刺激在工作记忆中的表征较少含有感觉模式专门性信息（Neath, 2000）。视觉刺激不会像听觉刺激那样对工作记忆产生干扰。因此可以假设，对口语和手语言语的加工似乎因为其言语产生的感觉运动模式不同而不同。

Wilson（2003）为检验此假设，分别以听人和聋人 ASL 母语者为被试，要求被试进行记忆活动的同时（听人记忆书面语呈现词，聋人记忆手语呈现词），被动地观看两种视觉刺激：一是符合手语语音结构规律的假手势词，二是由活动的形状组成的非语言视觉刺激。结果表明，听人对书面词的记忆没有受到干扰刺激影响。聋人记忆手语词的时候受到假手势词的干扰，甚至还受到非语言视觉刺激的干扰。而且，相对于非语言视觉刺激，假手势词的干扰对聋人的记忆活动影响更大。这与以往关于听人的研究相似：无关言语刺激比非言语刺激（例如，纯音）的干扰性更大（LeCompte, Neely & Wilson, 1997）。也就是说，无关刺激如果和记忆目标刺激需要同样的视觉或听觉模式便对记忆效果产生干扰。

与这种模式专门化现象相似的是无关图片对非语言刺激视觉工作记忆的影响现象。Quinn and McConnell（1996）研究表明，变化视觉白噪音能选择性地干扰被试对图像的记忆。具体来说，虽然和记忆材料同时呈现的有意义的、可命名的线形图能干扰复述和图像记忆，但是，无意义的视觉输入（视觉噪音）只对图像记忆有干扰作用。这说明，虽然线形图干扰注意和语义加工效率，但视觉噪音只产生视觉干扰，视觉输入刺激参与占据工作记忆的视觉空间画板。

因此，无关视觉刺激能够干扰工作记忆中的类视觉表征。基于手语的工作记忆和非语言视觉工作记忆可能共享同样的工作记忆机制，即工作记忆中的手语语言信息保留系统可能是聋人和听人都使用的、用于视觉表征普通目的的工作记忆构件成分的专门化应用。聋人手语者在工作记忆中似乎使用空间编码方式来表征序列呈现的手势言语信息（Wilson，Bettger，Niculae & Klima，1997）。

Miller（2007）先要求聋人手语使用者和听人两类被试学习序列呈现的书面语目标词，然后要求被试根据呈现顺序对混有不同编码要求分心物的许多词进行再认。被试的表现有三种结果：错误再认目标词、正确再认目标词以及正确再认目标词的呈现顺序。分析表明，形态相似的分心物干扰聋人的记忆而语音相似的分心物则干扰听人的记忆。因此，人们对在工作记忆中临时存储的记忆对书面词的编码反映了其支配地位语言的经历。对日本聋人研究表明，聋人手语者的认知行为特征源自其与环境的交互作用（Inoue，2006）。

（三）概念与推理

1. 概念组织

（1）聋人和听人概念组织的相似性。

人们关于事物普遍特征的认识反映其概念组织的特点。对于容易通过视/知觉的事物，聋人的概念组织和听人没有差异（Osberger & Hesketh，1986），极重度聋人也能利用概念之间的语义联系来帮助自己的记忆活动：他们对类似“刀—叉”这样词对的记忆成绩高于“树叶—钟”这样的词对（Campbell & Wright，1990）。Goldin Meadow，Gelman and Mylander（2005）对没有接受过手语训练的美国聋童和中国聋童研究表明，在概念名词的产生过程中（例如，对于“什么动物会在天上飞?”应该回答“鸟”），聋童使用其自发发展的手势语，用自己的手势词表达种属事物概念，他们的产词速度和同文化背景下的听童无异，而且，和听童及成年听人一样，他们产生的动物名词多于人造物名词。

范畴概念有助于我们根据事物的共同特征对同类事物作出理性推断。Jerger，Damian，Tye Murray，Dougherty，Mehta and Spence（2006）变化概念成员典型性及其所属概念类别，通过范畴快速判别任务（例如，如果图片里是一件衣物就确认它是衣物），考察早期耳聋对范畴概念发展的影响。被试是5～15

岁、助听器矫正效果好、参加常规班听课的聋生。结果表明，被试对典型性高的事物反应快、准确性高；相关但非范畴成员则相反。总体上，聋生和听生的结果极其相似，错误率很低。归类反应速度主要受年龄和年龄相关能力（如词汇技能）的影响。同样，在有语义或语音干扰的图片命名任务中，被试聋生与129名年龄相当、词汇能力相当和发音技巧相当的听童相同，30名5～15岁、助听器使用效果好和参与正常班听课的聋童其命名速度受到语义干扰而减慢，这说明他们和听童的类别概念组织相似（Jerger Lai & Marchman, 2002）。聋童能够发展正常的词汇语义表征。

（2）聋人概念组织的独特性。

识别物质之间的相似性未必需要编码语言，但是，使用意义明确的术语是否有助于表达更加抽象的相似性关系呢？Özçalıskan, Goldin Meadow, Gentner and Mylander（2009）通过对4名聋童（父母是听人且不懂手语、没有人为提供手语环境、使用不同水平的家庭手势语）的长期观察发现，他们能够用手势语进行相似性比较（例如，指指猫再指指虎），其表达方式和听童相似（例如，先说猫再指指虎）。然而，年龄大一些的听童学会了“像”的用法以后，他们笼统地说这个事物和那个事物相似的简单句就少多了，而主要用“像”字表达更为精细的事物之间在某个方面的相似性（例如，蜡笔的颜色是褐色的，像我头发的颜色）。相反，可能因为没有学会更加精细的表达方式，聋童继续主要使用表达事物之间的总体相似性的句子结构。根据语言影响思维的理论，这种缺乏细微表达方式的现象可能限制聋童思维的发展，他们倾向于停留在对事物的笼统的认识上，而不去追究事物之间细微的相似性方面。

对听人来说，语言和记忆是分不开的。Marschark（1998）对以往研究回顾分析表明，似乎有证据支持聋人的长时记忆组织和听人有某种差异。例如，有一种叫做“20问题游戏”的游戏，游戏中，玩家需要通过问问题从42幅图片中找到某种确定事物，但是，最多只能提20个问题。Marschark and Everhart（1999）用此游戏比较聋人手语者和听人两类玩家的特点，结果发现聋人和听人提问的问题不同，听人的问题都是条件性的，体现了他们知识组织的范畴化特点；与此相反，聋人却提问一些具体的细节性问题（例如，它是一头牛吗）。聋人和听人这种提问题的策略性差异可能源于他们在长时记忆组织或者信息提取策略上的差异。同样，McEvoy, Marschark and Nelson（1999）用语义关联任务来估计聋人和听人的心理词汇。被试需对每个刺激词（共80个刺激词）响应第一个首先想到的词。分析每个刺激词与其联想反应词的关联强度和关联集大小，表明聋人和听人在词汇概念的可通达性和一致性方面有不同。

Strassman, Kretschmer and Bilsky（1987）对高中聋生进行过两项研究，要求被试对普通范畴产生特定成员词并用之作为记忆提取线索的能力。结果表明，聋生能够产生特定概念成员词，但是，如果没有明确要求，他们不会自发地这么做；如果记忆提取线索词和句子中原词匹配，句子回忆成绩就好；和需要推理的句子相比，对于信息表达直接明确的句子，其回忆成绩比前者成绩好。因此，聋人语义表征不健全，语义表征整合困难，或者不善于使用策略都是可能的原因。

Marschark, Convertino, McEvoy and Masteller（2004）以概念类别名和概念成员名为材料，要求大学聋生和听生对每一个词写出第一个想到的其他词。结果发现，除和听生有相似的联想趋势、联想强度较弱之外，大学聋生在概念类别—概念成员间关系方面有不对称现象：大学听生概念成员名到概念类别名和相反方向上联想强度无显著性差异，但是，大学聋生从概念类别名到概念成员名的主联想强度相对于从概念成员名到概念类别名的主联想强度较低，他们似乎不大容易自动激活从概念类别到概念成员之间的联系，如图2－7所示。

概念类别名

↓ ↑

概念成员名

图2－7　美国大学聋生相对大学听生概念类别名和概念成员名之间主联想强度不对称

（参考 Marschark et al.，2004）

在多维判断任务中，聋人的表现处于劣势。他们似乎不擅长对事物之间的相互关系进行加工。他们倾向于存储概念和细节而不善于储存概念间的联系。不仅在阅读测验中有这样的表现（Banks, Gray & Fyfe, 1990），而且在视觉空间任务中也是如此（Ottem, 1980）。Ortiz（2008）对聋人和听人手语者进行手语录像阅读理解测量表明，聋人的理解水平可以接受。然而，听人虽然较晚并且以第二语言习得手语，但他们的手语短文理解力却高于聋人。之所以如此，其中一个原因是聋人的信息组织能力较差。

2. 数字表征和数学运算

（1）聋人数字表征和听人无异。

Blank and Bridger（1966）通过两个实验研究聋童、听童跨感觉通道概念迁移能力。结果表明，3～5岁儿童解决有、无概念问题的能力受年龄而不受语言能力影响。年龄小的聋童和听童的表现同样糟糕，而年龄大一些的聋童和听童表现同样好。使用1和2两个数字概念解决视觉和触觉相关问题时，

5、6 岁聋童和听童有同样的表征数字符号和有效利用这种符号的能力。不过两项研究都表明，聋童在应用触觉线索方面的能力较听童强。Ross（1966）使用双选概率概念任务研究发现，聋童和听童的概率判断能力随着年龄增加而提高。虽然 11 岁及以下聋童的判断能力比同龄听童略微差一点儿，但到 15 岁的时候，聋少年语言虽然不济但其判断能力却赶上了同龄听少年。

不论聋童还是已近成年的聋人，他们的数学课程成绩总是落后于同年龄段听人。然而，聋人数学落后可能并非起因于数字表征层面，因为他们似乎和听人有同样的数字表征能力。Zarfaty, Nunes and Bryant（2004）就提出这样的问题：聋生数学学习困难是因为他们跟不上课、听不懂老师关于数学基本知识的讲解，还是因为他们上学之前就缺乏数字表征能力，学不会数数，因而导致其数学问题解决策略的发展受到限制呢？研究者以 3、4 岁聋、听童为被试，采用皮亚杰的实验范式（即向儿童呈现一组物体，然后把呈现的物体拿走，要求儿童重建刚呈现过的物体组合），比较他们对物件组合中个体数量的数字记忆和物件组合的再生能力。结果发现，在顺序呈现条件下，聋童的成绩和听童相同；在空间序列物件组合同时呈现条件下，聋童成绩稍好于听童。因此，聋童学前数字表征能力不比听童差，聋生数学学习困难的根源并非来自于学前原因。

早期就发展起来的基本数字表征可能会受到文化和教育等因素影响而有不同的使用效率。在数字比较任务中，聋生、听生都表现出了和数量表征相关联的 SNARC 效应①、距离效应和大小效应（Bull, Marschark & Blatto Vallee, 2005）。然而，聋生比较判断反应速度较慢，这说明他们的数字表征可能和听生没有不同，但是他们驾驭基本数字信息的效率比较低。在基本的数字加工过程中，对聋人和听人有同样的表现（Bull, Blatto Vallee & Fabich, 2006）。Korvorst, Nuerk and Willmes（2007）使用一种数字二分任务，通过先后顺序呈现刺激的方式，考察成年聋人在数量大小、数量翻番和数量减半运算活动中的数字表征能力，结果表明，聋人能够同时利用多个数字表征完成对三个数字的二分运算。

（2）数学概念与运算。

聋生在自由归类等任务中的表现说明，他们可能因为严重缺乏学龄前归类技巧实践经验而造成其对层级概念联系和部分/整体关联理解受到影响，并进而影响其数学概念理解能力（Kritzer, 2007）。Markey and Booker（2003）使用游戏帮助 11～12 岁聋生发展分数概念：通过对具体材料、图片的呈现形

① 人们常把数字大小关系表征为空间距离关系，数字小的在左、数字大的在右。这种数量大小和空间距离的关联叫空间—数字反应编码联合效应，简称 SNARC 效应。

式和师生交互作用的方式，引导学生发展用适当的语言来理解分数概念。Pagliaro and Kritzer（2005）调查研究发现，数学老师虽然熟悉许多离散数学概念但是不愿意把它们纳入教学内容，因为他们觉得这些概念对聋生来说太难接受。

Blatto Vallee，Kelly，Porter，Gaustad and Fonzi（2007）对中学生、高中生和大学生聋生和听生比较研究发现，各阶段聋生的数学问题解答能力较弱，虽然大学聋生比中学聋生和高中聋生都强，但是，他们的解题水平只相当于初中听生。从初中生到大学生各年龄段，聋生的数学解题水平发展趋于平坦。对学生的问题表征分析表明，听生能够比聋生更好地利用视觉空间框架表征，而能否利用视觉空间框架表征则与聋生数学问题解答水平高低强正相关。如果聋生的数学问题表征仅仅停留在问题的视觉空间图像或肖像层面上，他们的数学问题解答水平必然低下。Frostad and Ahlberg（1999）研究挪威 6～10 岁聋生解决非阅读形式呈现基础算术题目时发现，题目的语义表达结构决定了题目的难度。四年级聋生解答问题的能力不比一年级聋生高。

聋生心理计算欠准确，心理运算效率低下，工作记忆及工作效率低下（Davis & Kelly，2003）。因为语言落后，聋生解答算术应用题的能力欠缺（Hyde，Zevenbergen & Power，2003）。Kelly，Lang，Mousley and Davis（2003）研究发现，当句子字面描述和题目要求的算术运算不一致的时候（例如，超市甲的牛奶两块四毛钱一瓶，比超市乙的价格低一毛钱。问：在超市乙买四瓶要花多少钱），大学聋生容易发生错误理解。阅读水平影响算术应用题的解答，但出人意料的是，阅读水平的提高并没有降低其反向错误率，他们仍然难以解决这样的问题：张三每分钟能打 50 个字，这个速度是李四打字速度的一半，问李四在五分钟内能打多少字？大学聋生可能由于如下的原因而缺乏算术应用题解决技巧：数学指令有时较长而且使用条件、比较、否定、推断等语言结构形式，所有这些都会给他们带来特殊的理解困难。聋生难以理解数学表述中不同于其他场合含义的词语，难以接受同一词有多种解释的现实，难以理解术语形式多样性、缩写和符号。

成人、婴儿甚至其他动物都能通过模糊性数量表征进行数量加工。然而，这种非符号数量表征与人类独特的数学能力无关（Barth，La Mont，Lipton，Dehaene，Kanwisher & Spelke，2006）。具有运算职能的抽象数量表征才可能是发展数学能力的基础。如果没有接受训练，听人，不论成人还是儿童，都能进行算术运算。以手语为母语的成年聋人也能进行非符号式数量的减法运算，而且其运算效率甚至比听人高，然而，他们的正规数学形式的减法运算水平却较听人低（Masataka，2006）。聋人工作记忆加工抽象符号信息的效率较低。

对听生的有关研究表明，在算术计算中，学优生能同时使用程序和推演策略，学差生只能使用程序策略；学优生能把较长程序压缩为概念，不断地减轻记忆负荷，使运算变得越来越简单，学差生只依靠程序策略，使计算变得越来越复杂。Frostad（1999）认为，8 岁前，聋童使用程序策略本质上和听童相似。但是，可能受手语结构影响，聋生使用策略和差生相同，他们虽能较好地发展程序策略运算能力，却难以发展抽象概念思维推断能力。与此项研究发现相似，小学聋生对加减算术故事问题的思考和反应不同于小学听生，其困难主要表现在解决问题所采用的运算策略方面（Ansell & Pagliaro，2006）。

3. 社会心理

（1）心理理论。

日常言语交流中经常出现指代现象。例如，在服装店里，货架上有好几件毛衣，每一件颜色都不一样。顾客只要说“我要那件红色的”，售货员就能准确无误地把那件毛衣从货架上拿给顾客。有效使用言语交流的指代功能除了需要具备语言能力和信息加工能力之外，还需要具备一种叫做心理理论的能力。所谓心理理论，是指个人对他人心理状态及其对他人行为关系的推理或认知能力，指他/她根据自己的思想、信念和情感来猜测他人的思想、信念和情感，推测他人在思想、信念和情感支配下的行为（Tager Flusberg，Baron Cohen & Cohen，1993）。通常，3 岁儿童就初步具备一定的心理理论意识（Wellman，1993）。他们能够意识到想象和现实之间的不同（Harris，Brown，Marriot，Whithall & Harmer，1991）；能够意识到心理想象的主观性特点（Estes，Wellman & Woolley，1989）；对明确表述的信念能够进行简单的行为和情感联想（Battsch & Wellman，1989）；在日常言语中能够准确使用“思考”等词（Shatz，Wellman & Silber，1983）；能够区分故意的和无意的欺骗（Siegal & Peterson，1996）。绝大多数 4、5 岁儿童能够具备基本的心理理论能力（Peterson & Siegal，1998），6、7 岁儿童能具备相当好的心理理论能力，而 10 岁儿童就基本达到了完善发展的阶段（Falkman & Hjelmquist，2006）。

检验心理理论能力的一个实验研究范式是测量被试的错误信念[①]理解能力。错误信念理解和语言发展强相关。尼加拉瓜手语刚产生不久，尼加拉瓜

① 错误信念（false belief）是指儿童可以认识到他人所持有的观念是不正确的。通常用 Maxi-task 来检验儿童的错误信念能力。首先用玩具娃娃和玩具房屋向儿童表演一个故事，然后向儿童提一个问题。故事情节如下：妈妈出去购物回来后，把买来的巧克力给了 Maxi，Maxi 把巧克力放进了一个壁橱就出去玩了。妈妈从壁橱里把巧克力拿出来做蛋糕用了一些，然后把剩下的巧克力放进了另一个壁橱里，又出去买鸡蛋了。这时候，Maxi 回来了，他/她饿得慌，想吃巧克力。故事表演完之后问儿童，Maxi 会从哪里找巧克力。

青少年聋人都有机会从小习得该手语，而尼加拉瓜成年聋人则不然。Pyers and Senghas（2009）以尼加拉瓜成年聋人和青少年聋人为被试研究语言发展与错误信念理解的相关关系。结果表明，儿童期只习得尼加拉瓜手语雏形的成年聋人很少能够使用表达心理状态的手势词，其错误信念理解能力差，青少年聋人则较好地发展了错误信念理解能力。因此，语言驱动心理理论成熟的发展，其作用远在社会生活经历之上。

Peterson and Siegal（1998）进行了两项实验研究，第一项研究是使用标准错误信念和错误照相[①]任务比较35名学前听童和30名在听人环境中成长并使用手语的聋童。结果表明，聋童多数都能通过错误照相测验，但是只有不到半数聋童能够对错误信念任务作出准确响应。相反，虽然以往研究表明3岁听童对错误照相任务的反应也较错误信念好，但是本研究中4岁听童对照相和信念任务的反应没有差异，反应准确性都超过聋童。第二项研究对24名聋童和47名学前听童进行控制更加严格的测量比较，结果和前一项研究类似，只是没有发现3岁听童对照相任务表现好于信念任务的证据。因此，早期言语交流的缺乏是制约聋童心理理论发展的主要因素。该结论也得到Falkman and Hjelmquist（2006）的支持。Marschark，Green，Hindmarsh and Walker（2002）研究表明，6~14岁小学聋生在错误信念理解任务中的表现不及4岁学前听童，这可能是因为他们缺乏早期的社会经验和会话经验。父母为听人的聋童其错误信念理解能力发展迟缓，14岁以后才能解决错误信念问题（González，Quintana，Barajas & Linero，2007）

（2）情绪控制和情感归因研究。

中小学聋生情绪控制能力发展相对缓慢，他们不善于根据社交气氛隐藏快乐或气愤的情绪（Hosie，Russell，Gray，Scott，Hunter，Banks & Macaulay，2000）。多数情况下聋童生活在听人中间，因为缺乏和他人的言语交流，他们很难像听童那样从言语、语气或讽刺中体会他人的态度（Koetitz，1976），他们也很少得到大人们提供的关于他人行为的情感或推理方面的解释。

---

① 错误照相（false photo）任务需要的道具有：一架拍立得相机、一个玩具妈妈、一个玩具婴儿以及与玩具妈妈和玩具婴儿配套的婴儿器具，如玩具婴儿车等。实验对象先学习如何用拍立得相机拍照，然后开始实验。实验者边演示边叙说：这是一个婴儿，有时候婴儿在浴盆里边（把玩具婴儿放进玩具浴盆），有时候婴儿躺在床上（把玩具婴儿放在玩具床上），有时候婴儿在婴儿车里（把玩具婴儿放进玩具婴儿车）。现在我们把婴儿放进浴盆，婴儿在浴盆里的时候我们给它拍张照片。从镜头里看见浴盆里的婴儿了吗？好的，按下快门。我们等1分钟再看照片洗得怎么样（把相机放到桌上）。妈妈进来把婴儿从浴盆里抱出放到了床上。现在，我问几个问题：

1. 在照片里，婴儿是在什么地方啊？
2. 按下快门的时候婴儿在什么地方啊？
3. 现在婴儿在哪儿？

通常，人们对身边事件的判断总会依据一种叫做归因理论的理论，Weiner（1972）称之为刺激—原因判断—反应理论。如果受到某种刺激，那么在作出反应之前需要对刺激发生的前因后果作出适当判断。例如，一个人被别人打了一下（刺激），这个挨打的人如果判断打他/她的人是故意的（原因判断），那他/她就会很生气（反应）；相反，如果判断打他/她的人是无意的（原因判断），那他/她也许会作出表示理解的姿态（反应）。根据这一理论，Kusche，Garfield and Greenberg（1983）对137名青少年聋生研究表明，早期语言能力发展受到限制将制约聋童的情感和社交能力的发展。

4. 其他相关证据

对时间知觉来说，听觉和触觉比视觉更精确。在150～1 950毫秒内，听觉刺激能够比视觉刺激传输更多的信息，通过听觉度量时间比视觉更加精确。因此，聋人和听人对时间信息的加工模式可能不同，聋人对时间的知觉可能不如听人精确。左脑比右脑重构事件的时间进程更加可靠，这种差异可能来自语言经历，因此，聋人的时间知觉能力可能不同于听人。但是，这一观点的相关研究结果尚未明确。虽然聋生理解生物学概念困难，如生态学和演化，说明聋生关于时空变化似乎难以形成概念表征（Senior，1988）。但是，时间概念的形成可能受生理学原理、语言及其发展和文化方面的因素影响。目前尚没有证据支持聋人时间知觉弱的假设。

Margellos Anast，Estarziau and Kaufman（2006）通过面对面访谈形式，用ASL对美国成年聋人进行健康调查，调查内容主要是心脏病知识，包括中风症状、危险因素和急救措施等，结果发现，40%的聋人根本就说不出心脏病有什么症状，60%的聋人说不出中风的任何症状。不到一半的聋人知道心绞痛和胸闷是心脏病的症状，只有61%的聋人说如果发现心血管病症状会拨打911求救。调查对象准确列出的心血管病致病因素只有3～6个。可见聋人心血管病知识远比听人缺乏。同样，Job（2004）在回顾过去40年相关研究的基础上得出结论，聋人较听人缺乏对性知识的了解。

第三章

研究假设、研究对象和实验材料

一、研究假设

对聋人概念组织的考察从 20 世纪 60 年代起就开始了（Blank & Bridger, 1966）。然而迄今为止，相关研究一直较为薄弱，聋人概念结构组织方面的研究还亟待深入（Marschark, Lang & Albertini, 2002），现有成果不能全面反映聋人概念组织的结构特点。和听人相比，聋人概念研究的重要性似乎还没有得到足够重视，目前至少存在如下三个方面的问题：①研究内容过于狭隘。人们主要关注的似乎只是分类学联系概念，有关聋人其他类型概念联系及其相互关系的研究极少。而且，对于分类学联系概念的研究也基本停留在概念联系强度的层面上，甚至连聋人分类学联系概念典型性意识方面都尚有较大研究空间。②研究方法过于简单，启动、归类、记忆等概念和语义研究中经常使用的其他技术范式都很少应用于聋人概念结构研究中。③聋人主要使用手语，其概念组织的发展必然会受到手语语言结构和语言习惯的影响。但是，直接考察手语对聋人概念组织影响作用的研究很少。

虽然聋童的普通认知能力和同龄听人相比没有显著性差异（Vernon, 2005），但其口语和书面语能力的发展往往落后于听人许多，而且几乎不可能赶上听人（李德高、张积家，2006）。在这个方面，中国的情况似乎尤为严峻。首先，中国手语本身有待于进一步完善，中国手语的普及性也有待于加强（顾定倩、刘扬、冬雪、王娇艳，2005），这样才能满足绝大多数聋人的语言交流实践需求。其次，中国聋人的教育环境有待改善（Lytle, Johnson & Yang, 2005/2006）。就目前的情况看，占在校生多数的是来自农村的聋生，他们学龄前受到系统康复训练者较少，其父母往往不懂中国手语。最后，许多特殊学校主要以教授聋生书面语为主要任务，不鼓励学生使用手语，致使聋生的手语能力往往停留在低级阶段。实际上，中国聋人现在使用的手语有许多不足（陈少毅、兰继军，2003），课堂上有声语言形式下的教学效率极其低下（何文明，2003）。尽管老师需要熟练掌握中国手语，并以中国手语为辅助媒介进行课堂教学，但是，他们常常不得不从学生那里学习一些具体的手势，以便提高他们和学生之间的言语交流效率。

理论上，10 岁左右听童的概念组织基本接近成人（Desprels Fraysse & Lecacheur，1996）。但是，聋生因为语言和受教育程度方面的特殊性，其概念知识的发展和组织特点可能不同于听生。例如，聋生从课堂上获得的知识通常比听生少（Marschark，Sapere，Convertino，Seewagen & Maltzen，2004），聋人关于性（Job，2004）和冠心病（Margellos Anast，Estarziau & Kaufman，2006）方面的知识也较听人少。而且，聋童心理理论的发展也落后听童 3 年或以上（Lundy，2002）。参考他人的做法（Transler & Reitsma，2005），我们以概念结构意识基本发展成熟的 11 岁左右的青少年听生为参照，考察 14 岁左右的青少年聋生的概念联系特点，并验证如下方面的假设：

如果聋人大学生分类学联系概念结构比较松散，上、下位概念间联系比较弱（Marschark，Convertino，McEvoy & Masteller，2004），那么，对于那些认知能力相对处于发展阶段的青少年聋生可以产生如下推论：其分类学联系发展较缓慢，对世界的认识倾向于停留在感知觉阶段，他们对事物之间相似性的判断可能更倾向于依赖对事物外显特征的知觉，而较少依赖概念之间抽象的语义联系。因此，根据层次网络模型，在分类学联系概念中的上、下位概念间联系方面，青少年聋生应较弱；他们对典型性较低的概念可能倾向于难以接受为相应范畴的成员；而且，基于手语的形象性特征（游顺钊，1991），聋生对事物的相似性判断可能主要采取视觉匹配策略。

人的概念结构中并非只存在一种概念联系表征，而是各种类型的概念联系并存。如果青少年聋生分类学联系较弱，那么，在其概念结构中，像主题关联联系和 SF 联系这样基于个人经历的关于事物之间的外部联系可能处于相对较强的地位。因此，以分类学联系和主题关联联系或 SF 联系的相对强度为直接考察内容，应该能够发现他们分类学联系之外的、概念联系类型相对较强的独特性倾向。

基于手语的言语活动必然会影响聋人长时记忆的语义组织特点（Marschark，1998）。如果在概念联系的实验设计中，同时把聋人和听人之间的语言差异作为控制变量，那么就有可能考察手语在聋人概念组织中的作用，获得关于手语直接影响聋人概念组织的证据。

聋人和听人在文字能力方面存在显著性差异。如果以文字刺激为实验材料的唯一呈现形式，要求聋人以文字形式作出的反应为实验指标考察来源，那么将可能遭遇这样的问题：聋人难以准确理解文字的意义，或对文字产生误解，反应迟钝；聋人对文字刺激的反应可能难以反映其概念的心理表征，相应数据可能会缺乏体现其概念组织心理现实性的能力。因此，如果在材料呈现形式和被试反应考察形式方面，同时使用文字和其他呈现形式的实验材料和考察指标，综合运用多种范式记录被试的反应表现，那么将可能更加直接、全面地揭示聋人概念组织的真实特征。

本研究包括12个正式实验。首先，从分类学联系概念中上、下位概念间联系入手，对比考察聋生和听生在概念联系倾向方面的差异趋势；其次，通过控制实验材料的呈现方式，使用归类、流畅性和记忆相关技术范式，分别从分类学联系、SF联系和分类学联系的相对强度以及主题关联联系和分类学联系的相对强度三个角度，较为全面地考察了青少年聋生概念联系方面相对独特的特点。通过对实验任务和实验材料的控制，揭露了聋生概念认知活动中对文字、图片和手语呈现刺激的独特的心理倾向，以及他们对刺激中同时体现的两种概念联系的反应特点。

该系列研究需要大量研究对象和实验材料，因此，在正式实验研究之前进行一系列预备实验，初步确定研究对象（被试）和实验材料（材料）的来源范围，是事半功倍之举。

二、研究对象

（一）聋生

聋人在残余听力、语言能力和生活经历等方面都存在极大的个体差异。筛选智力发展正常、除听觉外无其他生理缺陷、知识背景和手语能力大致相当的聋生，是确保实验对象同质的前提。本研究通过问卷调查和瑞文标准推理测验完成聋生被试的筛选。

1. 基本背景问卷调查

并非每个聋童都有机会进入聋校，但是，随着社会经济的发展，聋人教育体制越来越完善，越来越多的聋童开始接受教育。本研究的聋生被试主要来自广州市聋人学校。研究期间，小学5年级以上和初中3年级以下的全部聋生构成本研究的聋生被试来源。

参照以往研究（Mitchell & Karchmer，2005），通过问卷调查，对该校小学5、6年级和初中1、2、3年级在校生，筛选并确定符合下列条件者：年龄在11～18岁间、在广州生活至少5年、优势耳（the ear with better hearing）听力损失达90分贝或以上、除听觉障碍外无其他生理缺陷、智力发展正常、自然手语是其优势交流语言、父母亲健听而且不懂手语。

问卷由研究者设计并与聋校教师交流修改形成。然后，分别以学生和班主任老师为对象实施调查，调查内容如表3－1和表3－2所示。对老师进行调查的目的是请他们回答学生本人不便回答的问题。请班主任老师协助完成对学生的问卷施测和回收。统计调查结果并结合校方教务部门提供的信息，初步确定75名符合条件的被试，完成聋生被试的预筛选。

表3-1 青少年聋生背景调查项目列表（学生用）

我住校	是	否
我在本校读书已经	5年（多）	不到5年
我能听懂老师的口语	是	否
我能看懂老师的手语	是	否
我的父母懂手语	是	否
我家其他人懂手语	是	否
我有懂手语的亲戚	是	否
在家里，我主要使用手语	是	否
在学校，我课后主要使用手语	是	否

表3-2 青少年聋生背景调查项目列表（教师用）

该生的父母受过专门手语训练	是	否	
手语熟练	是	否	
书面语能力	高	中	低
未接受过早期康复	是	否	
接受过早期康复训练，且效果较好	好	中	差
先天耳聋	是	否	
耳聋之前会说话	是	否	
父亲和/或母亲也是聋人	是	否	
其他家庭成员或亲戚也是聋人	是	否	
有其他生理缺陷	是	否	
智力	正常	弱	
优势耳听力损失在90分贝或以上	是	否	

2. 瑞文标准推理测验

瑞文标准推理测验（Raven's standard progressive matrices）是一种非文字的智力测验，广泛应用于无国界的智力/推理能力测试。该测验由五个单元的渐进矩阵图（共60张图）组成。每个单元的矩阵结构越来越复杂，实现从一个层次到多个层次的演变，达到对测量对象的直接观察能力和间接抽象推理能力实施测量的目的。如下图所示。

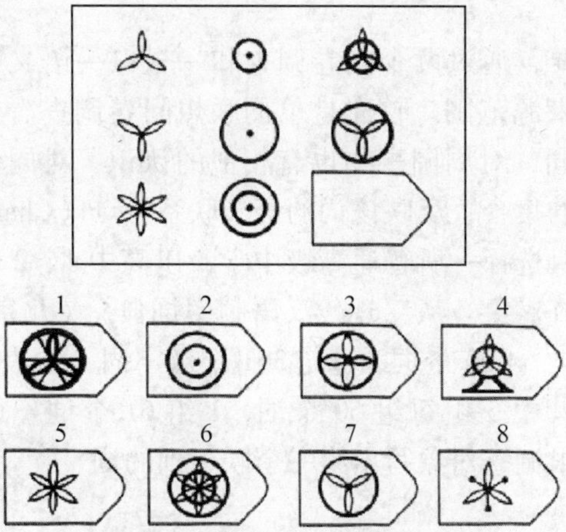

瑞文标准推理测验图例（一幅残缺的大图和几幅有编号的小图，被试需要从几幅小图中选出唯一的一幅可以补全大图者，把选中小图的编号写在答卷上）

为确保聋生明确测量要求，首先，根据北京师范大学主持修订的“瑞文标准推理测验”（城市版）测验程序，设计了适合聋生理解的指导语；其次，对班主任老师认为无其他生理缺陷、智力发展正常和主要使用自然手语的5名4年级重度聋生试测，确定切实可行的测验程序；最后，由研究者充当主试，两位聋校教导处推荐的手语好的年轻老师和两位心理学研究生协助，对75名预选聋生进行瑞文标准推理团体测验。每次测验人数为15到30人不等。测验时，由聋校老师负责讲解，主试负责演示，共同进行测验要求介绍。被试完成前5道题目前，主试、聋校老师和两位研究生助手在学生间走动，提供个别指导或监督学生按要求作答。老师和主试随时回答学生的疑问。测验完成后，根据学生答卷的分数确定每个学生的智力水平，去掉优秀和不合格者，选定来自小学5、6年级和初中1、2、3年级共51名聋生为正式实验被试来源。

（二）听生

在聋生被试所在聋校的城市，随机选择一所普通小学为正式实验的健听被试来源。根据聋生被试的男女比例，请班主任按2∶1的男女比例，在5个常规班（4年级1个班、5年级1个班和6年级3个班）内各随机选取15名智力水平中等的学生。由研究者充当主试，该校1位老师协助，对初步选定的75名学生进行瑞文标准推理团体测验。测验程序和聋生相同，确定59名智力良好和中等水平者。参照已经选定的聋生被试男女比例，从中最终选定来自小学4、5、6年级的51名学生为听生正式实验被试来源。

三、实验材料

针对本研究需要，通过两个问卷调查和一个口头语义流畅性测量，初步选定了实验材料的来源范围。首先是单词联想问卷调查。生活在同一地区的人，其文化背景相同，对周围事物也有相似的认识。对同一词，许多人首先联想到的另外的词的集合，反映该词的语义联系特点（Chaffin, 1997）。因此，在被试所在城市随机选择一所普通高级中学，以高中1、2年级学生共600人为单词联想问卷调查对象。从《现代汉语频率词典》（北京语言学院出版社，1986）中频率最高的6 000个词，选定361个双字词（如表3－3所示）。全部词随机分为6组，其中5组每组60个词，1组61个词。每组词构成一份问卷。对每个词，要求调查对象写出第一个联想到的词。

表3－3　单词联想预调查刺激词表

第一组	心脏，火车，宿舍，蛋白，燃料，卧室，汽水，数字，艺术，兴趣， 班级，西服，书信，竹笋，游泳，衬衫，雨衣，太阳，面包，手指， 核桃，课本，玻璃，飞机，膝盖，文件，生日，公斤，黑板，领导， 武器，地震，青蛙，顾客，冰箱，野兽，作物，纸屑，沙发，人物， 鹦鹉，言语，商店，惊喜，颜料，苍蝇，信息，铁路，杜鹃，地板， 骄傲，海洋，需要，尺寸，足球，香蕉，睡眠，发明，牙齿，空间
第二组	火山，香肠，彩虹，旗袍，二胡，厨师，度量，公式，距离，训练， 手套，月季，要求，运动，快乐，研究，垃圾，细胞，经理，语言， 肌肉，讲台，耳朵，态度，汽车，杂技，厘米，沙包，头发，中心， 客厅，仓库，家庭，肢体，印象，表扬，秘书，县城，观点，清明， 军舰，悬崖，窗帘，通知，锻炼，国家，河流，水稻，道德，论文， 死亡，队伍，书包，天体，问候，医生，塑料，设施，春节，手枪
第三组	斑马，眼睛，橱柜，文具，打猎，雷雨，乌云，幸福，附近，匪徒， 元旦，农村，血液，决定，日记，方位，豆腐，舞蹈，废话，饮料， 拔河，风扇，打算，教室，活动，报社，社会，习惯，琵琶，茶馆， 温度，开发，呼吸，海鸥，弓箭，鸡蛋，鳄鱼，水果，煤气，叮嘱， 文字，蝴蝶，阳台，冬瓜，肩膀，正文，信号，风筝，餐桌，看法， 内脏，围墙，方向，居民，理想，胳膊，教师，乐器，单位，剧场

（续上表）

第四组	蜗牛，眼泪，食物，操场，警察，希望，萝卜，棉袄，冰雹，秋千，广场，雷达，本领，玉米，公里，花卉，集体，飞船，邻居，眉毛，熊猫，蝌蚪，规定，唾液，葡萄，读者，田螺，啤酒，骨肉，天鹅，词典，图纸，药房，黄鹂，演员，窗户，干果，木头，面积，家具，鞋带，屋顶，司机，橡胶，胶水，恒星，明星，电视，跳远，美术，法官，休息，国庆，蚯蚓，幻灯，五官，仙鹤，屁股，地铁，地貌
第五组	企鹅，房间，青菜，电器，矿石，乌龟，菠萝，书记，感觉，孔雀，门口，笑话，头脑，脑袋，嘴巴，参观，葫芦，衣物，草原，皮肤，狐狸，情感，乌鸦，左右，智能，讨论，重量，山羊，月亮，汗水，树木，护士，校园，金鱼，果皮，西瓜，辣椒，山楂，卫星，理解，角度，棉花，茶几，标题，小说，部门，猩猩，学生，台灯，石头，雪花，沙漠，方针，骆驼，蜘蛛，麻雀，气象，旅馆，荔枝，乘客，报纸
第六组	海龟，墨汁，发现，地点，汽油，血管，板凳，话梅，世界，玩笑，苹果，橡皮，公园，银行，分钟，文章，食堂，蜻蜓，衬衣，旅游，地球，印章，行为，牡丹，认识，位置，轮船，猜想，空调，城市，咖啡，灯谜，体会，材料，消息，街道，节日，报纸，围巾，禽鸟，体重，高空，蚂蚁，故事，对联，毛笔，车站，桌椅，车辆，建议，公司，学习，闲话，蔬菜，礼貌，坏蛋，绿豆，地面，跑道，精力

使用 Jscript 编程，使测验在校园网上分组完成。参与每份问卷调查的人数约 100 人（两个班）。对每个调查对象，全部刺激词随机排序，每次呈现一个刺激词。对每个刺激词，当调查对象输入一个反应词后，自动呈现下一个刺激词。如此下去，直到结束。程序自动记录每个学生对每个刺激词的反应词。每个调查对象完成全部 60 或 61 个词的单词联想任务后，调查结束。虽然调查由计算机课程老师在课间监督完成，但是，并非所有参与的学生都认真完成调查。例如，输入乱码者大有人在。因此，剔除未认真完成的问卷，各组调查材料得到有效问卷在 40～60 份之间。对每个刺激词的每一反应词进行频率统计，获得初步的实验材料参考来源。

为确定体现分类学联系概念中上、下位概念间联系的实验材料，在单词联想调查基础上，参照以往研究（张积家、董昌锋，2006）和《现代汉语分类辞典》（董大年，1998）的范畴划分，确定 37 个分类学联系范畴。请 31 位当地大学本科生对每一个范畴写出 3 个下位概念成员名称（如表 3－4 所示）。

对每个刺激词的反应词进行统计并选定频率较高的词作为实验材料来源。

表 3－4　分类学联系概念成员预调查题目列表

请写出 3 种餐具。	请写出 3 种矿物。	请写出 3 种体育运动。
请写出 3 种宠物。	请写出 3 种昆虫。	请写出 3 种天气现象。
请写出 3 种床上用品。	请写出 3 种粮食。	请写出 3 种天体。
请写出 3 种电器。	请写出 3 种鸟。	请写出 3 种通信工具。
请写出 3 种干果。	请写出 3 种燃料。	请写出 3 种文具。
请写出 3 种花。	请写出 3 种人体器官。	请写出 3 种武器。
请写出 3 种家具。	请写出 3 种食品。	请写出 3 种野兽。
请写出 3 种家禽。	请写出 3 种首饰。	请写出 3 种衣物。
请写出 3 种家畜。	请写出 3 种蔬菜。	请写出 3 种饮料。
请写出 3 种建筑物。	请写出 3 种树木。	请写出 3 种雨具。
请写出 3 种交通工具。	请写出 3 种水果。	请写出 3 种自然景观。
请写出 3 种教学设备。	请写出 3 种水族动物。	请写出 3 种自然灾害。
请写出 3 种金属。		

对分类学联系、主题关联联系和 SF 联系三种概念联系类型分别设计了 11、10 和 11 个题目（如表 3－5 所示），以被试学校所在地区的某小学 4、5、6 年级各 15 名学生为对象，对每道题目进行 1 分钟的口头自由回答，将录音转为文字后，对每个问题的回答进行频数统计，然后对分类学联系、主题关联联系和 SF 联系题目的回答，选取频率较高的词作为实验材料来源。

表 3－5　不同类型概念联系（口头）语义流畅性预调查题目列表

分类学联系	SF 联系	主题关联联系
交通工具有哪些？	如果养一只小鸟，你喂它吃什么？	看到黑板时，你会想到些什么？
水果有哪些？	你早餐吃什么？	看到电话时，你会想到些什么？
蔬菜有哪些？	如果晚上停电，你会用什么看书？	看到筷子时，你会想到些什么？
家具有哪些？	你过生日吃什么？	看到眼镜时，你会想到些什么？
文具有哪些？	你冬天穿什么衣服？	看到西瓜时，你会想到些什么？
体育运动有哪些？	你午餐吃什么？	看到蝴蝶时，你会想到些什么？

（续上表）

分类学联系	SF 联系	主题关联联系
身体部位有哪些？	你夏天喝什么？	看到毛笔时，你会想到些什么？
食物有哪些？	你写作文用什么笔？	看到松树时，你会想到些什么？
衣物有哪些？	在动物园里能看到哪些动物？	看到钥匙时，你会想到些什么？
动物有哪些？	从家里来到学校你可以坐什么车？	看到狗时，你会想到些什么？
餐具有哪些？		看到风扇时，你会想到些什么？

第四章

分类学联系概念中上、下位概念间联系

一、单词联想[①]

所谓单词联想（single-word association），是指向被试呈现一个刺激词表，要求被试对每个刺激词说或写出首先想到的另一个词，分析被试反应词与刺激词之间的关联强度，推断研究对象的知识结构特点（Chaffin，1997）。虽然它作为考察词汇心理表征的技术可能有一定局限性（董燕萍，1998），但是，因为其便利性和人们对它能够揭示心理词汇组织特点的认知机理的信念（Namei，2004），自从1910年Kent and Rosanoff使用100个英文词为精神病人研究建立词汇联想常模以来，词汇联想就成了心理学、语言学及相关领域研究者颇为青睐的技术范式。

Marschark et al.（2004）使用表征分类学联系概念中上、下位概念的词为刺激词，通过单词联想实验研究发现，大学聋生分类学联系概念中上、下位概念间联系较听生弱，联系存在不对称性现象。本实验拟以青少年聋生为对象，重复Marschark et al.（2004）的测量并验证如下假设：如果和Marschark et al.（2004）关于大学聋生的情况一致，青少年聋生分类学联系概念中上、下位概念之间的联系较听生弱，那么，他们对反应词与刺激词之间的关联强度应该相对听生较弱；如果在其分类学联系概念中，从上位概念到下位概念的联系相对弱于从下位概念到上位概念的联系，那么，他们对上位概念刺激词产生的表征下位概念的反应词的主要关联强度弱于相反方向的反应词。此外，如果和青少年听生相比，青少年聋生概念结构中的分类学联系相对较弱而主题关联联系和SF联系等则处于相对较强的地位，那么，其反应词和刺激词之间将体现相对较强的分类学联系以外类型的概念联系。

（一）方法

采用2（听力状态：聋生和听生）×2（刺激词类型：表征上位概念的词和表征下位概念的词）混合设计。听力状态为被试间变量，刺激词类型为被试内变量，因变量为关联强度等。

---

① 该研究首次发表在《中国特殊教育》2009年第12期。

1. 被试

聋生为小学5、6年级和初中1、2、3年级在校生共51人（男生34人），平均年龄为14.5±1.7岁，瑞文标准推理测量成绩为41.86±6.38；听生为小学4、5、6年级在校生共51人（男生34人），平均年龄为11.2±1.0岁，瑞文标准推理测验成绩为41.23±5.53。聋生和听生的瑞文标准推理测验成绩差异不显著，$t=-0.804$，$p>0.10$。

2. 材料

从预备实验结果中确定36个概念类别名称，把它们随机均分为两组。为叙述方便，基本水平概念定义为下位概念，高一层次的概念（类别名）定义为上位概念。对一组概念类别取典型性较高的下位概念作为刺激词，对另一组则以类别名作为刺激词。得到18个上位和18个下位概念词，共36个刺激词，如表4－1所示。

表4－1　单词联想刺激词

上位概念词	宠物、电器、花、家禽、建筑物、昆虫、爬行动物、食品、首饰、树木、水族动物、天气现象、通信工具、武器、衣物、饮料、职业、自然灾害
下位概念词	白菜、床、钢琴、公共汽车、核桃、麻雀、米饭、跑步、苹果、铅笔、日出、伞、狮子、碗、眼睛、月亮、枕头、猪

分别请非正式被试所属某中学30名中学听生和某聋校30名班主任老师认为智力中等或以上、没有其他生理缺陷和主要使用手语的重度中学聋生（本实验及以后所有参与材料评定的聋生、听生均不参与正式实验），通过7点量表，对所选上、下位概念词作熟悉性评定，对下位概念词作具体性和典型性评定。

熟悉性评定。将词打印在A4纸上，每行1个词，每个词旁边印有“[1][2][3][4][5][6][7]”共7个数字，要求评定词是否熟悉，并在相应数字上打“√”。数字从小到大分别代表“非常不熟悉、很不熟悉、比较不熟悉、一般、比较熟悉、很熟悉、非常熟悉”。具体性评定。将下位概念词打印在A4纸上，每行1个词，每个词旁边印有“[1][2][3][4][5][6][7]”共7个数字，要求评定词表征的事物可以清楚地想象的程度，并在相应数字上打“√”。数字从小到大分别代表“非常难以想象、很难想象、比较难想象、一般、比较容易想象、很容易想象、非常容易想象”。典型性评定。将下位概念词及所属概念类别名称配对打印在A4纸上，每行1对，下位概念词在左边，概念类别名称在右边，两者之间印有“[1][2][3][4][5][6]

[7]”共7个数字，要求评定左边词表征的事物能够代表右边词表征事物类别的程度，并在相应数字上打“√”。数字从小到大分别代表“非常不具代表性、很不具代表性、比较不具代表性、一般、比较具有代表性、很具有代表性、非常具有代表性”。

评定过程。要求被试仔细阅读指导语，同时，主试在黑板上举例示范。熟悉性评定，明确强调数字越高表示对词代表的事物越熟悉；具体性评定，明确强调越是代表看得见摸得着事物的词其具体性越高；典型性评定，明确强调越是能代表相应概念类别的事物的词其典型性越高。三个评定任务均由班主任老师安排完成。为避免参评者疲劳，各项评定在两周内分别在不同时日由班主任自行安排进行。考虑到具体性、典型性比较难把握，先作熟悉性评定，再作具体性评定，最后作典型性评定。

聋生（5.59 ± 0.66）和听生（5.62 ± 0.45）对18个上位概念词的熟悉性程度评定分数差异不显著，$t = -0.57$，$p > 0.10$；聋生（6.30 ± 0.54）和听生（6.29 ± 0.54）对18个下位概念词的熟悉程度评定分数差异不显著，$t = 0.24$，$p > 0.10$。具体性和典型性首次评定结果显示，聋生对下位概念词的具体性和典型性评定值偏高，与听生评定结果不相关。另请30名聋生进行第二次评定，得到类似结果。请教指导评定的聋校老师得知，聋生可能难以把握典型性和具体性评定尺度，评定结果不可信。因此，在本次及以后实验材料筛选的时候，典型性和具体性评定均以健听中学生的结果为参照。本次评定结果为：18个表征下位概念的词具体性评定分数为5.65 ± 0.38，典型性评定分数为5.51 ± 0.40。

3. 程序

全部36个词制成1个词表。词表随机排序，发给每个被试的词表，其词的顺序不同。在每个词旁边打印1个4个汉字间距的括号。所有词表分3栏打印在一张A4纸上，列表顶端有指导语：“首先要默读每个词。然后，把想到的第一个词写在旁边的括号里。例如，化妆品（　）→化妆品（口红）；雨衣（　）→雨衣（雨具）。如果有不认识的词，就忽略它。做得越快越好。”

在指导语中提供从分类学联系概念中上位到下位概念词和从下位到上位概念词联想举例，主要出于以下两方面的考虑：①聋生阅读能力差但模仿能力强，例子有助于他们明确测量要求；②分类学联系的例子会诱导他们作相应概念联系联想。如果在这样的条件下，聋生仍倾向于分类学联系以外的联想，那么，他们分类学联系较弱的倾向将得到有力体现。

参照Marschark et al.（2004）的程序，对聋生和听生进行分组集体测量，每次测量人数不超过30名。对聋生请聋校老师协助，向被试示范讲解指导语。确定被试理解要求后，发放测验卷。测验不限制时间，但鼓励他们尽快完成。实际测量的时间均不超过50分钟。所有测量在1周内完成。

（二）结果

参照 Marschark et al.（2004）的程序，剔除答卷中书写不清或未答题目占全部题目50%及以上者，获得有效答卷数，聋生为49份，听生为50份。

初步分析被试的反应词发现，虽然两类被试的主要联想都是关于分类学联系的，对许多刺激词的主要反应词也大致相同，但是，反应词和刺激词之间的联系却不只是分类学联系。例如，在反应词中有与刺激词属于分类学联系概念中上、下位概念联系的（例如，对“狮子”给出“动物”，对“昆虫”给出“蝴蝶”，对“树木”给出“植物”，对“苹果”给出“青苹果”），有与刺激词有分类学联系概念中同位概念联系的（例如，对“狮子”给出“狼”，对“苹果”给出“香蕉”），有与刺激词有主题关联联系概念联系的（例如，对“白菜”给出“菜市场”，对“宠物”给出“饲养人员”等），有与刺激词有其他类型概念联系的（例如，对“花”给出“香”，对“苹果”给出“红色”，对“狮子”给出“吃鹿”，对“麻雀”给出“飞”，对“钢琴”给出“弹”，对“口红”给出“喝”，对“首饰”给出“工程”，对“猪”给出“家禽”，对“伞”给出“文化用品”）。请两位心理学专业研究生分别对被试写出的每个反应词，评定其与相应刺激词之间的概念联系类型。例如，对于刺激词“白菜”，被试给出了许多反应词。对每个反应词评定它与该刺激词的概念联系类型。就反应词“蔬菜”来说，这两位研究生分别对“白菜”和“蔬菜”之间的联系类型作出属于如下哪种概念联系的判断：①“蔬菜”是“白菜”的上位概念；②“蔬菜”是“白菜”的下位概念；③“蔬菜”是“白菜”的同位概念；④“蔬菜”和“白菜”有主题关联联系；⑤“蔬菜”和“白菜”可能有其他类型的概念联系。评定者需要在这五种情况中作出唯一选择。结果，两名评定者对96.7%的有效反应词给出了一致的评定。对评定出的不同意见的反应词，由两位评定者面对面讨论决定。最终舍去不能达成一致意见者，获得数据占有效反应词的99.1%。

分别计算聋生和听生有效被试对刺激词作出清楚反应的比率，结果表明，聋生（95.04 ±5.22）和听生（95.26 ±5.04）没有显著性差异，$t = -0.395$，$p > 0.10$。因此，可能是因为刺激材料都是人们最为熟悉的概念词，虽然聋生文字能力较弱，但其文字形式的正确反应表达比率不比听生低。

对每一刺激词统计反应词和联系类型的频数，对每种听力状态被试计算联想强度和离散度两个类型的统计量，对每个统计量计算两种被试之间的相关系数。根据反应词和刺激词之间的概念联系特点，计算上下位主联想强度、同位联想强度、主题关联联系联想强度和其他联想强度共四种类型的联想强度，每种类型的联想强度 = 对应的反应词频数/有效人数 ×100。离散度 = (不重复词数 -1) /人数 ×100。结果如表 4 -2 和表 4 -3 所示。

表 4 -2　不同处理水平下单词联想反应词的五种统计量

刺激类型	听力状态	离散度 ($M \pm SD$)	上、下位主联想强度 ($M \pm SD$)	同位联想强度 ($M \pm SD$)	主题关联联系联想强度 ($M \pm SD$)	其他联想强度 ($M \pm SD$)
下位概念	聋生	42.79 ±17.24	20.34 ±12.50	10.79 ±8.74	21.82 ±15.15	14.25 ±7.45
	听生	23.92 ±7.29	34.49 ±19.05	17.62 ±15.66	10.38 ±10.52	3.66 ±2.49
上位概念	聋生	48.72 ±8.44	30.00 ±26.48	4.82 ±3.51	10.14 ±10.35	8.89 ±5.09
	听生	28.60 ±9.58	45.00 ±20.93	2.56 ±2.61	4.45 ±6.83	3.27 ±2.17

表 4 -2 中的上、下位主联想强度是指，对某刺激词产生分类学联系概念中上、下位概念词联想的同一反应词的频率中频率最高者。例如，对于刺激词“白菜”，被试给出的反应词包括“蔬菜”、“植物”和“小白菜”等，这些联想反应词的相应频率分别为 64.47%、4.51% 和 3.20% 等，那么对于“白菜”的上、下位概念词主联想强度就是 64.47%。对于刺激词“白菜”，被试给出的反应词包括“萝卜”、“西红柿”和“菜心”等，这些反应词所表征的概念是该刺激词所表征的概念的同位概念，因此，累加这些反应词的频率得出该刺激词的同位联想强度。主题关联联系联想强度和其他联想强度的计算方式和同位联想强度的计算方式相似。与此相反，从被试反应词离散情况角度，统计不同听力状态被试对刺激词不重复反应词的数量，并计算离散度。如果每一被试对所有刺激词的反应词都不相同，那么，对于一个具体的刺激词，所有被试的反应词中将没有一个词出现过两次或以上，离散度就接近 1；相反，如果所有被试对每一刺激词的反应词都是同一个词，那么离散度就是 0。显然，这两种极端情况都不会发生，因此，离散度介于 0 和 1 之间。离散度比较大，则说明被试反应词比较离散，个体差异较大，被试联想纬度比较多。

表 4－3　聋生、听生单词联想反应词各统计量的相关情况

刺激类型	离散度	上、下位主联想强度	同位联想强度	主题关联联系联想强度	其他联想强度
上位概念	$r=0.64$, $p<0.01$	$r=0.73$, $p<0.01$	$r=0.86$, $p<0.01$	$r=0.74$, $p<0.01$	$r=0.11$, $p>0.10$
下位概念	$r=0.23$, $p>0.10$	$r=0.70$, $p<0.01$	$r=0.69$, $p<0.01$	$r=0.77$, $p<0.01$	$r=0.78$, $p<0.01$

此外，85%以上的聋生对刺激词“口红”和“雨具”分别给出“化妆品”和“雨衣”反应词，说明他们确实领会了指导语，受到分类学联系联想启示，模仿了指导语中的例子，并对指导语的例子进行分类学联系反方向的联想。表 4－3 表明，除了上位概念词刺激类型的离散度和对下位概念词刺激类型的其他联想强度之外，两类被试在另外 8 个指标上均有显著相关。

对离散度进行 2（听力状态）×2（刺激词类型）二因素混合测量方差分析表明（如图 4－1 所示），听力状态主效应显著，$F(1, 34)=38.64$，$p<0.01$，$R^2=0.532$，聋生联想词的离散度（$M=45.76$）显著高于听生（$M=26.26$）；刺激词类型主效应显著，$F(1, 34)=6.36$，$p<0.05$，$R^2=0.158$，被试对上位概念词（$M=38.66$）的反应词的离散度显著高于下位概念词（$M=33.36$）；听力状态和刺激词类型交互作用不显著。

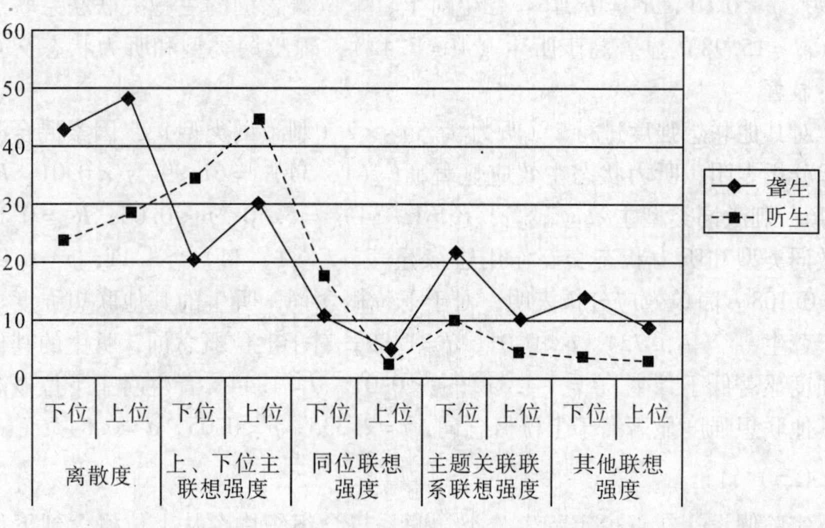

图 4－1　不同听力状态被试对上、下位概念词产生单词联想的离散度和不同类型联想强度

对上、下位主联想强度进行 2（听力状态）×2（刺激词类型）二因素混合测量方差分析表明，听力状态主效应显著，$F(1, 34) = 5.72$，$p < 0.05$，$R^2 = 0.144$，听生的上、下位主联想强度（$M = 39.77$）显著高于聋生（$M = 25.18$）；刺激词类型主效应显著，$F(1, 34) = 11.64$，$p < 0.01$，$R^2 = 0.255$，被试对上位概念词产生下位概念词的主关联强度（$M = 27.42$）显著低于对下位概念词产生上位概念词的主关联强度（$M = 37.50$）；听力状态和刺激词类型交互作用不显著。

对同位联想强度进行 2（听力状态）×2（刺激词类型）二因素混合测量方差分析表明，刺激词类型主效应显著，$F(1, 34) = 22.38$，$p < 0.01$，$R^2 = 0.397$；听力状态主效应不显著；刺激词类型和听力状态交互作用显著，$F(1, 34) = 4.18$，$p < 0.05$，$R^2 = 0.109$。简单效应分析表明，对于上位概念词，听生的同位联强度显著低于聋生，$t = -2.188$，$p < 0.05$，$d = 0.29$。聋生对下位概念词的同位联强度显著高于上位概念词，$t = 3.996$，$p < 0.01$，$d = 0.90$；听生对下位概念词的同位联强度显著高于上位概念词，$t = 2.533$，$p < 0.05$，$d = 1.37$。

对主题关联联系联想强度进行 2（听力状态）×2（刺激词类型）二因素混合测量方差分析表明，刺激词类型主效应显著，$F(1, 34) = 13.11$，$p < 0.01$，$R^2 = 0.278$，被试对下位概念词的主题关联联系联想强度（$M = 16.10$）显著高于上位概念词（$M = 7.30$）；听力状态主效应显著，$F(1, 34) = 9.390$，$p < 0.01$，$R^2 = 0.216$，聋生对上、下位概念词的主题关联联系联想强度（$M = 15.98$）显著高于听生（$M = 7.42$）；刺激词类型和听力状态交互作用不显著。

对其他联想强度进行 2（听力状态）×2（刺激词类型）二因素混合测量方差分析表明，听力状态主效应显著，$F(1, 34) = 61.99$，$p < 0.01$，$R^2 = 0.646$；刺激词类型主效应显著，$F(1, 34) = 5.50$，$p < 0.05$，$R^2 = 0.139$；刺激词类型和听力状态交互作用边缘显著，$F(1, 34) = 4.11$，$p = 0.051$，$R^2 = 0.108$。简单效应分析表明，对于下位概念词，听生的其他联想强度显著低于聋生，$t = -5.724$，$p < 0.01$，$d = 1.89$；对于上位概念词，听生的其他联想强度显著低于聋生，$t = -4.312$，$p < 0.01$，$d = 1.44$。聋生对于下位概念词的其他联想强度显著高于上位概念词，$t = 2.335$，$p < 0.05$，$d = 0.84$。

（三）讨论

实验假设，在青少年聋生分类学联系概念组织中，从上位概念到下位概念的联系相对弱于从下位概念到上位概念的联系，那么，他们对上位概念刺激词产生的表征下位概念的反应词的主关联强度应该弱于相反方向的反应词。

而且，和青少年听生相比，青少年聋生概念结构中的分类学联系应该相对较弱而主题关联联系和 SF 联系处于相对较强的地位，其反应词和刺激词之间将体现相对较强的分类学联系以外的联系。此外，聋生可能会根据刺激词的形态特征产生相应的反应联想词。结果表明，聋生和听生有大致相似的概念词联想趋势。但是，聋生反应词的离散度显著高于听生。在分类学联系方面，聋生对上位概念词产生下位概念反应词、对下位概念词产生上位概念反应词联想的强度均显著低于听生；聋生对下位概念词产生同位概念反应词的联想强度显著低于听生。不论上位还是下位概念词，聋生产生分类学联系以外类型联系的反应词联想强度均显著高于听生。聋生似乎没有产生基于刺激词形态特征的联想反应词。

首先，根据概念结构的 SAM，一个概念在不同语义维度上和其他概念有不同联系。聋生可能因为概念间联系都较弱，当一个概念激活时，倾向于在较弱程度上同时激活多种联系，因此，其有高于听生的反应词离散度。这和聋人概念结构趋于松散的研究结论一致（Marschark et al.，2004）。而且，聋人在手语交流中，同一手势往往需要连续地、反复地打出数次，信息交流的准确性也往往依赖具体情境。因为缺乏具体情境，聋生可能难以明确孤立词的具体语义，因此导致其反应离散度较听生高。毕竟，刺激词的呈现形式是文字，虽然和听生一样，聋生能够对每个刺激词清楚地写出一个联想反应词，但是，聋生反应词在联想离散度上的变化也可能会受到文字认读和文字输出的影响。因此，也许可以对聋生的有声语言心理词汇作这样的推测：一方面，和听生相比，其语义网络中概念之间的联系相对较弱，一个点的激活更加倾向于在较弱的强度上向更多的节点扩散；另一方面，如果刺激词不是以文字形式呈现，他们的行为表现可能会和听生有更多的相似性。

其次，聋生分类学联系较弱。和以往关于大学聋生上、下位概念间联系较弱的实验结果（Marschark et al.，2004）一致，本实验中，不论从上位概念词到下位概念词，还是从下位概念词到上位概念词的联想强度，聋生都弱于听生，而且，聋生对基本水平概念词的同位联系联想强度也弱于听生，说明聋生的分类学联系概念层次结构系统中的纵、横两个方向上的联系都较听生弱。根据维果茨基的概念形成理论（维果茨基，1999），儿童形成“假概念”或“潜概念”之后，在词的指导作用下完善自己的概念系统。聋童因为在极大程度上被剥夺了与成人言语交流的可能，其概念形成必然缓慢，分类学联系概念的数量会比听人少，稳固性也会比较弱。

再次，聋生产生较多分类学联系以外的联想。一方面，聋生通过个人经历获得关于世界感知觉认识的能力不弱（Vernon，2005），因此，主题关联联系和其他概念联系处于相对较强的地位；另一方面，自然手语中模仿事物的外显特征或相关动作是主要的表达形式，因此，聋生会倾向于产生相对较多的关于事物特征、动作等相关方面的联想。因此，关于聋生一个节点激活比听生更加倾向于在向更多的节点扩散的猜测得到进一步细化：听生对于分类学联系概念词心理表征对应节点的激活倾向于向其他分类学联系概念表征节点扩散，而聋生对于给定的分类学联系概念词，其相应心理表征节点的激活不但向分类学联系概念表征节点扩散，而且还在相当的相对强度上向与激活节点有主题关联联系或者其他类型概念联系的节点扩散。此猜测可以通过图4－2、4－3表示。图中线的粗细表示激活扩散的强弱。

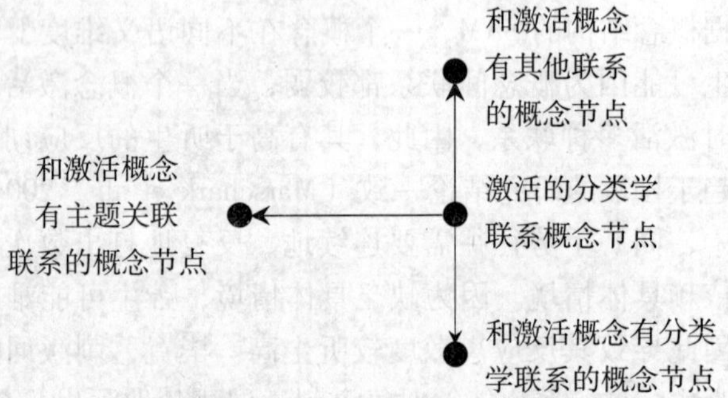

图4－2　聋生一个分类学联系概念节点的激活可能向多个方向扩散，但强度较弱

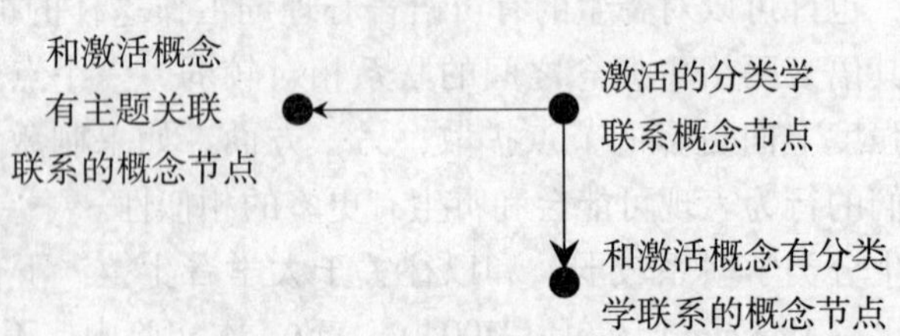

图4－3　听生一个分类学联系概念节点的激活可能主要向其他分类学联系概念节点扩散

最后，根据熟悉性评定结果，也许所有刺激词都是聋生被试熟悉的词，但是，对词所指的事物或概念他们也许未必有同样程度的熟悉性，否则，根据聋人对熟悉事物的概念组织和听人相似的结论，本研究被试应该和听生一样对刺激词主要产生与刺激词有语义联系的联想反应词，然而，他们确实和听生不同，产生相当比例的和刺激词有分类学联系和主题关联联系之外的其他类型概念联系的反应词。例如，对于刺激词“苹果”，他们的反应词有“红”、“好吃”等，这表明他们联想到了事物的代表性特征；对“猪”给出

"家禽"，对"伞"给出"文化用品"，这些现象似乎表明，他们似乎不能分辨"家禽"和"家畜"，不能分辨"文化用品"和"日常用品"这些分类学联系概念中的上位概念，说明他们至少在有声语言表达形式上对范畴概念可能趋于模糊。有意思的是，他们宁愿产生与刺激词看似无意义的联系联想，也不会根据词的结构形态提供反应词。例如，对"首饰"给出"工程"，却没有对"首饰"给出"首都"或"首脑"之类的反应词。因此，可以猜测，他们对有声语言词的表征是整体的，他们可能不善于使用或不熟悉词的结构特征，他们没有形成稳固的基于词形态特征联系的心理词汇网络。这种观点虽然尚没有研究证实，但是似乎能够从聋生的日常生活行为中得到支持。例如，老师们经常发现，聋生只能用一种句型表达一个意思，同样的意思如果换一种结构的句子，聋生就理解不了。根据对手语发展较好聋人的研究，聋人和听人有同样的语言表达能力和创造能力（Marschark et al.，2002）。聋生出现这种现象似乎应该归因于他们对有声语言熟练程度不够。然而，对于本研究的被试来说，他们的手语也未必具备丰富的表达能力，因此，导致这种现象的原因也许有这样的因素：聋生就是倾向于孤立地看待事物。

不论是从上位概念到下位概念，还是从下位概念到上位概念，聋生和听生的联想相关较高而且显著。但是，和听生相比，聋生表现出上位概念和下位概念之间的联想明显较弱的倾向。他们不仅在从上位概念到下位概念的联想强度上弱于听生，甚至在从下位概念到上位概念的联想强度上也弱于听生。但是，并未发现聋生和听生有不同的联想倾向。无论是聋生还是听生，由上位概念联想到下位概念的强度都弱于由下位概念联想到上位概念的强度。即青少年聋生和听生都存在上、下位概念联系不对称的现象。这与聋人对常见事物和听人有相同认识的观点（Osberger & Hesketh，1986）一致。显然，上述的猜测需要进一步验证。而且，有必要通过更为严密的实验进一步考察青少年聋生的分类学联系概念中是否存在上、下位概念联系不对称的现象。

二、分类学联系概念中上、下位概念间联系判断

根据 HNM，分类学联系概念分基本水平概念、上位水平概念和下位水平概念。基本水平概念处于层次结构的中间地带，具有最佳的信息量和跨文化一致性。上位水平概念处于较高层次，表征类别。例如，水果包括苹果、桃子、草莓等，而桃子又分水蜜桃、肥城桃、蟠桃等。水果是上位概念，苹果、桃子、草莓等是基本水平概念，而水蜜桃、肥城桃、蟠桃等则是下位水平概念。下位水平概念处于较低层次，表征子类。不同水平概念之间存在上位到下位或者下位到上位的分类学联系。分类学联系概念的重要属性之一是典型

性。典型性高的概念成员具有较多同类别其他概念成员的特征，而典型性低的概念成员则具有较多其他类别概念成员的特征。例如，苹果比草莓更具代表性，作为水果的概念成员，其典型性比桃子高。人们对高典型性概念成员所属概念类别的判断具有较高的一致性（Gastgeb, Strauss & Minshew, 2006）。

人们常使用词汇判断和命名及相关任务变式考察分类学联系。例如，Pavlicic（2004）使用连续词汇判断范式（目标词同时充当启动词）考察动作概念的层次网络结构。但是，聋生有口语障碍及语音和正字法意识薄弱等特点。因此，考察他们分类学联系中上、下位概念联系应当采用适当的实验任务。Wentura and Frings（2005）使用上位概念词作为启动刺激研究分类学联系上、下位概念间联系。参照相关任务范式（Tyler, Russell, Fadili & Moss, 2001），我们设计了“上、下位概念联系判断”任务，继续考察聋生分类上、下位概念联系的倾向性特点，希望能够验证 Marschark et al.（2004）关于聋人分类上、下位概念联系不对称结论。具体做法是，先呈现一个表征分类学联系上位概念或下位概念的词，分别简称上位概念词或下位概念词，然后再呈现表征对应下位概念或上位概念的词。当呈现一个上位概念词时，根据网络 SAM，属于该上位概念范畴的下位概念就会得到激活，如果接着呈现一个下位概念词，那么，判断先后两个概念词是否有概念联系时，速度会加快；反之亦然。如果存在分类学联系概念上、下位联系不对称的现象，那么，在这两种情况下，被试反应应有所差异。同时，如果分类学联系较弱，那么根据原型说，被试对典型性较低的下位概念就不容易激活分类学联系。因此，本实验将通过考察上、下位概念联系判断，推论聋生分类学联系上、下位概念联系和下位概念典型性意识的倾向。本研究先呈现一个上位概念词然后呈现一个下位概念词；先呈现一个下位概念词然后呈现一个上位概念词。如果聋生从上位概念到下位概念的联系相对于从下位概念到上位概念之间的联系较弱，那么，他们在这两种条件下判断先后呈现的两个概念词是否有概念联系时，反应时和准确率应和听生有不同趋势；如果聋生的分类学联系较弱，那么，对表征低典型性的下位概念的词判断应较慢，且错误率较高。

（一）方法

采用2（听力状态：聋生和听生）×2（呈现顺序：先呈现上位后呈现下位概念词和先呈现下位后呈现上位概念词）×2（典型性：高、低典型性下位概念词）混合设计。听力状态为被试间变量，另外两个变量为被试内变量，因变量为被试的判断反应时和准确率。

1. 被试

聋生 14 人（男生 8 人），平均年龄为 14.8 ±1.6 岁，智力良好和中等人数比为3∶4；听生14人（男生8人），平均年龄为11.7±0.6岁，智力良好和中等人数比为3∶4。

2. 材料

参照以往研究（张积家、董昌锋，2006），选24个上位概念范畴。对每个上位概念范畴，分别选定1个高典型性和1个低典型性下位概念词。同单词联想研究，对全部概念词作熟悉性评定，对下位概念词作典型性和具体性评定：高、低典型性下位概念词典型性评定的平均分数为5.57±0.59和3.45±0.36，两者差异显著，$t=8.01$，$p<0.01$；高、低典型性下位概念词具体性评定的平均分数为5.41±0.51和5.36±0.48，两者差异不显著，$t=1.70$，$p>0.10$。对上位概念词，聋生熟悉性评定的平均分数为5.59±0.71，听生为5.56±0.60，两者差异不显著，$t=0.37$，$p>0.10$。对高典型性下位概念词，聋生熟悉性评定的平均分数为5.86±0.70，听生为5.88±0.74，两者差异不显著，$t=-0.26$，$p>0.10$；对低典型性下位概念词，聋生熟悉性评定的平均分数为5.75±0.65，听生为5.75±0.74，两者差异不显著，$t=0.03$，$p>0.10$。另选取48个具体概念词为无关概念并进行熟悉性评定。聋生熟悉性评定的平均分数为6.06±0.62，听生为6.07±0.64，两者差异不显著，$t=-0.04$，$p>0.10$。

上位概念词随机均分为2组（G1和G2）。对每个上位概念词配以对应的高、低典型性下位概念词和2个无关概念词，组成2个目标词对和2个填充词对。对G1，先呈现上位概念词后呈现高典型性下位概念词或无关概念词（例如，先呈现“电器”后呈现“空调”，要求判断“电器”与“空调”是否有概念联系）；然后，先呈现低典型性下位概念词或无关概念词后呈现上位概念词（例如，先呈现“空调”后呈现“电器”，要求判断“空调”与“电器”是否有概念联系）。对G2，先呈现上位概念词后呈现低典型性下位概念词或无关概念词；然后，先呈现高典型性下位概念词或无关概念词后呈现上位概念词。对每个被试，每个上位概念词出现4次，每个下位概念词和无关概念词只出现1次。如表4-4所示。

表 4－4　刺激词对的先后呈现组合列表

	先呈现	后呈现	先呈现	后呈现
高典型性下位概念词组	餐具	筷子　地铁	洪水　狗	宠物
	家畜	猪　被子	嘴巴　鸡	家禽
	电器	电扇　鲤鱼	足球　瓜子	干果
	雨具	伞　鳄鱼	游船　护士	职业
	花类	荷花　讲台	渔网　床	家具
	野兽	老虎　轿车	月亮　T恤衫	衣物
	建筑物	高楼　船	手指　蝴蝶	昆虫
	文具	圆珠笔　拖把	海豚　枪	武器
	乐器	钢琴　公园	照相机　大米	粮食
	树木	松树　消防车	地震　苹果	水果
	鸟类	燕子　牙齿	跑步　面包	食品
	首饰	项链　枕头	网球　青菜	蔬菜
低典型性下位概念词组	宠物	兔子　地球	公路　盘子	餐具
	家禽	鹅　窗	铁路　羊	家畜
	干果	核桃　脚趾	生日　空调	电器
	职业	厨师　渔船	鸡蛋　雨靴	雨具
	家具	茶几　水桶	瀑布　梅花	花类
	衣物	围巾　眼睛	火车　猩猩	野兽
	昆虫	蚊子　耳朵	乒乓球　平房	建筑物
	武器	导弹　自行车	教师节　尺子	文具
	粮食	玉米　金鱼	鲨鱼　鼓	乐器
	水果	菠萝　乌龟	鼻子　孔雀	鸟类
	食品	蛋糕　鲸鱼	红色　柳树	树木
	蔬菜	芹菜　黑板	日出　手镯	首饰

3. 程序

使用 SuperLab 4.0 编程并通过 15 寸显示器（1 024×768 像素）呈现指导语：“屏幕中央会出现 1 个黑色词。黑色词很快消失，然后出现 1 个蓝色词。

蓝色词也会很快消失。请判断先后出现的黑、蓝色词是否有概念联系。如果有，按Z键；如果没有，按/键。判断要快、要准!"

程序分为练习和正式分类学联系概念中上、下位概念间联系判断研究两个阶段。练习完毕后自动进入正式实验。对每个判断进行测试，先在屏幕中央呈现红色注视点"+"。500 ms后注视点消失并呈现一个黑色词，300 ms后空屏。空屏50 ms后，呈现一个蓝色词，300 ms后空屏并等待被试按键反应。被试作出反应后，程序进入下一词对的呈现，如图4-4所示。对每一被试，随机呈现词对，自动记录其按键和反应时。

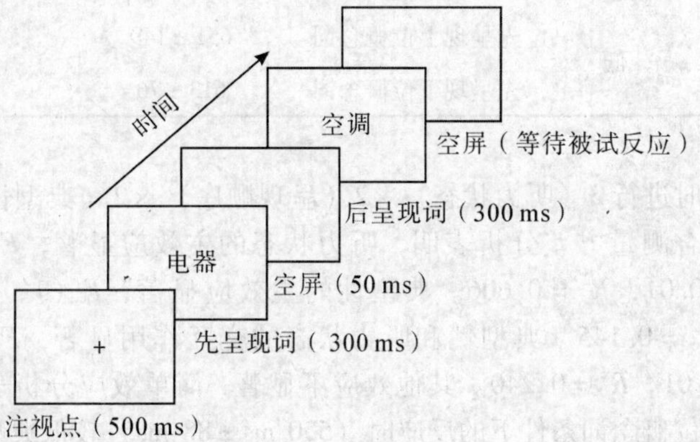

图4-4　分类学联系概念中上、下位概念间联系判断流程示意图

由研究者和两位心理学研究生充当主试（对聋生另有两位聋校老师协助），在被试所在学校计算机教室分组（每组不超过5人，每人一台计算机）集体测量。对被试讲解操作要求，帮助他们运行程序，观察他们练习阶段的操作。对不明白操作要求者进行个别辅导，并重新运行程序。正式阶段由被试独立完成。

（二）结果

剔除错误按键反应和反应时在 $M \pm 3SD$ 之外的数据，聋生有效数据率为97.60%，听生为98.90%，结果如表4-5所示。

表 4－5　不同处理水平下的反应时（ms）和错误率（%）

听力状态	典型性	呈现顺序	反应时（$M \pm SD$）	错误率（$M \pm SD$）
聋生	高	先呈现上位概念词	416 ± 88	16.6 ± 16.3
		先呈现下位概念词	435 ± 99	13.7 ± 14.9
	低	先呈现上位概念词	420 ± 91	20.9 ± 15.6
		先呈现下位概念词	406 ± 95	21.1 ± 14.2
听生	高	先呈现上位概念词	547 ± 76	2.4 ± 3.9
		先呈现下位概念词	552 ± 138	5.4 ± 7.7
	低	先呈现上位概念词	651 ± 149	8.9 ± 13.3
		先呈现下位概念词	613 ± 76	3.6 ± 5.4

对反应时进行 2（听力状态）×2（呈现顺序）×2（典型性）三因素重复两因素混合测量方差分析表明，听力状态的主效应显著，$F(1, 26) = 40.20$，$p < 0.01$，$R^2 = 0.606$。典型性的主效应显著，$F(1, 26) = 4.42$，$p < 0.05$，$R^2 = 0.145$。典型性和听力状态的交互作用显著，$F(1, 26) = 8.20$，$p < 0.01$，$R^2 = 0.240$。其他效应不显著。简单效应分析表明，听生在高典型性下位概念词条件下的反应时（550 ms ± 88 ms）较低典型性下位概念词条件下的反应时（633 ms ± 87 ms）显著短，$t = -2.902$，$p < 0.01$，$d = 0.95$；听生对高典型性下位概念词条件下的反应时比聋生（426 ms ± 82 ms）显著长，$t = 3.860$，$p < 0.01$，$d = 1.46$；听生对低典型性下位概念词条件下的反应时（633 ms ± 87 ms）比聋生（413 ms ± 80 ms）显著长，$t = 6.594$，$p < 0.01$，$d = 2.64$。如图 4－5 所示。

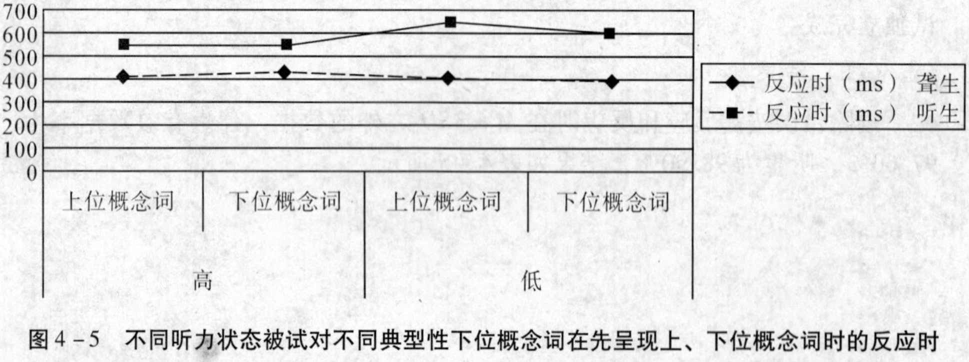

图 4－5　不同听力状态被试对不同典型性下位概念词在先呈现上、下位概念词时的反应时

对错误率进行类似分析表明，听力状态的主效应显著，$F(1, 26) = 12.02$，$p < 0.01$，$R^2 = 0.316$，聋生（$M = 18.1$）的错误率比听生（$M = 5.1$）显著高；典型性的主效应显著，$F(1, 26) = 9.63$，$p < 0.01$，$R^2 = 0.258$，被试对高典型性下位概念词条件下的错误率（$M = 9.5$）比对低典型性下位概念词条件下的错误率（$M = 13.6$）显著低。其他效应不显著。如图 4－6 所示。

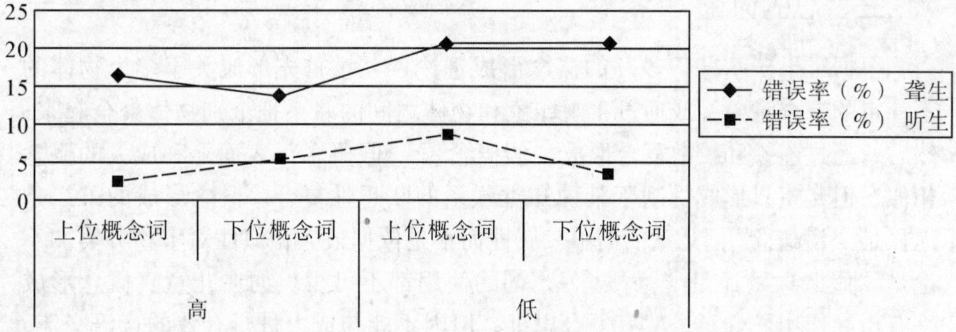

图 4－6　不同听力状态被试对不同典型性下位概念词在先呈现上、下位概念词时的错误率

（三）讨论

聋生的反应时比听生短可能有如下原因：①聋生可能因为使用手语所以手指运动灵活性较强；②聋生年龄偏大，动作协调能力应优于听生；③聋生仿佛满足于一知半解却迅速地作出判断。可能受自然手语语义模糊性（游顺钊，1991）影响，聋生对文字理解有满足于“大概”、“差不多”的倾向。与这一现象一致的是，聋人评定有对立语义差异的词对时有明显的趋中趋势（Kethleen，1977）。此外，最后一个原因还将导致聋生对高、低典型性下位概念反应时差异不显著。但是，聋生对低典型性下位概念错误率显著高，体现了他们对下位概念的典型性意识。这一结果符合聋人和听人对熟悉事物有同样知识结构的观点（Osberger & Hesketh，1986）。

对聋生反应时显著短而错误率显著高于听生的现象需要特别作出解释。首先，刺激是以文字形式呈现的，而且每个测量中的两个词必有一个是分类学联系概念类别名，这是一个抽象概念，聋生可能对这些词的意义掌握不够明确，判断中难免有猜测的成分，因此，导致其判断准确率受到影响。其次，聋生的判断反应可能倾向于采用一种追求速度的策略。例如，阅读能力较低的大学生聋人判断算数题目计算结果是否正确的时候，他们反应时短而准确率低，他们的判断行为似乎有明显的猜测意向（Davis & Kelly，2003）。

但是，无论是反应时还是错误率，均未出现聋生在两种呈现条件下有不同于听生的倾向，说明聋生在这一实验任务中没有表现出分类学联系概念中上、下位概念间联系比听生更不对称的现象。与成年聋人概念组织松散（Marschark & Everhart，1999）和大学聋生分类学联系概念上、下位联系较弱（Marschark et al.，2004）等结论一致，聋生错误率显著高于听生，体现了其分类学联系概念中上、下位概念联系较弱的特点。

三、总的讨论

根据维果茨基（1999）的概念形成理论，儿童首先形成关于多个物体的不稳定的混合意象，或通过主观印象和物体之间的联系把个别物体聚合起来；然后，经过连锁和扩散复合形成“假概念”。“假概念”表面上和成人的概念相似，但儿童只形成受制于某种知觉联系的联想性复合。概念形成的第二条途径是“潜概念”：儿童依据单一属性而不是依据最大相似性对事物分类。不论是“假概念”还是“潜概念”，词的使用都不可少。词在儿童真概念形成中有指导作用。聋童虽然有复合思维，但因不能与成人进行有效的言语交流，必须自己来决定哪些物体可以聚集在一个共同的名称之下。他们也能在感知范围内形成潜概念，但他们缺乏来自周围人的言语指导。因此，聋童的概念形成必然缓慢。再加上生活环境相对孤立等因素，其分类学联系的数量只会比听人少，其稳固性也会比较弱。

在学龄前语言阶段，幼儿通过非语言交流获得对世界的认知，在这方面，聋儿和听儿对世界认知的结果可能没有什么不同。例如，学龄前的聋童和听童在数字表征上没有显著性差异（Zarfaty，Nunes & Bryant，2004）。除了听觉之外，聋人和听人有同样的感觉器官。而且，由于功能补偿作用，聋人听觉以外的感觉器官功能更强大。例如，聋人有视觉信息加工优势（Sladen，Tharpe，Ashmead，Grantham & Chun，2005）。就语言而言，聋人和听人之间也没有绝对不同。来自语言学、心理学和脑科学的研究成果都充分肯定了聋人手语的语言地位。无论是从乔姆斯基（2002）的普遍语法理论角度看，还是从 Wierzbeka 的普遍语义理论（李炯英，1996）角度看，手语和有声语言有共性。较为完善的手语和有声语言一样具有创造性（Marschark，Everhart，Martin & West，1987）。因此，在同样的文化背景下，对于常见事物，聋人形成的概念组织方式可能未必不同于听人。聋人和听人的分类学联系概念组织的差异可能更多地表现在概念联系的数量和稳定性上。

聋人的生活环境相对孤立，认知活动受到限制。他们的情形可能和中国云南省摩梭人类似，有概念缺乏现象。除文化方面外，摩梭语还比较缺乏代表上位概念的词（沙毓英，1995）。例如，他们有镰刀、锄头和犁等而无农具，有猪、牛和鸡等而无家畜、家禽，有狮子、老虎和狼等而无野兽，如此等等。因此，分类学联系概念形成的过程是先发展基本水平概念后发展上位水平概念。出于归类和认知经济的需要，人们对下位概念与上位概念的联系使用得早而且多，对上位概念到下位概念的联系使用得晚而且少。这些都导致分类学联系概念中上、下位概念之间联系的不对称。下位概念具体，可以形成鲜明的表象；而许多上位概念无法形成清晰鲜明的表象。由于语言障碍，聋生的上位概念要比听生模糊。而且，聋生可能在自己关心的事物特征上有较大的个体差异。从分类学联系概念的结构层次看，一个上位概念一般有多个下位概念，一个代表上位概念的词可能对应于多个代表下位概念的词，表征上位概念的词的数量相对较少。聋人因为语言能力较弱，他们在词汇量上与听人的差异有随着年龄增长差距越来越大的趋势，因此，聋生的反应应该表现出分类学联系概念中上、下位概念间联系不对称性特点。

汉字的表意性特点决定了它和手语有更多相似之处（游顺钊，1991）。例如，日本聋人对汉字数字的记忆优于阿拉伯数字（Flaherty & Moran，2001）。因此，聋人对汉字词的表征和加工可能有其独特性，这种推测与阅读时大脑激活区受文化差异影响的看法一致。在实验材料中，某些表征上位概念的词有标志类别的义符或词素，如“电器”和“花”等，这些有类别标志的上位概念可能更易引起相应的下位概念激活，例如，看到“花”就想起“荷花”和“茶花”等，看到“电”就想起“电脑”和“电视”等。汉语概念名中这种类属标志既有助于汉语科学概念的语义提取，也有助于汉语自然概念的语义提取（张积家、陈俊，2001）。对于上位概念词也有利于下位概念词的提取。概念的语言形式的这种独特性可能会减弱聋生上、下位概念联系的不对称性，使他们表现出和听生类似的趋势。不过这种可能性还有待于进一步研究的证实。

总之，在分类学联系概念中，青少年聋生和听生有相似的概念典型性意识。聋生的上、下位概念间联系比听生弱。青少年聋生分类学联系概念中上、下位概念间联系的这种特点，既有认知发展的原因，也有语言的影响。

第五章

分类学联系概念表征[①]

一、概念序列归类

探讨分类学联系概念的一个常用范式是让被试对概念词进行语义归类。如果被试将表征同一分类学联系概念范畴中不同的概念的词归为同一类，就说明他们有明确的分类学联系意识。参照以往研究（Tyler et al.，2001），本实验使用一个序列语义归类任务（sequential semantic categorization task），其基本程序是，连续呈现表征同一分类学联系概念类别的 3 个下位概念词（启动词），当第 4 个表征该分类学联系概念范畴的下位概念词（目标词）出现时，被试要迅速、准确地判断它和前面出现的 3 个词所表征的概念是否属于同一概念类别。在这一过程中，被试需要激活每个启动词的语义，对连续出现的几个启动词产生类化意识，形成相应的概念类别的心理表征，然后判断最后出现的目标词是否属于该概念类别。完成这一任务时，虽然不存在启动词的语义竞争，但是，被试需要在工作记忆中保留每个启动词的语义及其所属概念类别。因此，概念序列归类研究拟通过序列语义归类任务考察聋生的分类学联系概念表征意识与听生是否存在差异：如果聋生分类学联系意识较听生弱，那么，相对于听生而言，他们可能倾向于难以对低典型性概念成员形成概念类化意识；如果聋生文字能力较弱会影响他们的语义判断，那么，他们对于图片形式呈现的概念刺激的反应应该有助于反映其分类学联系概念的心理表征。

（一）方法

采用 2（听力状态：聋生和听生）×2（启动词典型性：高典型性和低典型性）×2（呈现形式：图片和文字）混合设计。其中，听力状态为被试间变量，另外两个变量为被试内变量，因变量为被试反应时和错误率。

1. 被试

聋生被试 15 人（男生 9 人），平均年龄为 14.3 ±1.4 岁；听生被试共 15 人（男生 9 人），平均年龄为 11.7 ±0.7 岁，为小学 5、6 年级在校生。聋生

---

① 本章内容首次发表在《心理学报》2008 年第 11 期。

的瑞文标准推理测验成绩为48.33±17.59，听生的瑞文标准推理测验成绩为54.33±18.79，统计检验表明，聋生和听生的智力差异不显著，$t=0.90$，$p>0.10$。

2. 材料

参照以往的研究（张积家、董昌峰，2006），确定25个分类学联系概念类别，从16个概念类别的下位概念中各选定3个表征高典型性概念的词（启动词）和1个表征低典型性概念的词（目标词），构成高典型性启动词组；从16个概念类别的下位概念中各选定3个表征低典型性概念的词（启动词）和1个表征高典型性概念的词（目标词），构成低典型性启动词组。如表5-1所示。

表5-1　概念序列归类概念词

	启动刺激	关键目标刺激	干扰目标刺激（图）	干扰目标刺激（文）
高典型性启动词组	饭盒　筷子　碗	盘子	核桃	伞
	斑马　大象　猴	河马	雨靴	手机
	荷花　玫瑰花　木棉花	菊花	电话	瀑布
	床　沙发　椅子	圆桌	公路	日出
	大桥　高楼　体育馆	平房	兔子	打火机
	出租车　地铁　公共汽车	摩托车	水桶	门
	壁虎　鳄鱼　乌龟	眼镜蛇	铁路	渔船
	鼻子　耳朵　舌头	牙齿	鹅	手电筒
	耳环　手表　项链	手镯	雨衣	花生
	菜心　青菜　白菜	芹菜	地球	红绿灯
	木棉树　榕树　松树	柳树	蜡烛	渔网
	苹果　西瓜　雪梨	杨桃	月亮	口红
	篮球　跑步　足球	跳绳	交警	被子
	笔记本　书包　圆珠笔	钢笔	彩虹	枕头
	T恤衫　衬衣　裤子	牛仔裤	象棋	窗户
	法官　护士　教师	司机	气球	照相机

（续上表）

	启动刺激	关键目标刺激	干扰目标刺激（图）	干扰目标刺激（文）
低典型性启动词组	冰箱 空调 饮水机	洗衣机	伞	核桃
	餐桌 茶几 桌子	凳子	手机	雨靴
	牛 羊 马	猪	瀑布	电话
	飞机 火车 面包车	轿车	日出	兔子
	苍蝇 蚊子 蟑螂	蜘蛛	打火机	公路
	笛子 电子琴 鼓	钢琴	门	鹅
	海鸥 猫头鹰 啄木鸟	孔雀	渔船	水桶
	胳膊 脖子 腿	脚	花生	铁路
	饼干 蛋糕 方便面	面包	红绿灯	雨衣
	包子 馒头 玉米	米饭	手电筒	地球
	菠萝 草莓 樱桃	西红柿	渔网	蜡烛
	海马 海豚 金鱼	鲤鱼	口红	月亮
	尺子 毛笔 圆规	本子	窗户	交警
	大炮 导弹 原子弹	手枪	被子	彩虹
	帽子 手套 袜子	鞋子	枕头	象棋
	飞行员 空姐 农民	厨师	照相机	气球

同单词联想研究，对词作典型性、具体性和熟悉性评定。统计分析表明，高典型性启动词的平均典型性评定分数为 5.53 ±0.57，目标词的平均典型性评定分数为4.68 ±0.33，两者差异显著，$t=5.70$，$p<0.01$；高典型性启动词的平均具体性评定分数为5.58 ±0.29，目标词的平均具体性评定分数为 5.43 ±0.46，两者差异不显著，$t=1.56$，$p>0.10$。低典型性启动词的平均典型性评定分数为 4.60 ±0.75，目标词的平均典型性评定分数为 5.44 ±0.65，两者差异显著，$t=3.82$，$p<0.01$；低典型性启动词的平均具体性评定分数为 5.24 ±0.62，目标词的平均具体性评定分数为 5.57 ±0.42，两者差异不显著，$t=1.57$，$p>0.10$。聋生和听生对启动词和目标词的熟悉程度无显著性差异：对高典型性启动词，聋生的平均熟悉性评定分数为 6.11 ±0.63，听生的平均熟悉性评定分数为6.09 ±0.65，$t=0.31$，$p>0.10$；对低典型性启动词，聋生的平均熟悉性评定分数为 5.86 ±0.77，听生的平均熟悉性评定分数为 5.87 ±0.75，$t=-0.06$，$p>0.10$；对目标词，聋生的平均熟悉性评定分数为5.91 ±0.53，听生的平均熟悉性评定分数为 5.91 ±0.70，$t=-0.01$，$p>0.10$。选取

32个来自上述25个概念类别之外的基本水平概念词为填充词并作熟悉性评定。对于填充词，聋生的平均熟悉性评定分数为6.14±0.53，听生的平均熟悉性评定分数为6.11±0.48，两者差异不显著，$t=-0.51$，$p>0.10$。

参照Murphy（2001），对全部词从Internet上获取相应图片并制成大小为300×300像素、格式为jpg的文件。请30名中学听生和30名智力中等以上、无其他生理缺陷和主要使用手语的重度中学聋生，用7点量表进行图文一致性评定。结果表明，聋生和听生图文一致性评定的平均分数差异不显著，聋生为6.04±0.43，听生为5.97±0.68，$t=-1.11$，$p>0.10$。

填充词随机分为2组，分别以文字和图片形式与16套高、低典型性启动词搭配。高、低典型性启动词均以文字、图片形式各呈现2次，目标词和填充词以图片、文字形式各呈现1次。形成128套实验材料。以类似方法构建8套练习材料。

3. 程序

使用SuperLab 4.0编程并通过15寸显示器（1 024×768像素）呈现指导语："屏幕中央将连续出现4个词（图片）。当第4个词（图片）出现时，判断它和前面出现过的词（图片）是否属于同一类事物。如是，按Z键；如不是，按/键。判断要快、要准。"

实验时，首先在白色的计算机屏幕中央呈现红色注视点"+"，50 ms后注视点消失，在注视点消失处出现第一个词（图片）200 ms，然后空屏400 ms，再呈现第2个词（图片）。如此下去，直到出现第4个词（图片），200 ms后空屏，等待被试作出按键反应。被试按键反应以后，呈现红色注视点"+"，进入下一个循环。文字以初号宋体呈现，前3个是黑色的，第4个是蓝色的；图片则是前3幅无边框，第4幅由1个5像素粗的灰色边框包围，以提示被试作按键反应，如图5－1所示。实验在学校计算机室内分小组（每组不超过5人）进行。对被试示范讲解操作要求，对聋生由聋校教师协助并帮助他们运行程序。监督被试练习阶段的操作，如果错误率过高，则向他提示操作要求，要求其再练习一遍。被试独立地完成正式实验。程序自动记录被试的按键反应和反应时。

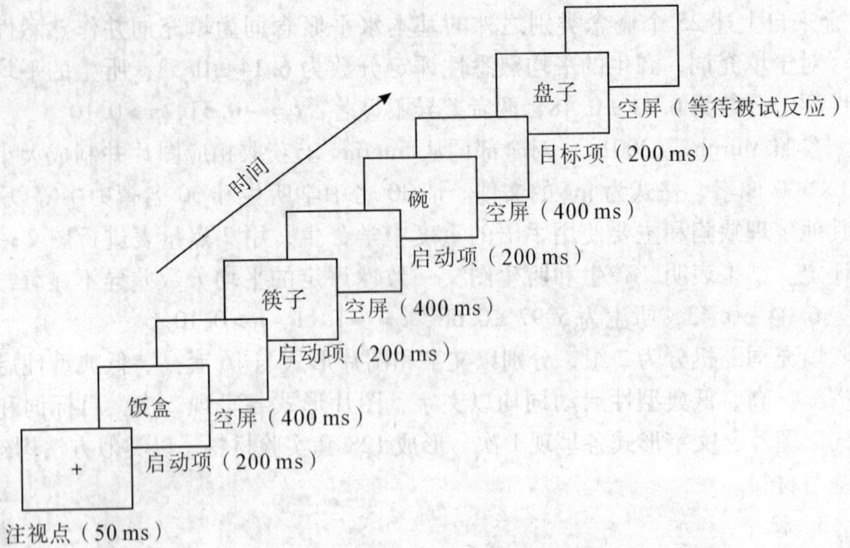

图 5－1　分类学联系基本水平概念序列归类判断流程示意图

（二）结果

剔除错误反应的数据和反应时在 $M \pm 3SD$ 之外的数据，聋生的有效数据为 97.9%，听生的有效数据为 98.3%。结果如表 5－2 所示。

表 5－2　不同处理水平的反应时（ms）和错误率（%）

听力状态	呈现形式	启动词典型性	反应时（$M \pm SD$）	错误率（$M \pm SD$）
聋生	文字	高	493 ± 60	12.90 ± 8.70
		低	523 ± 37	5.90 ± 9.30
	图片	高	539 ± 53	11.20 ± 11.40
		低	596 ± 63	9.10 ± 7.00
听生	文字	高	619 ± 50	6.60 ± 5.50
		低	661 ± 66	4.20 ± 5.10
	图片	高	601 ± 33	7.50 ± 11.30
		低	678 ± 79	9.10 ± 10.30

对反应时进行 2（听力状态：聋生和听生）×2（启动词典型性：高典型性和低典型性）×2（呈现形式：文字和图片）三因素重复两因素混合测量方

差分析表明，听力状态的主效应非常显著，$F(1, 28) = 99.76$，$p < 0.01$，$R^2 = 0.781$；呈现形式的主效应显著，$F(1, 28) = 7.78$，$p < 0.01$，$R^2 = 0.217$；启动词典型性的主效应非常显著，$F(1, 28) = 20.69$，$p < 0.01$，$R^2 = 0.425$，被试对高典型性启动词（$M = 563$ ms）的目标词（自身的典型性低）反应时比对低典型性启动词（$M = 615$ ms）的目标词（自身的典型性高）显著短。呈现形式和听力状态的交互作用显著，$F(1, 28) = 7.89$，$p < 0.01$，$R^2 = 0.222$。其他效应不显著。简单效应分析表明，聋生对图片的反应时比对文字显著长，$F(1, 14) = 24.04$，$p < 0.01$，$R^2 = 0.632$。从表 5－2 可见，虽然三因素的交互作用不显著，但无论启动词是高典型性还是低典型性，聋生对图片的反应时都长于对文字的反应时，差值分别为 51 ms 和 71 ms；听生对文字和图片有不同趋势：启动词高典型性时对图片的反应快于文字，差值为 －23 ms；启动词低典型性时对文字的反应快于图片，差值为 30 ms。如图 5－2 所示。

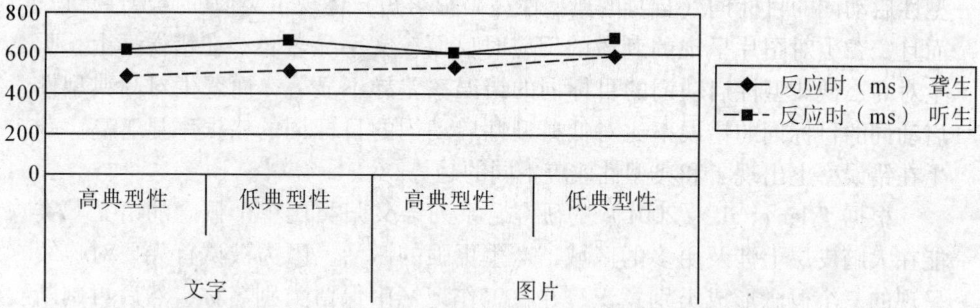

图 5－2　不同听力状态被试在不同呈现形式下对不同典型性启动概念词序列归类的反应时

对错误率进行类似的方差分析表明，启动词典型性的主效应显著，$F(1, 28) = 6.08$，$p < 0.05$，$R^2 = 0.154$。启动词典型性和呈现形式的交互作用显著，$F(1, 28) = 5.79$，$p < 0.05$，$R^2 = 0.146$，简单效应分析表明，被试在低典型性启动词条件下对图片的错误率比对文字高，$F(1, 28) = 13.45$，$p < 0.01$，$R^2 = 0.317$。启动词典型性和听力状态的交互作用边缘显著，$F(1, 28) = 3.54$，$p = 0.07$，$R^2 = 0.112$。其他效应不显著。简单效应分析表明，聋生对高典型性启动词的目标词（典型性低）错误率比低典型性启动词的目标词（典型性高）显著高，$F(1, 14) = 7.32$，$p < 0.05$，$R^2 = 0.343$。如图 5－3 所示。

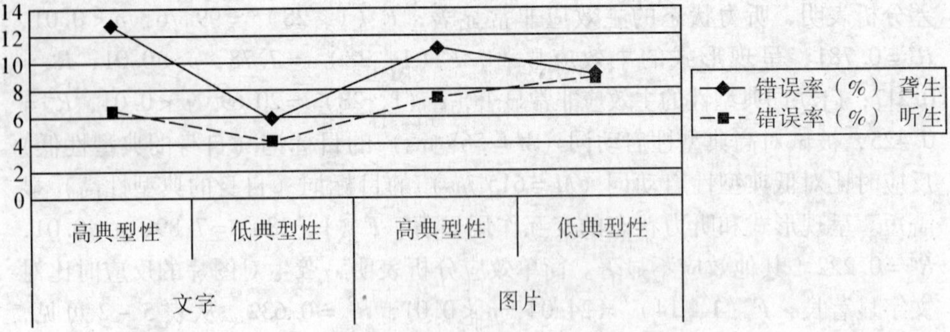

图5-3　不同听力状态被试在不同呈现形式下对不同典型性启动概念词序列归类的错误率

（三）讨论

聋生和听生在语义归类任务中的表现既相似又有不同。在反应时上，聋生和听生对高典型性启动词的目标词（自身的典型性低）反应时都比对低典型性启动词的目标词（自身的典型性高）显著短，体现了类似的典型性意识，而且，聋生对图片呈现的刺激的反应时反而较文字显著长；在错误率上，听生对高、低典型性启动词的目标词的错误率差异不显著，而聋生对高典型性启动词的目标词的错误率比对低典型性启动词的目标词的错误率显著高。聋生在错误率上出现了和典型性效应不同的趋势。

根据 Tyler et al.（2001）的研究，系列语义归类比单个概念的语义归类能在大脑皮层上涉及更多的区域，产生更强的激活。因为被试首先要对连续呈现的三个概念形成类别意识，并在工作记忆中保留类别名称，然后再判断后续的概念是否属于该类别。如果把这一过程分为两个阶段，第一阶段是从启动词呈现到目标词出现之前，第二阶段则是从目标词出现直到判断结束。对听生而言，启动词的典型性高，被试在第一阶段就已经形成了清晰的类别意识，产生的激活高，对目标词的启动大。所以，即使目标词的典型性低，引起的激活弱，也容易打通类别和样例的语义通路，促使其作出正确判断；启动词的典型性低，产生的类别意识弱，引起的激活也弱，其对目标词的启动也小。但是，由于目标词的典型性高，引起的激活水平高，所以也容易打通类别和样例的语义联系，促使其作出正确判断。所以，听生在两种启动词和目标词的条件下错误率就没有显著性差异。但对聋生而言，他们的类别意识形成较慢，因此，在第一阶段结束时，他们的类别意识还较模糊，加之高典型性启动词的目标词属于低典型性样例，所以就导致聋生作出更多的错误反应。第二种可能是，经过启动，聋生也形成了和听生类似的类别意识，但聋生的上位概念（类别名）到下位概念（成员名）的联系弱于听生，类别名对样例名的启动效应弱，导致其反应受启动词的影响小，其反应正确性更多地依赖于目标词本身的典型性。这一解释得到了某些研究结果的支持：Marschark et al.（2004）使用单词自由关联任务研究发现，和大学听生相比，大学聋生从上位概念到下位概念的联系弱于从下位概念到上位概念的联系。究竟属于哪一种情况，还有待于进一步研究。

在实验中，虽然呈现形式的主效应显著，但是，它和听力状态的交互作用也非常显著：聋生对图片的反应时比对文字显著长。无论启动词是高典型性的还是低典型性的，聋生对图片的反应时都长于文字，而听生对文字和图片的反应时有不同趋势：启动词高典型性时对图片的反应快于文字，启动词低典型性时对文字的反应快于图片。聋生在视觉加工上具有优势（Bavelier, Tomann, Hutton, Mitchell, Corina, Liu & Neville, 2000），他们对图片的反应时应短于文字。因此，聋生对图片的反应时明显长于文字显然是由他们对事物的典型性意识较弱而引起的。和听生相比，聋生的分类学联系概念则相对模糊。当图片呈现时，由于图片有丰富的感性特征，冲淡了事物的关键特征，他们将图片与原型相比就要花费更长的时间；而当目标词以词的形式呈现时，由于词舍弃了事物的感性特征，更好地体现了概念的关键特征，所以就容易发现样例与原型之间的相似性，反应时就短。这一推论在对听生的反应分析里被进一步证实。当启动词具有高典型性时，听生可以形成清晰的类别意识，从类别名到样例的自上而下的激活就强；当启动词具有低典型性时，听生形成的类别意识较为模糊，从类别名到样例的自上而下的激活就弱。当自上而下的加工强时，语义决定更多地依赖于自上而下的加工，由于图片比词更能激活样例，所以对图片的反应时就比词短；当自上而下的加工弱时，语义决定更多地依赖于自下而上的加工，由于词比图片更容易和类别名发生联系，所以对图片的反应时就比词长。另一种可能是，聋生虽然具有视觉加工的优势，但是，聋人工作记忆中有较强的形象加工倾向（王敬欣，2000），因此，在对图片进行归类时，当图片连续呈现时，聋生在工作记忆中倾向于储存孤立的事物形象；当需要作出判断时，聋生才对所有的形象表征进行抽象，找到共性。因此，其反应速度就会受到限制。

同分类学联系概念中上、下位概念间联系判断研究：概念序列归类研究还表明，聋生的反应时比听生显著短。之所以如此，可能是由于下述原因：①聋生日常交流中主要使用手语，因而手指灵活，手指运动技能好；②在本实验中，聋生的年龄偏大，动作协调能力可能优于年龄较低的听生；③聋生的视觉较听生敏感，能在较短时间内获取视觉信息（Sánchez Marin, 2003），有可能较早开始并较快完成语义加工；④聋生有满足于一知半解、比较笼统却迅速作出判断的倾向。

二、错误记忆

Dewhurst and Anderson（1999）采用类别联想范式研究虚假记忆。在实验中，被试先学习分属于不同的分类学联系概念类别的词，测验中的诱饵词和学习词属于同一概念类别，然后再认诱饵词和部分学习词（目标词），并作“记得（R）”或“知道（K）”反应。研究表明，虚假再认受类别的样例数影响。当目标词呈现时，记忆表征会被激活。如果某个类别的样例在学习时出现多次，对类别名称的激活就加强了，并扩散到同类别的其他样例，激活它们，降低它们的反应阈限。当未呈现的同类别的样例作为诱饵词出现时，就易误认为它们曾经呈现过。影响虚假再认的因素还有典型性等变量（张积家、董昌锋，2006）。根据原型理论，高典型性的目标词在学习时呈现，不仅激活了目标词自身的概念结点，还激活了类别原型以及与原型接近的样例结点，使它们处于活动状态，并留下激活痕迹。当测验中它们作为诱饵词出现时，内部表征已处于活动状态，就产生熟悉感，更可能被误认为呈现过。低典型性的目标词在学习时呈现，不易激活原型，也不易激活与原型有联系的样例结点，因而就不易发生虚假再认。错误记忆研究欲借助于虚假再认的研究范式，通过控制概念典型性和呈现形式继续考察聋生分类学联系概念心理表征的特点：如果聋生分类学联系意识较弱，那么，在学习阶段相对难以形成概念类化意识，在识别阶段对低典型性目标词的正确再认率就会相对较低。如果聋生文字能力会影响他们概念语义联系的建立，那么，对于图片形式呈现的概念刺激，他们的反应应该能够体现其分类学联系概念意识。

（一）方法

采用2（听力状态：聋生和听生）×2（学习词典型性：高典型性和低典型性）×2（呈现形式：图片和文字）混合设计。听力状态为被试间变量，另外两个变量为被试内变量，因变量为“R”、“K”反应的比率。

1. 被试

聋生被试16人（男生10人），平均年龄为14.5±1.5岁；听生16人（男生9人），来自小学5、6年级，平均年龄为11.3±0.7岁。聋生的瑞文标准推理测验的成绩为49.67±25.60，听生的瑞文标准推理测验的成绩为58.24±20.46，统计检验表明，聋生和听生的智力差异不显著，$t=1.05$，$p>0.10$。

2. 材料

先从13个分类学联系概念类别中每个类别选取3个共39个高典型性样例组成学习词，其中13个为目标词（每个概念类别的3个样例中随机取1个）；

再从这13个类别中选取13个低典型性样例作为诱饵词，这样便形成了高典型性学习词—低典型性诱饵词组合。从另外13个分类学联系概念类别中每个类别选取3个共39个低典型性样例组成学习词，其中13个为目标词（每个概念类别的3个样例中随机取1个）；再从这13个类别中选取13个高典型性样例作为诱饵词，这样便形成了低典型性学习词—高典型性诱饵词组合。从这26个分类学联系概念类别以外的类别中每个类别选取1个共26个样例并随机分为2组，作为干扰词分别搭配到高典型性学习词—低典型性诱饵词组合和低典型性学习词—高典型性诱饵词组合中。如表5-3所示。

表5-3　错误记忆刺激项及相关信息

高典型组学习概念范畴	餐具、动物园动物、花、家具、建筑物、爬行动物、人体器官、首饰、蔬菜、树木、体育运动、食物、职业
高典型组学习概念	碗、筷子、饭盒、斑马、大象、猴、木棉花、玫瑰、荷花、椅子、沙发、床、高楼、体育馆、大桥、乌龟、鳄鱼、壁虎、嘴巴、鼻子、耳朵、手表、耳环、项链、菜心、青菜、白菜、木棉树、榕树、松树、跑步、足球、篮球、米饭、面条、包子、教师、法官、护士
高典型组目标概念	斑马、菜心、高楼、教师、馒头、木棉花、跑步、榕树、手表、碗、乌龟、椅子、嘴巴
高典型组诱饵概念	河马、柳树、梅花、馒头、农民、盘子、平房、芹菜、手镯、跳绳、牙齿、眼镜蛇、圆桌
低典型组学习概念范畴	电器、干果、家畜、交通工具、昆虫、乐器、鸟、食品、衣物、水果、水族动物、文具、武器
低典型组学习概念	冰箱、饮水机、空调、核桃、葡萄干、开心果、羊、马、牛、火车、飞机、船、蚊子、苍蝇、蟑螂、电子琴、鼓、笛子、啄木鸟、猫头鹰、海鸥、蛋糕、饼干、方便面、帽子、围巾、袜子、菠萝、草莓、樱桃、金鱼、海豚、海马、尺子、毛笔、圆规、大炮、导弹、原子弹
低典型组目标概念	冰箱、菠萝、帽子、尺子、大炮、蛋糕、电子琴、海豚、核桃、火车、蚊子、羊、啄木鸟
低典型组诱饵概念	钢琴、蝴蝶、轿车、孔雀、鲤鱼、面包、牛仔裤、手枪、杨桃、圆珠笔、洗衣机、花生、猪

同单词联想研究，对实验词作典型性、具体性、熟悉性和图文一致性评

定。在高典型性学习词—低典型性诱饵词组合中，学习词的平均典型性评定分数为 5.42 ±0.47，诱饵词的平均典型性评定分数为 4.53 ±0.28，两者差异显著，$t=0.40$，$p<0.01$；在低典型性学习词—高典型性诱饵词组合中，学习词的平均典型性评定分数为 4.57 ±0.64，诱饵词的平均典型性评定分数为 5.57 ±0.70，两者差异显著，$t=-4.80$，$p<0.01$。在高典型性学习词—低典型性诱饵词组合中，学习词的平均具体性评定分数为 5.58 ±0.29，诱饵词的平均具体性评定分数为 5.46 ±0.33，两者差异不显著，$t=1.34$，$p>0.10$；在低典型性学习词—高典型性诱饵词组合中，学习词的平均具体性评定分数为 5.36 ±0.57，诱饵词的平均具体性评定分数为 5.61 ±0.33，两者差异不显著，$t=-1.48$，$p>0.10$。在高典型性学习词—低典型性诱饵词组合中，聋生和听生对学习词的平均熟悉性评定分数差异不显著，聋生为 6.08 ±0.66，听生为 6.00 ±0.69，$t=1.03$，$p>0.10$；对目标词的平均熟悉性评定分数差异不显著，聋生为 6.09 ±0.78，听生为 6.02 ±0.72，$t=0.49$，$p>0.10$；对诱饵词的平均熟悉性评定分数差异不显著，聋生为 5.76 ±0.56，听生为 5.80 ±0.87，$t=-0.19$，$p>0.10$；对干扰词的平均熟悉性评定分数差异不显著，聋生为 6.18 ±0.34，听生为 6.10 ±0.44，$t=0.51$，$p>0.10$。在低典型性学习词—高典型性诱饵词组合中，聋生和听生对学习词的平均熟悉性评定分数差异不显著，聋生为 5.71 ±0.75，听生为 5.77 ±0.71，$t=-0.66$，$p>0.10$；对目标词的平均熟悉性评定分数差异不显著，聋生为 5.88 ±0.65，听生为 5.87 ±0.61，$t=0.07$，$p>0.10$；对诱饵词的平均熟悉性评定分数差异不显著，聋生为 6.02 ±0.57，听生为 5.98 ±0.60，$t=0.38$，$p>0.10$；对干扰词的平均熟悉性评定分数差异不显著，聋生为 6.20 ±0.72，听生为 6.08 ±0.83，$t=0.80$，$p>0.10$。所有概念词均从 Internet 上搜得一幅图片，对每个概念词和对应图片作图片、文字一致性评定：聋生的平均评定分数为 5.96 ±0.39，听生的平均评定分数为 5.92 ±0.73，两者差异不显著，$t=-1.22$，$p>0.10$。

3. 程序

使用 Microsoft Visual Basic 6.0 编程，通过 15 寸显示器（1 024×768 像素）呈现指导语："当屏幕出现词（图片）时，请你默读并努力记住它。然后，做一些算术题。当再次出现词（图片）时，请判断是否在做题前肯定见过：如肯定，就用鼠标点击'肯定见过'；如觉得熟悉又不能肯定，就点击'熟悉但又不能肯定'；如肯定没见过，就点击'肯定没有见过'。"

指导语呈现之后，空屏 1 000ms，屏幕中央出现一个词或配有文字名称的图片，词（图片）保留 1 500ms 以后，空屏 1 000ms，然后出现下一个词（图片）。学习结束后，被试进行随机生成的 2 位数加法运算（例如，"56+48=□"）。计算是为了防止短时记忆对再认的影响。聋生的数字表征（Zarfaty et al.，2004）和简单运算的能力（Bull，Blatto Vallee & Fabich，2006）并不比听生差，所以这一任务不会对聋生和听生产生不同影响。向被试反馈计算结果，连续做对3题后开始计时，2分钟后空屏，出现提示字“请判断每个字是否刚刚学习过。”5 000 ms后，提示字消失，屏幕中央出现第一个再认判断字（图片），字（图片）的下方一字排列的分别有下列标题的共3个按钮：“肯定见过”、“熟悉但又不能肯定”和“肯定没有见过”。只要有一个按钮接受被试鼠标按键，该屏消失，进入下一个判断，如图5－4所示。被试的按键反应自动记录。

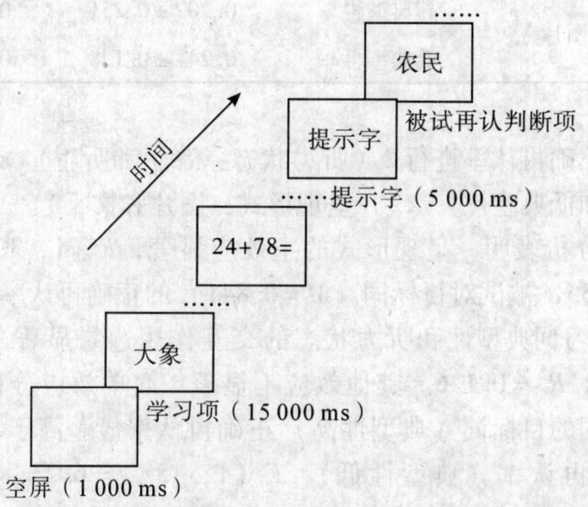

图5－4 分类学联系基本水平高典型性学习概念记忆与再认流程示意图

材料以文字和图片的形式各使用一次，时间间隔为2周。每次分2个阶段，每个阶段高、低典型性的学习词的先后顺序随机而定。实验在学校的计算机室内以小组（5～6人）的形式进行。两位聋校老师协助聋生完成。在讲解完操作要求后，帮助被试运行实验程序，观察被试练习阶段的操作，必要时提供个别指导并重新运行程序。正式实验时被试独立完成。

（二）结果

不论是聋生还是听生，对目标词和诱饵词的“K”反应比率都很低。所以，只统计对目标词和诱饵词的“R”反应的比率，结果如表5－4所示。

表 5-4　各处理水平下诱饵词和目标词的“R”反应比率（%）

听力状态	呈现形式	学习词典型性	诱饵词（$M \pm SD$）	目标词（$M \pm SD$）
聋生	文字	高典型性	0.287 ±0.282	0.839 ±0.12
		低典型性	0.333 ±0.332	0.788 ±0.205
	图片	高典型性	0.417 ±0.379	0.814 ±0.137
		低典型性	0.397 ±0.356	0.711 ±0.191
听生	文字	高典型性	0.159 ±0.152	0.851 ±0.124
		低典型性	0.082 ±0.127	0.885 ±0.161
	图片	高典型性	0.207 ±0.251	0.673 ±0.152
		低典型性	0.241 ±0.198	0.678 ±0.162

对目标词正确再认率进行2（听力状态：聋生和听生）×2（学习词典型性：高典型性和低典型性）×2（呈现形式：图片和文字）三因素重复二因素混合测量方差分析表明，呈现形式的主效应显著，$F(1, 30) = 8.89$，$p < 0.01$，$R^2 = 0.255$，被试对目标词（$M = 0.841$）的正确再认率比对图片（$M = 0.719$）高。学习词典型性和听力状态的交互作用边缘显著，$F(1, 30) = 3.76$，$p = 0.07$，$R^2 = 0.126$。其他效应不显著。简单效应分析表明，聋生对高典型性学习词的目标词（典型性高）正确再认率显著高于对低典型性学习词的目标词的再认率（典型性低），$F(1, 15) = 6.23$，$p < 0.05$，$R^2 = 0.358$。虽然呈现形式和听力状态的交互作用不显著，$F(1, 30) = 1.98$，$p = 0.10$，$R^2 = 0.103$，但是，聋生对词和图片的正确再认率之差为 0.051，听生对词和图片的正确再认率之差为 0.192，听生对两种材料之间的再认率的差距都比聋生大。如图 5-5 所示。

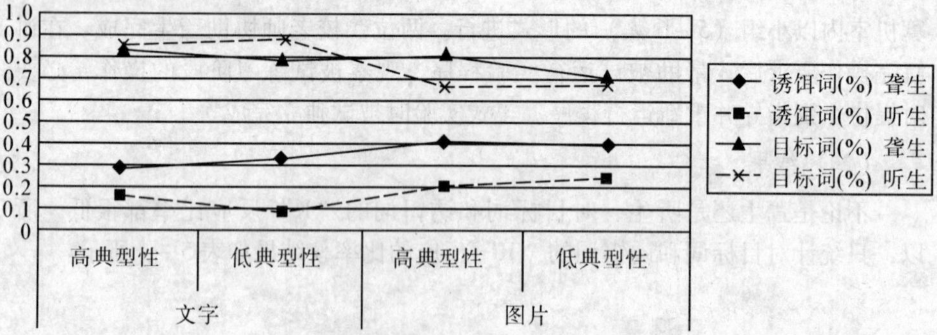

图 5-5　不同听力状态被试在不同呈现形式下对不同典型性诱饵词（错误）、目标词（正确）再认率

对诱饵词错误再认率进行类似方差分析表明，听力状态的主效应显著，F（1，30）$=4.79$，$p<0.05$，$R^2=0.156$；呈现形式的主效应显著，F（1，30）$=5.83$，$p<0.05$，$R^2=0.162$；呈现形式、学习词典型性和听力状态三者的交互作用显著，F（1，30）$=6.01$，$p<0.05$，$R^2=0.142$。简单效应分析表明，在听生对词的反应中，高典型性学习词的诱饵词（典型性低）的错误再认率显著高于低典型性学习词的诱饵词（典型性高），$t=3.651$，$p<0.005$；在听生对低典型性项目的反应中，图片呈现形式下诱饵词的错误再认率高于文字，$t=3.316$，$p=0.005$；在典型性学习词、文字呈现形式条件下，聋生诱饵词的错误再认率显著高于听生，$t=2.857$，$p=0.01$；对于低典型性学习项目，听力状态主效应显著，F（1，30）$=5.716$，$p<0.05$，$R^2=0.180$，聋生（$M=0.365$）诱饵词的错误再认率显著高于听生（$M=0.161$）。呈现形式的主效应显著，F（1，30）$=5.302$，$p<0.05$，$R^2=0.169$，被试对图片呈现形式下（$M=0.319$）诱饵词的错误再认率显著高于文字形式（$M=0.208$）。其他效应不显著。

（三）讨论

在学习阶段，每出现一个词（图片）时，聋生手指总是会伴随打出一种手势。这种手指运动几乎在刺激呈现的同时就开始，瞬间结束。显然，和听生的默读情况一样，这是聋生在重复计算机屏幕上呈现的词。聋生可能在这一过程中完成了基于手语的编码。而且，不论是口语还是手语，都是人类自然语言的交流方式，它们都使人获得正常的语言和认知能力（Marschark et al.，2002）。聋人使用手语交流思想，聋人的语言创造能力也不比听人差（Marschark et al.，1987）。因此，在连续学习了13个类别的39个下位概念名称后，在对目标词的再认中，聋生和听生的准确率都很高且无显著性差异。这说明，聋生的记忆能力至少在再认任务中并不弱于听生。

在本实验中，被试在再认目标词和诱饵词的过程中显示了不同趋势。对目标词和诱饵词，呈现方式的主效应都显著，但方向不同。对目标词的正确再认率，词显著高于图片；对诱饵词的错误再认率，图片显著高于词。出现这种情况，既与概念表征的形式和特点有关，也与正确记忆与错误记忆的过程有关。双重编码理论（Paivio & Csapo，1969）认为，概念表征既可以是语义的，也可以是形象的。模糊痕迹理论（Brained & Reyna，1998）认为，记忆有字面表征和要义表征，对学过项目的正确记忆主要由字面表征驱动，当基于要义表征再认时就会发生虚假再认。源检测框架理论（Johnson，Hashtroudi & Lindsay，1993）认为，刺激细节特征在经历一个事件时被储存在记忆里，源判断的依据是细节特征在数量上的差别。如果细节丰富生动，事件就被认为是经历过而不是想象的；如果细节贫乏模糊，就可以推论事件并未真正发生。由于目标词学习过，所以，当它以词的形式再现时，既有丰富的字面表征，又有足够的语义表征，对再认而言是足够的，从而使正确再认率高；当目标词以图片形式呈现时，由于图片比词有更多细节，反而会对再认起干扰作用，因而再认正确率低。由于诱饵词未学习过，对诱饵词再认主要是依赖语义表征，由于图片提供了丰富的细节，从而导致源检测错误，所以，对图片的错误再认率就比对词高。对听生而言，由于词和图片分别激活了不同表征因而有不同的加工过程，他们更可能受图片形象干扰，所以对图片形式的目标词正确再认率就低，对图片形式的诱饵词错误再认率反而高。聋生无论是对目标词的正确再认率还是对诱饵词的错误再认率，呈现形式的差异都不如听生显著，这说明词和图片更可能激活了聋生同样的心理表征，即形象的概念表征。

已有研究（张积家、董昌锋，2006）表明，高典型性样例更容易产生虚假再认。在本研究中却出现了效应的反转：听生对高典型性学习词的诱饵词（典型性低）的错误再认率反而高于对低典型性学习词的诱饵词（典型性高）。这是由于实验范式的不同造成的。已有研究采用传统的虚假再认范式，学习阶段既有高典型性样例，也有低典型性样例，测验阶段的诱饵词中既有高典型性样例，也有低典型性样例。由于高典型性样例比低典型性样例更易启动类别表征，所以更易产生虚假再认。在本研究中，在学习阶段，被试学习了3个高典型性样例后，更易产生类别意识，激活类别名，启动自上而下的加工；测验阶段出现低典型性诱饵词时，由于类别表征的激活强，所以更易认为诱饵词呈现过。在学习阶段，当被试学习了3个低典型性样例以后，由于低典型性样例在概念表征中距原型远，不易产生类别意识，不易激活类别名，自上而下的加工较弱，此时的虚假再认更多的是由于刺激本身的熟悉感引起，虽然诱饵词的典型性较高，但虚假再认率也低。

本实验中，聋生对高典型性目标词的正确再认率高于对低典型性目标词，听生对高典型性目标词和低典型性目标词正确再认率差异不显著。原因可能有如下两种：①聋生的类别意识较听生弱，他们在学习阶段可能还未对典型性低的学习词形成类别意识。对典型性低的样例，聋生倾向于孤立地对待它们，较难启动自上而下的加工，因而其正确再认率就较低。②不论是图片还是文字呈现的低典型性项目，聋生更倾向于把未学概念误认为学过的。他们对诱饵词错误再认率高就说明了这一点。这说明，聋生的分类学联系概念联系较弱。这与以往关于聋人分类学联系概念中上、下位概念间联系比较弱的结果（Marschark et al.，2004）一致。

三、总的讨论

聋人和听人之间的最大差异莫过于语言。但是，语言并非是决定认知发展的唯一因素。在学龄前语言阶段，幼儿就通过非语言渠道获得对于世界的认知（维果茨基，1999）。在这一方面，聋童和听童之间没有什么不同。语言学、心理学和脑科学的研究结果都一致表明（李德高、张积家，2006），聋人手语是真正的语言。手语和听人的有声语言都具有普遍的成分。因此，和听人处于同样社会文化背景之下的聋人，他们对于世界的认知应该和听人类似。但是，语言影响认知（沃尔夫，2001）。例如，语言可以影响人的颜色知觉、空间认知、数认知和时间认知等（张积家、刘丽虹、谭力海，2005）。因此，手语的独特性特征必然影响聋人对于世界的认知，影响他们的分类学联系概念联系的特点。

手语有自然手语和规范手语之分。自然手语是指未受有声语言影响、较为纯净的手语，是使用者自己创造、主要用于未受教育的聋人中的手语；而规范手语一般要依附于某一有声语言，例如，英国手语和美国手语。自然手语的主要特点是以形象比划为主、词汇量极少、表达的形式简略、使用范围狭窄等。自然手语通过模式手势（molded gestures）和模仿手势（imitative gestures）创造的绝大部分语素都有肖像（iconic）性质，与对照物形态相似（游顺钊，1991）。模式手势比划出的形状和动作取决于工具或物体的形状或使用方法，具体手势是对照物非常亲密的印证；模式手势经过长久的集体合作，已形成习惯，变为反射动作。模仿手势是对对象动作或行动的模仿，或在空中比划出对象形状，例如，以爪形手势模仿动物漫步行走，在空中画一个圆圈代表圆形物体；模仿手势要求说话者必须通过观察、选择和构造，创造出描绘具体事物显著特征的手形。

研究表明，聋童的语言发生和发展阶段都和听童类似（郭誉玫，1984），因此，他们一般在2.5岁左右才被发现有言语听觉障碍，而且，在绝大多数情况下，聋童父母或其他家庭成员及亲戚都不懂手语。如果不能尽早地接受教育，这种手语交流环境的缺乏将导致聋童只能发展一定的自然手语。

研究者认为，中国手语发展还不够完善（顾定倩等，2005）。聋人似乎也有不愿使用它的倾向。因此，青少年聋生的手语能力可能由于未得到适当引导而停留在自然手语的水平上。本实验中的被试也属于这种情况。因此，聋生对于常见事物可能表达为突出的、易于用手语表达的形象。在对一系列词或图片的记忆中，他们都激活同样的基于手语表达的形象表征。所以，在本研究中，出现了聋生反应较少受呈现形式影响的现象。因此，在概念序列归类研究中，被试只需要借助工作记忆就可完成信息加工。对于连续呈现的图片，聋生可能因为有较强的形象化优势（王敬欣，2000），能迅速获取事物的视觉特征形成表象，并借助于功能强大的视觉空间画板（Margaret & Karen，1997）暂时储存这些表象，从而未逐一加工概念的语义。因此，聋生的类别化活动就受到了阻碍，导致其类别意识较听生弱，同时也导致聋生在工作记忆中形成储存信息的形象化倾向。

概念形成是一个需要各种智力参与的复杂的创造过程（维果茨基，1999）。聋童在个人经历基础上，能对基本水平概念进行功能和知觉类化。但是，由于缺乏与周围听人的语言交流，加上自然手语的形象化特点，聋人对事物形成的笼统认识由于得不到精细的解释而停留在模糊阶段。由于自然手语的词汇匮乏这一特点（游顺钊，1991），聋人将不得不结合具体情景，用同样手势表达不同意思。例如，一个可以表示“锅炉里的水不冷不热”的手势，也可以表示“考试成绩中等”，具体含义取决于语境。由于聋生的自然手语有模糊性、情境性特点，因此不利于聋生发展精细的分类学联系概念。这一看法得到已有研究结果的佐证。例如，聋人对有对立语义差异的词进行评定时有明显的趋中趋势（Kethleen，1977）。

概念序列归类研究和错误记忆研究的结果一致表明，聋生只倾向于对高典型性概念作出较为一致的反应。根据原型说，样例围绕原型来组织，原型是典型性最高的样例。样例的典型性越高，彼此之间语义距离越近，就越容易建立类别联系。因此，根据本研究的结果，我们似乎可以对聋生的分类学联系概念作出如下假设：在聋生的分类类别中，高典型性样例和类别联系得较为紧密，低典型性样例与类别联系得比听生松散。这一假设与单词联想研究的发现一致，表明聋生分类学联系概念联系的确弱于听生。

Nelson（1974）研究儿童自然类别成员列举活动时发现，和8岁儿童相比，5岁儿童列举出的成员不仅数量少，而且他们把肉、粥、比萨饼和冰淇淋当作“蔬菜”的成员，把墙、门和垃圾桶作为“家具”的成员。然而，对典型性的样例，两个年龄组的儿童有高度一致性。在本研究中，聋生的概念类别意识可能与5岁的听童有类似之处。他们只能明确高典型性样例的所属类别，对低典型性样例的类别意识比较模糊，难以激活其类别，所以导致其在概念认知中对低典型性样例的所属类别意识不如听生明显。

总之，聋生和听生具有类似的典型性意识，但聋生的类别意识较听生弱。词和图片的呈现方式对聋生反应影响较小。聋生的分类学联系概念有较强的形象化倾向。

第六章

SF 联系和分类学联系

一、语义流畅性

语义流畅性（semantic fluency）任务要求被试在一定时间（通常是 1 分钟）内产生属于某一概念范畴的词。该任务常用于儿童、弱智和脑损伤病人以及听人双语条件下的概念结构研究。人们通过分析产词量等指标来比较被试在语言能力（Roberts & Dorze，1998）和概念组织结构（Ventura，Morais & Kolinsky，2005）等方面的差异。本实验拟通过语义流畅性任务验证如下假设：如果聋生有相对较弱的使用分类学联系和相对较强的使用 SF 联系来组织概念的倾向，那么，在语义流畅性任务中，他们将产生相对较多的体现 SF 联系的词。

（一）方法

采用 2（听力状态：聋生和听生）×2（联系类型：SF 联系和分类学联系）混合设计。听力状态为被试间变量，联系类型为被试内变量，产词量为因变量。

1. 被试

聋生被试 11 人（男生 7 人），平均年龄为 13.8 ±1.5 岁；听生被试 11 人（男生 7 人），平均年龄为 11.5 ±0.6 岁。聋生的瑞文标准推理测验的成绩为 49.67 ±25.60，听生的瑞文标准推理测验的成绩为 50 ±22。统计检验表明，聋生和听生的智力差异不显著，$t=0.571$，$p>0.10$。

2. 材料

参照以往研究（张积家、董昌锋，2006），选用人们较熟悉的分类学联系范畴（食物、衣物、动物、家具和水果）和 SF 联系情景（早餐、正餐、生日宴、冬天穿着和动物园里看动物），针对每个范畴和情景设计 1 个题目，如表 6－1 所示。因为聋生语文能力弱，手语表述形式不同于有声语言（游顺钊，1991），因此，经与一位本人就是聋人的聋校老师修订，确定指导语和题目的文字表述。然后，请这位教师和一位北方成人（女）分别以手语和普通话表述指导语和题目，并进行数字化录像和录音，剪辑后得到 11 个手语录像和 11 个普通话录音文件。

表 6-1　不同概念联系类型语义流畅性题目

分类学联系	SF 联系
水果有哪些？例如，苹果、香蕉，还有什么？	你早餐吃什么？
家具有哪些？例如，桌子、椅子，还有什么？	你过生日吃什么？
食物有哪些？例如，米饭、面包，还有什么？	你冬天穿什么衣服？
衣物有哪些？例如，鞋子、裤子，还有什么？	你午餐吃什么？
动物有哪些？例如，牛、老虎，还有什么？	在动物园里能看到哪些动物？

3. 程序

使用 Microsoft Visual Basic 6.0 编程，控制问题和指令显示、计时、自动进行录音录像记录。除了指令和练习材料之外，对每一个被试，同一概念联系类型的所有问题随机呈现。操作指令如下："对每个用普通话口头（手语）提问的问题，请用普通话口头（用手语）回答。每个问题限时 1 分钟，回答得越多越好。"

参照 Rosselli，Ardila，Salvatierra，Marquez，Matos and Weekes（2002），实验在安静的房间里对每个被试单独进行：房间里放一张桌子和两把椅子，桌子上放一台电脑。被试坐在桌子前面正对显示器，研究者（对于聋生由聋校老师）充当主试，坐在被试旁边，如图 6-1 所示。主试的任务除了操作电脑之外，还要帮助被试顺利回答问题。与刚刚进屋的被试友好交谈，并明确告诉被试录音或录像纯粹出于研究目的。帮助被试坐正使其正对显示器。主试注意被试的问题回答过程。如果被试长时间（约 15 秒）停止回答问题，应提示并鼓励被试继续。因为被试一次回答所有问题太累，所以，根据聋校老师的意见，整个流畅性实验分两个阶段：首先对每个被试把所有 10 个问题随机排序，然后，被试第一次回答 5 个问题，三天后，回答另外 5 个问题。

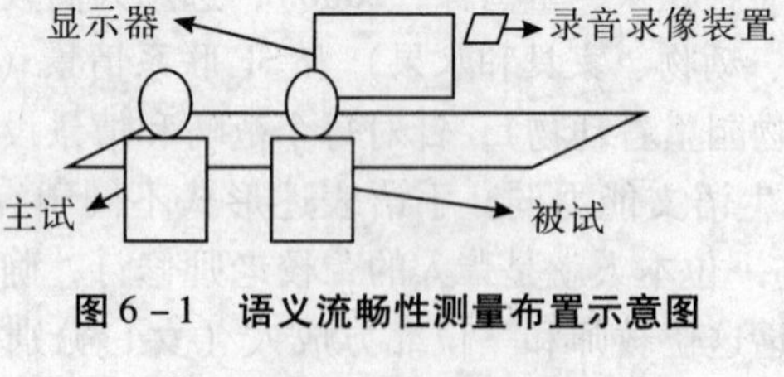

图 6-1　语义流畅性测量布置示意图

当前实验结束后，主试把听生被试回答录音逐字转录成文字材料。出于如下原因，聋生被试的录像材料由被试本人在其老师的协助下转录成文字材料：因为学生来自不同地区，虽然在一起生活有好几年，但是，学校生活毕竟有限，学生之间基于自然手语的词汇有较大差异。例如，对于同一事物，不同的聋生习惯使用不同的手势去表达，因此，某聋生的手语难以确保能被另一个聋生全部看懂。虽然老师能够和学生进行基本的语言交流，但是，老师主要使用中国手语，而学生主要不使用中国手语，老师常常看不懂学生的某些手势，所以，老师也不能确保完全看懂聋生的手语录像。因此，只能由聋生被试本人事后转录自己的手语。为了减少语言文字能力对其转录效果的影响，请老师协助被试转录录像材料，这样，当被试遇到写不出的字的时候，老师与之讨论，确保被试的所有回答手势都能得到转录。

（二）结果

每个被试对每个问题的回答转换成词表。对于聋生被试，剔除书写不清者，获得有效数据比率为 98.9%。根据协助聋生文字转录的老师的报告，有的聋生可能有意省略了重复词，因此，听生被试回答中的重复词也予以删除。结果如表 6－2 所示。

表 6－2　不同听力状态被试回答不同联系类型问题时的产词量（个）

听力状态	联系类型	产词量（$M \pm SD$）
聋生	分类学联系	7.37 ± 3.86
	SF 联系	7.54 ± 3.40
听生	分类学联系	13.11 ± 5.03
	SF 联系	12.37 ± 5.53

对产词量进行 2（听力状态：聋生和听生）×2（联系类型：SF 联系和分类学联系）二因素混合测量方差分析表明，听力状态主效应显著，$F(1, 20) = 25.643$，$p < 0.01$，$R^2 = 0.562$，聋生（$M = 7.45$）的平均产词量显著低于听生（$M = 12.74$）。虽然联系类型主效应不显著，联系类型和听力状态的交互作用不显著，但是如图 6－2 所示，听生对于分类学联系问题的产词量似乎趋于高于 SF 联系问题的产词量，而聋生的产词量则好像呈现相反的趋势。

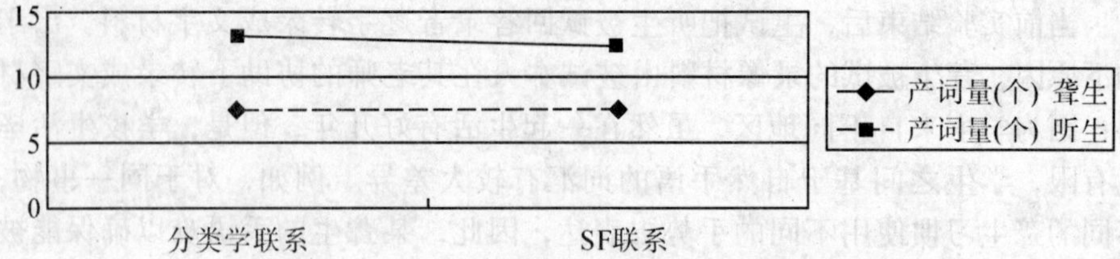

图6-2 不同听力状态被试对不同联系类型问题的产词量

当分别把聋生和听生对不同联系类型问题回答所有用词一并考虑的时候，这种不同听力状态被试对不同联系类型回答的不同趋势将更加明显：配合度检验表明，虽然不论对于分类学联系（$\chi^2_{1,N=591}=42.821$，$p<0.01$）还是SF联系（$\chi^2_{1,N=524}=20.241$，$p<0.01$）问题，听生都能比聋生使用更多的词汇，但是，分别计算聋生和听生在回答两种问题时使用不重复词的数量的差，聋生回答 SF 联系问题的不重复词数量比回答分类学联系问题时多 33 个(17%)，而听生则多 -10 个（-3%）。因此，和听生相比，聋生回答 SF 联系问题时的词汇运用能力似乎趋于较回答分类学联系问题时强。

（三）讨论

在言语产生过程中，被试首先需要确定说什么，然后选择适当的词并说出它。语义流畅性是一个受多种因素影响的复杂活动。比如说，语义表征是否得到迅速提取，选择的词是否合适。工作记忆及中央控制器在语义搜索和避免重复的认知活动中起着重要的作用。对于聋生被试，他们还可能受到更多的社会因素影响。

聋生使用手语而听生使用口语来回答同样的问题。一方面，可能与 Marschark（1996）关于美国聋人的研究情况相似，聋生的手语表达通常比较耗时，他们可能在同样的时间内产生比听生数量较少的词；另一方面，游顺钊(1991）的研究表明，没有有声语言经验、没有接受教育、身边没有其他聋人的离群聋人，其词汇量只有 250 个左右。据此可以推测，本实验中聋生手语表达形式可能较听生少。研究者与聋生被试所在学校学生交流中有这样的现象：一个男生知道如何用手势表达计算机，如主机和鼠标等事物，但是，对于显示器，他却没有现成的手势。他询问旁边的一个似乎对于事物名称的手势表达有某种权威的男生，也没有得到答案。因此，本实验中，聋生语义流畅性任务中产词量比较低的现象，可能是因为他们现成的手势数量比较少的缘故。此外，聋生在问题回答过程中非常专注。从面部表情看，他们无暇注意身边发生的其他事情。可见，聋生不仅在手势选择过程中有难度，在语义提取过程中似乎也比较困难。

有的聋生在家庭中似乎还受到歧视。例如，一个男生对于“您过生日吃什么”问题只回答了一个概念词，“蛋糕”。主试要求他多说一些的时候，他回答说“妈不给我过生日”。可以想象，这种家庭歧视必然会限制他的生活经历。与此相反的情况是，有的聋生可能会受到过多关爱，其社会生活实践的机会也必然会受到限制。身边的人似乎可怜他们，但对他们也不抱有太大出息的希望。例如，一个男孩做错了事情，他不会受到应有的惩罚，因为人们认为他与普通孩子不同。在聋校，聋生似乎受到了过多的来自老师的照顾。老师的奉献精神固然可敬，但是，聋生独立生活的实践锻炼机会却因此大打折扣。

导致聋生较低产词量的另一个原因是，他们似乎倾向于孤立地看待事物（Strassman，Kretschmer & Bilsky，1987）。因为他们关于概念之间的联系意识可能比较弱，因此，其词产生的速度可能减慢。也就是说，他们可能知道许多事物，但是不能激活相应的心理表征。

不论影响聋生语义流畅性任务产词量的因素有多少，关于他们相对分类学联系较强的SF联系意识的证据似乎不足，因为这种倾向只是体现在聋生比听生较低的产词量中。因此，有必要进一步实验考察这一不同于听生的倾向的存在可能。

二、自由归类

自由归类（free classification）是概念结构研究中经常采用的一项技术（Ross & Murphy，1999）。通常，人们同时呈现全部刺激，要求被试任意地把所有刺激项目分成尽量多的项目组。研究者处理数据结果的时候，常常先将分组结果转换成数字方阵，然后借助于多维标度（multi-dimensional scaling，简称MDS）分析、揭露被试自由归类结果所反映的其概念组织的特点（张积家、和秀梅，2004）。MDS分析能够把数据方阵转换成一、二、三维和多维空间图，使具体的数据以空间中点的形式出现，而点与点之间的距离反映了原矩阵中数据之间的不相似程度。如果空间图中两个点之间的距离较远，说明原来矩阵中相应数据之间的差异较大；如果相反，则说明相似性程度较高。MDS分析的两个指标是*S-Stress*和*RSQ*，分别体现MDS模型结算结果与数据矩阵之间的拟合程度和数据之间的差异得到解释的程度。*S-Stress*值越小说明拟合程度越高，*RSQ*值越大说明原数据之间的差异得到解释的比例越高。MDS分析是一种应用广泛的数据统计技术，例如，人们用它进行诸如概念结构分析（张积家、和秀梅，2004）、宗教信念结构分析（Brown & Forgas，1980）、青年人价值观结构分析（Robinson & Paramo，2007）和政治意向结构分析（Forgas，Laszlo，Siklaki & S. Moylan，1995）等方面的分析。

本实验参考 Wills and McLaren（1998）序列自由归类范式，按顺序呈现一定数目的概念词。每当一个概念词呈现出来的时候，被试必须作出决定：把它归到已经分类的词组中，或者让它成为新的一组的第一个成员。对各项目一旦作出决定便不能更改。而且，在当前概念词完成归类之前，下一个概念词不出现。如此下去，直到所有概念词归类完成为止。

食物是人们最为熟悉的一类事物。关于食物，人们有丰富的经历。Ross and Murphy（1999）的研究表明，除了分类学联系之外，即使成年人也有较强的 SF 联系意识。例如，对于一种先烤后蒸的面食，既可以将其看作是一种面食，也可以看作一种早餐食用的食物。因此，本实验作如下假设：如果和听生相比，聋生的 SF 联系意识相对分类学联系较强，那么，聋生食物概念词的自由归类的 MDS 分析结果将体现其相对听生较强的 SF 联系倾向。

（一）方法

1. 被试

聋生被试 28 人（男生 18 人），平均年龄为 13.8 ±0.8 岁；听生被试 32 人（男生 20 人），平均年龄为 11.3 ±0.5 岁。聋生（49 ±23）的瑞文标准推理测验分数和听生（45 ±26）没有显著性差异，$t=0.368$，$p>0.10$。

2. 材料

在语义流畅性研究被试对食物相关问题的回答中选择重复率最高的 52 个词，如表 6－3 所示。熟悉性评定结果表明，中学聋生（5.23 ±0.82）的熟悉性评定分数和中学听生（5.45 ±0.76）没有显著性差异，$t=1.13$，$p>0.10$。此外，经与专家讨论，增加 6 个地方色彩比较浓厚的食物概念词。这 6 个词的事后评定表明，中学聋生的熟悉性评定分数和中学听生没有显著性差异。因此，实验材料为 58 个食物概念词。所有概念词使用 Photoshop 7.0 制作成 110×80 像素的 jpg 格式的图像文件。

表 6－3　自由归类食物概念词

白菜、包子、饼干、菠萝、菜心、草莓、蛋糕、方便面、汉堡包、胡萝卜、火龙果、鸡翅、鸡蛋、鸡肉、鸡腿、饺子、橘子、可乐、苦瓜、榴莲、馒头、米饭、面包、面条、蘑菇、牛奶、牛肉、苹果、葡萄、巧克力、芹菜、青菜、薯片、薯条、桃、土豆、西瓜、西红柿、虾、香蕉、蟹、雪糕、雪梨、鸭肉、杨桃、樱桃、油条、鱼、玉米、猪肉、粽子、咸菜、肉粥、稀饭、肉汤、米线、河粉、卤菜

3. 程序

使用Jscript编程并通过15寸显示器（1 024×768像素）呈现指导语："有一组词，请根据意义把它们分成尽量多的组。具体操作是，用鼠标点击显示器顶端最右边的词，如果显示屏下部有它可以归为一组的，就点击它；如果没有，就点击显示屏上的右指向箭头。"如图6－3所示。

图6－3 食物概念词序列自由分组计算机操作界面示例

对每个被试，模仿扑克牌游戏，全部概念词卡片随机排序后，一字层叠摆放在显示器顶部，左右占据屏幕宽度，显示器其他部分空白。其中，最右边一张卡片裸显，其他文字卡片从右往左排列，每张卡片只露出左边线，其他部分压在右边卡片之下，不可视。最右边一张卡片先接受操作，然后从显示器顶部消失，出现在显示器下部被放置的位置，原来被压在下边的第二张裸显。被试永远只能对裸显卡片操作，直到全部卡片被移动完毕。程序自动记录被试的操作结果。

第一张卡片操作：用鼠标点击层叠卡片最顶上一张，然后，点击左下边的右指向箭头，右指向箭头将右移，卡片将自动放置到右指向箭头左边，大小变为80×60像素。

第二张卡片操作：用鼠标点击层叠卡片的最顶上一张，如果该卡片上词表征的概念可以和刚才移动的卡片归为一组，则点击它，第二张卡片将自动放到前一张的右侧，大小变为80×60像素；如果不能和刚才拖放的卡片归为一组，则点击右指向箭头，右指向箭头将右移，第一张卡片右侧将出现一个分界线，第二张卡片将自动放到分界线右侧，大小变为80×60像素。

第三张及以后的卡片操作与第二张相同。每当新的食物概念词裸露的时候，被试都必须把它和已经分组的概念词进行比较，判断它是否可以和某个已经分组的概念词放在一起，直到显示器顶部全部词卡移动完毕。

测验包括练习阶段和正式实验阶段。研究者充当主试并由两名心理学研究生协助，对聋生还有两位聋校老师协助。实验在被试所在学校局域网计算机室分组（聋生每组不多于10人；听生每组不多于16人）进行。通过投影演示讲解练习阶段操作。被试练习阶段受到监督和个别指导，正式阶段独立完成。

（二）结果与讨论

初步浏览被试分组，结果发现，1 名聋生把 58 个概念分成了 45 组，与其他被试分组数相差太多，数据予以剔除；1 名听生中途关闭计算机，相应数据不参与统计分析。最终参与统计的有效被试，聋生为 27 名，听生为 31 名。参考张积家、和秀梅（2004）的做法，首先把聋生的所有分组结果转换为一个方阵：以 58 个概念名称为行、列标签，每个行列交叉处为对应概念刺激归在一起的词数。然后，对方阵进行多维标度分析，获得一幅体现听生对 58 个食物概念词自由归类结果的概念结构二维空间图，如图 6－4 所示。同样，获得体现聋生的食物概念词自由归类结果的概念结构二维空间图，如图 6－5 所示。

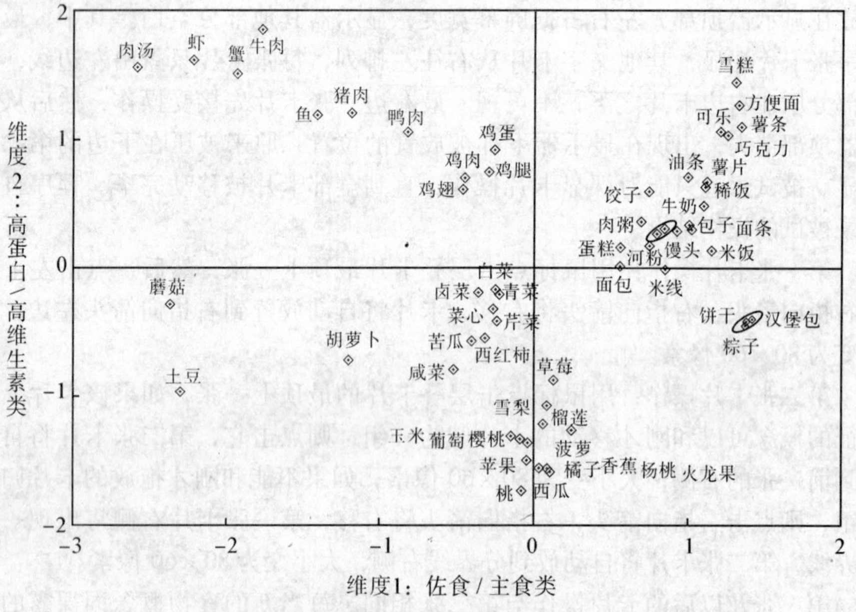

图 6－4　听生食物相关概念词自由分组线性拟合散点图（*S-Stress* = 0.18　*RSQ* = 0.89）

如图 6－4 所示，听生食物自由分类的坐标空间图的两个维度可以分别命名为佐食/主食（横轴）和高蛋白/高维生素（纵轴）。听生似乎主要根据各种食物是否最有助于充饥或者是否有营养价值这两个语义维度进行归类，而且，他们把 58 个概念词清楚地分成了水果、蔬菜、高蛋白食物、主食和零食等几个常见的子类，体现了其分类学联系概念的层次性结构意识。然而，据图 6－5 所示，横向似乎体现聋生根据食物的常见性程度进行归类的倾向；从纵向看，聋生似乎也依据食物的营养特点归类，但是，他们缺乏蔬菜这个重要子类。因此，聋生食物自由分类的多维标度分析坐标空间图的两个维度不妨分别命名为常见/不常见类食物（横轴）和水果/肉蛋类（纵轴）。较为明显的是，聋生似乎把馒头、米饭、河粉等主食和土豆、青菜等蔬菜归为一个大组。

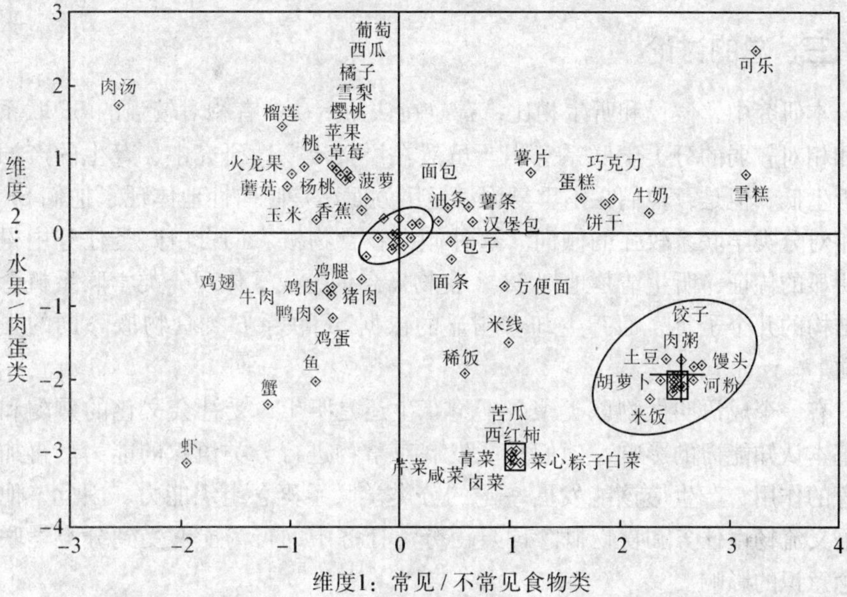

图6－5　聋生食物相关概念词自由分组线性拟合散点图（*S-Stress*＝0.19 and *RSQ*＝0.90）

多维标度分析表明，聋生的食物概念词自由归类结果似乎强化了语义流畅性实验中揭示的他们可能有独特的相对听生较强SF联系意识的倾向。也许有人会觉得本实验中以文字形式呈现的刺激材料会影响聋生结果的可靠性，因为聋生文字和阅读能力可能较听生弱。聋生已经接受了数年教育，学会了汉字。而且，学校教育有助于儿童发展和完善分类学联系概念组织意识。以文字形式呈现刺激可能有助于激发聋生根据分类学联系进行归类食物的倾向意识。如果汉字能力较弱影响他们的归类，那么，他们的归类结果应该也体现不出分类学联系概念的子类层次性结构。然而，聋生的分类结果也体现了其分类学联系概念组织意识，例如，聋生清楚地把水果归在了一起。

进一步观察聋生的归类结果发现，他们可能比听生有较强的依据SF联系归类食物的倾向。首先，聋生把油条、面包、包子和面条同其他比较容易充饥的食物分离开来。他们似乎忽略了这些能够充饥的食物应该和米饭放在一起的合理性，这可能是因为，米饭是中午饭或者晚饭时吃的主食，而油条、面包、包子和面条等是早餐食物。因此，与SF联系所依赖的具体事件情景相比，他们似乎把主食的较强充饥属性的相对抽象的特点置于次要地位。其次，聋生把众多蔬菜和米饭等主食放在一起，表明他们可能有较强的主餐意识：中午饭和晚饭时，米饭和蔬菜总是同时食用。可见，和听生相比，聋生在食物概念词自由归类任务中有相对较强的SF联系意识和相对较弱的分类学联系意识。

三、总的讨论

本研究中，假设和听生相比，聋生在认知活动中有相对较强的SF联系意识和相对较弱的分类学联系意识。虽然在语义流畅性研究中，聋生的产词量较听生低，但是，他们在不重复词汇运用方面还是倾向性地体现了他们SF联系相对分类学联系较强的倾向。这种倾向在食物概念词自由归类任务中得到了明显的佐证：听生清楚地把58个食物概念词分成了体现分类学联系概念层次结构的几个子类，而聋生却有明显的依据SF联系归类食物概念词的强烈倾向。

有一个成语叫做物以类聚。不论聋生还是听生，受社会文化的熏陶和自身基本认知能力的影响，他们都能发展对事物进行分类组织的能力。再加上教育的作用，聋生应该能发展一定的分类学联系概念组织能力。因此，他们在语义流畅性任务和食物概念词自由分类任务中的行为能够受到分类学联系概念意识的影响。

分类学联系并非人们组织事物认识的唯一概念联系类型。即使是成年听人也会把一种先蒸后烤的面食看作是一种面包（分类学联系）或者看作是一种早餐食物（SF联系）（Nguyen & Murphy，2003）。一般来说，随着年龄的增加，儿童对SF联系的依赖性越来越弱，而分类学联系意识则逐渐发展完善（Lucariello & Nelson，1985）。本研究中，聋生的平均年龄比听生大2岁多，其概念结构发展应该比听生更加完善，应该有更大的可能性避免使用SF联系来组织概念，但是，他们和听生相比，似乎有相对较强的SF联系意识：在语义流畅性任务中，他们回答SF联系问题时充分运用词汇的能力似乎比他们回答分类学联系问题时强；在食物概念词自由归类任务中，其分类结果清楚地体现了他们相对较强的SF联系意识倾向。因此，聋生的概念结构中可能有相对听生较强的根据生活经历组织概念知识的倾向，而他们的分类学联系概念结构意识发展可能比听生有所延迟。

受年龄、语言和背景知识等因素的影响，不同人群有不同的概念结构组织特点。聋生分类学联系意识发展相对缓慢和SF联系意识相对较强的特点也可能有其语言能力方面独特的原因。语言影响概念发展是既定的观点，分析聋生概念联系意识发展受到其语言能力影响的心理现实将有助于指导聋人教育发展。聋生的童年可能是相对比较孤独的。他们进入学校，期望得到教育，但同时也遇到了新的挑战。多数学校以有声语言为授课语言，不鼓励学生发展手语。一方面，多数老师没有聋人的生活经历，他们参加聋人教育工作之前可能不懂聋人手语。他们被要求掌握基于拼音的指法手语，并使用它作为辅助工具进行教学实践。其实，老师们经常不得不从学生那里学习一些手势以便提高与学生的交流效率。另一方面，学生需要花极大精力学习口语，因为口语教学是主要的语言教学目标。然而，事实上，学生往往偏爱使用手语（Klatter Folmer，Kolen，Hout & Verhoeven，2006）。手语是聋生的主要语言。在本项研究中，研究者因为不懂手语，所以，经常与聋生进行文字形式的当面交流。交流中发现，初中 2 年级以下的聋生对于以笔代手的交流方式表示接受，然而，对于高年级，特别是高中聋生，他们相对比较缺乏耐心。这与 Stokoe（2005）关于聋童随着年龄增长，越来越局限于聋人之间的交往的结论一致。由于语言实践少，聋生的有声语言能力趋于停留在较低水平上。

虽然聋人中不乏幸运儿，他们从小受到足够的特别关照，其语言能力得到正常发展，接受和听生同样程度的教育，但是，多数聋人主要因为有声语言能力差而导致知识学习及其他困难。有研究表明，中国聋校课堂语言效率存在严重问题（何文明，2003）。因此，人们急切要求重视聋人手语，发展中国手语（陈少毅、兰继军，2003），不要强迫所有聋生都学口语（梅芙生，1999），要重视手语的作用（胡雅梅、牛玉柏，2003）。

自然手语词汇和汉字之间在结构上有很大相似性（王静，2008）。游顺钊（1991）考查离群聋人自然手语和部分甲骨文字发现，自然手语词汇的时空顺序和汉字中隐藏的时空顺序相同。Flaherty & Moran（2001）发现，日本成年聋人对于汉字形式的数字的记忆广度和听人相同，研究者认为，和拼音文字相比，日本汉字的视觉特点可能更加适合聋人的视觉记忆能力发展特点（Emmorey，Kosslyn & Bellugi，1993）。因此，也许有这样一种可能，如果不强迫聋人学习拼音，而注重字形教育，聋人汉字的学习效率可能会得到显著提高。如果聋人能够迅速掌握汉语书面语，那么，他们的知识学习速度肯定会得到大幅度提高。

总之，虽然语言发展落后导致青少年聋生语义流畅性任务中产词量较听生低，但是，他们对于 SF 联系问题的回答似乎有相对分类学联系问题较强的词汇运用能力。在食物概念词自由归类任务中，他们表现出对 SF 联系有明显相对较强的依赖倾向。提高聋生的语言能力的有效途径也许应该是首先注重汉字字形教育而不是过分强调语音教学。

第七章

主题关联联系和分类学联系

一、主题关联联系促进分类学联系概念成员所属类别判断

假定有3个概念词A、B和C，A是某分类学联系概念类别的名（例如，昆虫），C是A的下位概念（例如，蜘蛛），B不属于A却和C有主题关联联系（例如，蜘蛛网）。在实验中，先呈现A，然后A消失。从A消失处的下一行开始，分上下两行同时呈现B和C，被试判断B和C中是否有属于A者，如表7-1所示。由于受阅读习惯的影响，在A消失之后，被试会首先看到B，然后再看到C。如果B和C之间联系强，那么根据SAM，被试看到B后会激活C的心理表征，判断C所表征的概念是A的成员速度会更快，准确率会更高。Lin and Murphy（2001）采用该范式证实，成人对C是A的成员的肯定判断受到B、C间主题关联联系的显著的促进，表明主题关联联系在成人概念结构中有着相当重要的地位。主题关联联系促进分类学联系概念成员所属类别判断研究，用此范式考察青少年聋生对分类学联系概念中基本水平概念的所属类别判断是否会和听生一样受到主题关联联系的促进。如果聋生倾向于根据主题关联联系组织概念，对分类学联系概念中的上位概念A，聋生判断其概念成员C属于A时可能会在更大程度上受到B和C之间主题关联联系的促进。

（一）方法

采用2（听力状态）×2（概念组合）混合设计。听力状态的两个水平是：聋生和听生。概念组合的两个水平是：① C是A的成员，B不是A的成员但和C有主题关联联系；② C是A的成员，B不是A的成员且和C无联系。因变量为被试迫选判断的反应时和错误率。

1. 被试

聋生14人（男生9人），平均年龄为13.2±1.0岁，来自小学5、6年级和初中1年级；听生14人（男生8人），平均年龄为10.8±0.8岁，来自小学4、5、6年级。聋生（40.5±5.8）和听生（39.9±4.8）瑞文标准推理测验成绩差异不显著，$t=-1.11$，$p>0.05$。

2. 材料

参照Lin and Murphy（2001），选定15个类别名（A）以及相应的22个

概念成员（C），对C配以一个与之有主题关联联系的词（B），确定22套主题组合（简称主题）。对主题组合的A、B和C进行熟悉性评定，并评定B和C之间主题关联联系强度以及C的典型性。结果表明，聋生（5.50±0.61）和听生（5.57±0.51）对A的熟悉性评定分数差异不显著，$t=-0.55$，$p>0.05$；聋生（6.08±0.86）和听生（5.96±0.62）对B的熟悉性评定分数差异不显著，$t=1.12$，$p>0.05$；聋生（6.05±0.75）和听生（5.98±0.56）对C的熟悉性评定分数差异不显著，$t=0.87$，$p>0.05$。聋生（6.16±0.50）和听生（6.26±0.39）对B和C之间主题关联联系强度的平均评定分数差异不显著，$t=-0.82$，$p>0.05$。C的典型性评定分数为5.57±0.59。

选定20个类别名（A）及相应的22个概念成员名（C），对C配以和它无联系的词（B），确定22套分类组合（简称分类）。对分类组合的A、B和C进行熟悉性评定，并评定B和C之间的主题关联联系强度以及C的典型性。统计表明，聋生（5.43±0.76）和听生（5.54±0.05）对A的熟悉性评定分数差异不显著，$t=-1.12$，$p>0.05$；聋生（5.97±0.64）和听生（5.94±0.72）对B的熟悉性评定分数差异不显著，$t=0.77$，$p>0.05$；聋生（5.88±0.60）和听生（5.80±0.67）对C的熟悉性评定分数差异不显著，$t=0.97$，$p>0.05$；聋生（2.19±0.71）和听生（2.23±0.59）对B和C之间主题关联联系强度的平均评定分数差异不显著，$t=1.52$，$p>0.05$。C的典型性评定分数为5.49±0.67。

另外选定15个类别名（A）和另外22个具体概念名（C），C不是A的成员，对C配以与之有主题关联联系的词（B），确定22套主题关联联系的填充刺激组合（简称主题填充）；选定20个类别名（A）和另外22个具体概念名（C），对C配以和它无联系的词（B），确定22套无联系的填充刺激组合（简称无关填充）。被试对填充材料的反应不纳入统计。

表7－1　各种刺激组合概念词列表

组合	A	B	C
主题	昆虫	蜂巢	蜜蜂
	家具	枕头	床
	身体器官	手套	手
	文具	学生	书包
	交通工具	铁路	火车
	职业	医院	医生
	建筑物	书	图书馆
	首饰	手指	戒指

（续上表）

组合	A	B	C
主题	电器	冰淇淋	冰箱
	职业	庄稼	农民
	动物	巢	鸟
	车辆	司机	出租车
	船舶	港口	客轮
	职业	黑板	教师
	身体器官	鞋子	脚
	家禽	鸡蛋	母鸡
	昆虫	荷花	蜻蜓
	动物	沙漠	骆驼
	动物	桃子	猴子
	建筑物	电梯	高楼
	工具	钉子	锤头
	职业	飞机	飞行员
分类	自然灾害	草	洪水
	职业	污水	警察
	雨具	渔网	雨鞋
	衣物	渔船	牛仔裤
	衣物	骷髅	围巾
	武器	地板	导弹
	文具	蜘蛛	尺子
	卫生器具	橘子	水桶
	体育运动	粉笔	网球
	水族动物	香水	虾
	水果	狼	葡萄
	水果	蚊子	香蕉
	树木	空调	松树
	爬行动物	口红	蛇

（续上表）

组合	A	B	C
分类	谷物	鱼	米
	节日	枪	春节
	交通工具	孔雀	公交车
	建筑物	藕	教学楼
	家禽	瓜子	鸭子
	家具	花园	桌子
	公共设施	面具	公园
	动物	蜘蛛网	梅花鹿

3. 程序

使用 SuperLab 4.0 编程并通过 15 寸显示器（1 024×768 像素）呈现指导语："屏幕中央出现 1 个概念名称时努力记住它。概念名称消失后，会出现两个具体事物名称。如果其中有属于刚才呈现的类别的，就按 Z 键；如果没有，就按/键。反应要快、要准！"

首先在显示器中央偏上两行处呈现红色"+"字。500 ms 以后，"+"消失，在屏幕中央偏上 1 行处出现一个黑色概念名（A）。1 500 ms 后，A 消失，在中央偏下 1、2 行处分别各出现 1 个蓝色词（B 和 C），等待被试按键反应，如图 7－1 所示。计算机记录按键和反应时，A、B 和 C 的呈现顺序和空间位置事先确定并形成固定组合，各个组合的先后顺序随机生成。3 名心理学研究生充当主试（对聋生另有 2 名聋校老师协助），在计算机教室分组（每组不超过 5 人，每人一台计算机）测验。给被试示范并讲解操作要求，帮助其运行程序并监督其练习阶段的操作。在正式实验阶段，被试独立完成实验。

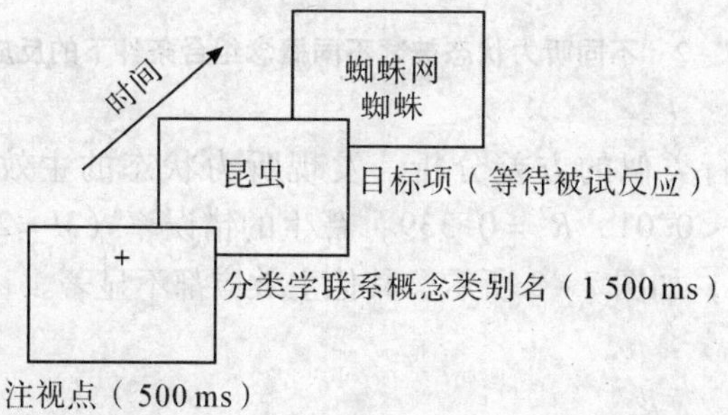

图 7－1　主题关联联系促进分类学联系概念成员所属类别判断流程示意图

（二）结果

只考虑被试对主题和分类的反应时和错误率，剔除错误按键和反应时在 $M \pm 3SD$ 之外的数据，聋生的有效数据率为98.3%，听生为98.6%。结果如表7－2所示。

表7－2　各处理水平下的反应时（ms）和错误率（%）

概念组合	听力状态	反应时（$M \pm SD$）	错误率（$M \pm SD$）
主题	聋生	855 ±194	25.4 ±22.3
	听生	1 025 ±193	8.0 ±6.9
分类	聋生	921 ±218	29.3 ±17.0
	听生	1 074 ±197	8.8 ±7.0

反应时的2（听力状态）×2（概念组合）两因素混合测量方差分析表明，听力状态的主效应显著，$F(1, 26) = 5.490$，$p < 0.05$，$R^2 = 0.164$，聋生的反应时（$M = 888$ ms）显著短于听生（$M = 1\,050$ ms）。概念组合的主效应显著，$F(1, 26) = 5.617$，$p < 0.05$，$R^2 = 0.167$，被试对主题的反应时（$M = 940$ ms）显著短于对分类的反应时（$M = 998$ ms），如图7－2所示。听力状态和概念组合的交互作用不显著。

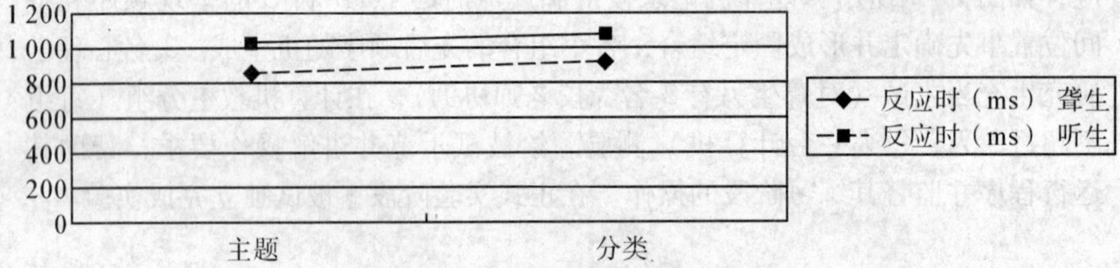

图7－2　不同听力状态被试不同概念组合条件下的反应时

对错误率进行类似的方差分析，发现听力状态的主效应显著，$F(1, 26) = 14.85$，$p < 0.01$，$R^2 = 0.339$，聋生的错误率（$M = 27.38$）显著高于听生（$M = 8.42$），如图7－3所示。其他主效应都不显著。

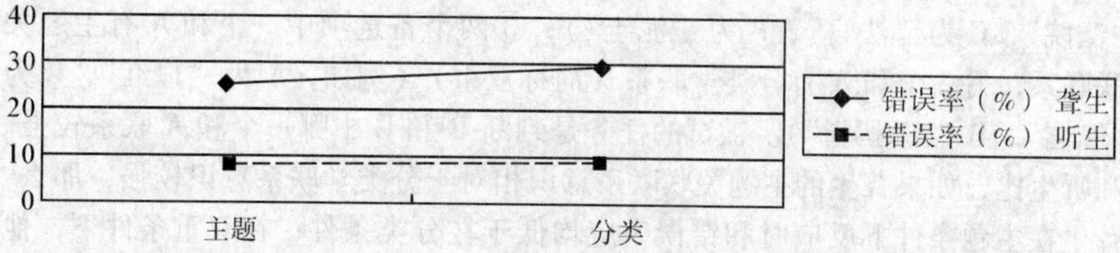

图 7－3　不同听力状态被试不同概念组合条件下的错误率

（三）讨论

在反应时上，听力状态和概念组合的交互作用不显著；在基本水平概念所属类别的判断上，无论聋生还是听生，反应时均受到主题关联联系的促进，即两类被试在判断基本水平概念 C 是类别 A 的成员时，均受到 B 和 C 之间的主题关联联系的促进。之所以如此，一种解释是因为材料的熟悉性。迫选项 B 和 C 都是具体的常见事物名称，根据以往研究（Osberger & Hesketh，1986），两类被试可能对它们有同样的概念组织。另一种解释是，聋生反应时短而错误率高的“异常”现象妨害了其心理本质的体现。这种“异常”表现和分类学联系概念中上、下位概念间联系判断研究的研究结果类似：当聋生判断两个先后呈现的表征分类学联系中上、下位概念之间是否有联系时，聋生的反应时较听生短而错误率却较听生高。导致此现象有两方面的原因：一方面是聋生有满足于一知半解并迅速作出判断的倾向。因为受自然手语的语义模糊性（游顺钊，1991）影响，聋生对文字理解有满足于“大概”和“差不多”的倾向。与这一解释一致的是，聋人在评定有对立语义差异的词对时有明显的趋中倾向（Kethleen，1977）。另一方面，在类别名 A 消失以后，被试必须在工作记忆中保留 A 的语义表征以便对 B 和 C 作出判断。对于擅长视觉加工的聋生而言，或许是因为他们对抽象的类别名表征比较模糊，因此判断成员是否属于相应类别时准确率就较听生低。如果真是这样，就必须改变材料的呈现方式，对主题关联联系促进分类学联系概念成员所属类别判断研究的问题做进一步的考察。

二、主题关联联系—分类学联系迫选判断

以三角形的排列方式呈现 3 个具体概念 A、B 和 C：A 位于顶端，两个备选项（B 和 C）分别位于两个底角。A、B 和 C 的组合有以下三种情况：①两个备选项中一个和 A 有分类学联系，另一个和 A 没有概念联系（简称分类）（例如，A 为“商店”，C 为“饭店”，B 为“足球”）；②两个备选项中一个和 A 有主题关联联系，另一个和 A 没有概念联系（简称主题）（例如，A 为

“法院”，C为“法官”，B为“泥土”)；③两个备选项中一个和A有主题关联联系，另一个和A有分类学联系（简称双重）（例如，A为“口红”，C为“嘴唇”，B为“胭脂”）。被试的任务是判断B和C中哪一个和A联系较强。和听生比，如果聋生的主题关联联系意识相对于分类学联系意识较强，那么，聋生在主题条件下反应时和错误率应均低于在分类条件；在双重条件下，他们应明显地倾向于判断主题关联联系较分类学联系更强。

（一）方法

采用2（听力状态：聋生和听生）×2（呈现形式：图片和文字）×3（联系类型：主题、分类和双重）混合设计。其中，听力状态为被试间变量，呈现形式和联系类型为被试内变量，因变量是迫选判断的反应时和错误率。

1. 被试

聋生15人（男生8人），平均年龄为13.8±1.4岁；听生15人（男生8人），平均年龄为10.8±1.0岁。聋生（43.5±6.5）和听生（43.7±4.9）的瑞文标准推理测验的成绩差异不显著，$t=0.14$，$p>0.05$。

2. 材料

参照Lin and Murphy（2001），确定15套双重、14套主题和14套分类的概念组合，如表7－3所示。

表7－3 各概念联系类型概念词表

概念组合	A	B	C
分类	鹦鹉	图书馆	鸽子
	毯子	橘子	被子
	狼	风扇	虎
	核桃	蜘蛛	花生
	桌子	出租车	椅子
	苹果	自行车	葡萄
	项链	玉米	手镯
	火柴	手套	打火机
	鸭子	西瓜	鹅
	篮球	水果刀	足球
	游船	舌头	渔船
	狮子	蜘蛛网	狗熊
	衬衫	长颈鹿	裙子
	电视机	牛	空调

（续上表）

概念组合	A	B	C
主题	法庭	法官	松树
	农民	庄稼	麻雀
	熊猫	竹子	西红柿
	钱包	钱	生菜
	蜜蜂	蜂巢	草莓
	锤头	钉子	兰花
	气球	儿童	沙发
	照相机	照片	商店
	枕头	床	枪
	寺庙	和尚	红薯
	鸡蛋	母鸡	油船
	轮子	汽车	计算机
	邮票	信	信号灯
	灯塔	大海	刀子
双重	狗	骨头	猫
	门	钥匙	窗户
	骆驼	沙漠	梅花鹿
	口红	唇	胭脂
	飞机	飞行员	公交车
	电话	耳朵	手机
	脚	鞋子	手
	猴子	香蕉	大象
	消防车	灭火器	面包车
	录音机	磁带	收音机
	荷花	藕	菊花
	蝴蝶	花	蜻蜓
	粉笔	黑板	毛笔
	冰箱	冰淇淋	洗衣机
	眼睛	眼镜	鼻子

然后，进行熟悉性和概念联系强度评定。结果表明，对双重组合：B、A属于同一分类学类别，典型性平均评定分数为 5.08 ±0.71；聋生（6.26 ±0.38）和听生（6.27 ±0.38）对 C、A 之间主题关联联系强度的评定分数差异不显著，$t = -0.04$，$p > 0.10$；聋生（2.94 ±0.90）和听生（2.80 ±0.68）对 C、B 之间主题关联联系强度的评定分数差异不显著，$t = 0.77$，$p > 0.05$。聋生（6.02 ±0.62，5.98 ±0.44，6.04 ±0.47）和听生（5.99 ±0.66，6.03 ±0.54，5.98 ±0.39）对 A、B 和 C 的熟悉性评定分数不显著，t 值皆小于 1，$p > 0.10$。对主题组合：聋生（6.19 ±0.37）和听生（6.08 ±0.49）对 C、A 之间主题关联联系强度的评定分数差异不显著，$t = 1.12$，$p > 0.10$；聋生（2.69 ±0.69）和听生（2.54 ±0.76）对 B、A 之间主题关联联系强度的评定分数差异不显著，$t = 0.59$，$p > 0.10$；聋生（2.84 ±0.78）和听生（2.76 ±0.85）对 C、B 之间主题关联联系强度的评定分数差异不显著，$t = 0.70$，$p > 0.10$。聋生（6.20 ±0.48，6.18 ±0.40，6.23 ±0.45）和听生（6.18 ±0.50，6.21 ±0.51，6.16 ±0.46）对 A、B、C 的熟悉性评定分数差异不显著，t 值均小于 1，$p > 0.10$。对分类组合：B、A 属于同一范畴，典型性平均评定分数为 5.04；聋生（2.76 ±0.88）和听生（2.67 ±0.72）对 C、A 之间主题关联联系强度的评定分数差异不显著，$t = 0.65$，$p > 0.10$；聋生（2.81 ±0.64）和听生（2.69 ±0.70）对 C、B 之间主题关联联系强度的评定分数差异不显著，$t = 0.73$，$p > 0.10$。聋生（6.20 ±0.48，6.17 ±0.52，6.23 ±0.48）和听生（6.18 ±0.50，6.20 ±0.49，6.17 ±0.53）对 A、B、C 的熟悉性评定分数差异不显著，t 值皆小于 1，$p > 0.10$。根据以往研究（Murphy，2001），对每个概念从 Internet 上搜得相应概念的图片。

最后，制成 15 套文字双重、15 套图片双重、14 套文字主题、14 套图片主题、14 套文字分类和 14 套图片分类的刺激组合，聋生（6.16 ±0.36）和听生（6.12 ±0.70）的图文一致性平均评定分数差异不显著，$t = 1.04$，$p > 0.10$。

3. 程序

使用 SuperLab 4.0 编程并通过 15 寸显示器（1 024 ×768 像素）呈现指导语："有 3 个词/图片呈三角形排列。如果顶角的词/图片和左下角的词/图片联系较强，按 Z 键；如果和右下角词/图片联系较强，按/键。判断要快、要准。"

对每个被试，各套刺激组合中备选项 B、C 的左右位置随机确定，各套刺激组合的呈现顺序随机确定。对每套组合，屏幕中央出现红色注视点"+"，500 ms 后消失，以三角形排列方式同时呈现 A、B 和 C，等待被试按键反应，如图 7－4 所示。被试反应之后，整套刺激消失，进入下一个测试，直到全部 86 套刺激呈现完毕。程序自动记录被试按键和反应时。3 名心理学研究生协助实验（对聋生有 2 位聋校老师协助），在计算机教室分小组集体测试，每组人数不超过 5 个，每人 1 台计算机。对被试示范并讲解操作要求，帮助他们运行程序并监督其练习阶段的操作。在正式实验阶段，被试独立完成实验。

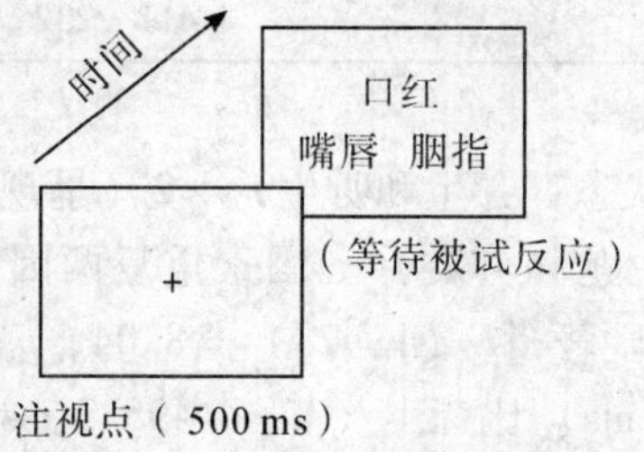

图 7－4　主题关联联系—分类学联系迫选判断流程示意图

（二）结果

剔除错误按键和反应时在 $M \pm 3SD$ 之外的数据，聋生有效数据率为 98.3%，听生有效数据率为 98.8%。统计在每种条件下的反应时和错误率。在双重条件下，由于同时存在两种概念联系，被试既可以判断分类学联系较强，也可以判断主题关联联系较强。所以，这里的“正确”是指对分类学联系作出“Z”按键反应，“错误”是指对主题关联联系作出“Z”按键反应。结果如表 7－4 所示。

表 7－4　不同处理水平的反应时（ms）和错误率（%）

联系类型	呈现形式	听力状态	反应时（$M \pm SD$）	错误率（$M \pm SD$）
双重	文字	听生	1 293 ± 204	34.3 ± 15.3
		聋生	1 620 ± 201	37.4 ± 19.5
	图片	听生	1 361 ± 240	37.9 ± 16.6
		聋生	1 554 ± 249	34.8 ± 20.2
主题	文字	听生	1 283 ± 178	11.1 ± 4.1
		聋生	1 460 ± 175	11.0 ± 6.2
	图片	听生	1 381 ± 220	16.4 ± 6.1
		聋生	1 423 ± 249	12.5 ± 5.2

（续上表）

联系类型	呈现形式	听力状态	反应时（$M \pm SD$）	错误率（$M \pm SD$）
分类	文字	听生	1 306 ± 165	12.0 ± 4.5
		聋生	1 497 ± 172	12.9 ± 6.8
	图片	听生	1 265 ± 204	16.9 ± 7.1
		聋生	1 417 ± 232	13.1 ± 12.8

反应时的2（听力状态：聋生和听生）×2（呈现形式：图片和文字）×3（联系类型：双重、主题和分类）三因素重复两因素混合测量方差分析表明，听力状态的主效应显著，F（1，28）=8.04，$p<0.01$，$R^2=0.223$，听生反应时（M=1 313.8 ms）比聋生（M=1 495.2 ms）显著短。呈现形式的主效应不显著。联系类型的主效应显著，F（2，56）=10.86，$p<0.01$，$R^2=0.280$。对双重的反应时（M=1 457 ms）显著长于对主题（M=1 386.8 ms）和对分类（M=1 371.3 ms）的反应时。联系类型和呈现形式的交互作用不显著。联系类型和听力状态的交互作用显著，F（2，56）=12.26，$p<0.01$，$R^2=0.304$。简单效应分析表明，聋生对双重的反应时（M=1 587 ms）显著长于听生（M=1 327 ms），两者相差260 ms，$p<0.001$；聋生对分类的反应时（M=1 457 ms）显著长于听生（M=1 285 ms），两者相差172 ms，$p<0.01$；聋生对主题的反应时（M=1 441.5 ms）显著长于听生（M=1 332 ms），两者相差109.5 ms，$p<0.01$。聋生对双重的反应时（M=1 587 ms）显著长于对分类（M=1 457 ms）和主题（M=1 441.5 ms），差距分别为130 ms和145.5 ms，$p<0.01$，但对分类和主题的反应时差异不显著，$p>0.05$。听生对双重（M=1 327 ms）、主题（M=1 332 ms）和分类（M=1 285.5 ms）的反应时差异不显著，$p>0.05$。呈现形式和听力状态的交互作用边缘显著，F（1，28）=3.20，$p=0.08$，$R^2=0.103$。聋生对文字的反应时（M=1 526 ms）显著长于听生（M=1 294 ms），两者相差292 ms，$p<0.01$；聋生对图片的反应时（M=1 464.7 ms）显著长于听生（M=1 335.7 ms），两者相差129 ms，但差距要小得多，$p<0.05$。听生对主题的反应时（1 332 ms）显著长于对分类（M=1 285 ms），$p<0.05$；聋生对双重的反应时（M=1 587 ms）显著长于对主题（M=1 442 ms）和对分类（M=1 457 ms），$p<0.01$。其他的主效应都不显著，$p>0.05$。如图7-5所示。

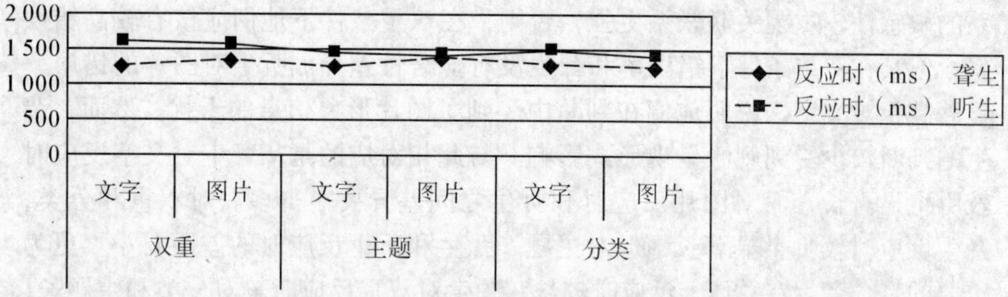

图 7-5　不同听力状态被试在不同联系类型、不同呈现形式条件下的迫选判断反应时

对错误率进行类似的方差分析。结果表明，听力状态的主效应不显著，聋生（$M=20.3$）和听生（$M=21.4$）的错误率差异不显著；联系类型的主效应显著，$F(1, 28)=58.51$，$p<0.01$，$R^2=0.676$。均数比较表明，对双重的错误率（$M=36.1$）显著高于对主题（$M=12.75$）和分类（$M=13.73$），$p<0.01$。呈现形式的主效应显著，$F(1, 28)=5.60$，$p<0.05$，$R^2=0.676$。对图片的错误率（$M=21.93$）显著高于对文字（$M=19.78$），$p<0.05$。呈现形式和听力状态的交互作用显著，$F(1, 28)=7.70$，$p=0.01$，$R^2=0.216$。简单效应分析表明，听生对图片的错误率（$M=23.7$）显著高于对文字（$M=19.2$），$p<0.05$；聋生对图片（$M=20.63$）和文字（$M=20.43$）的错误率差异不显著，$p>0.05$。如图 7-6 所示。

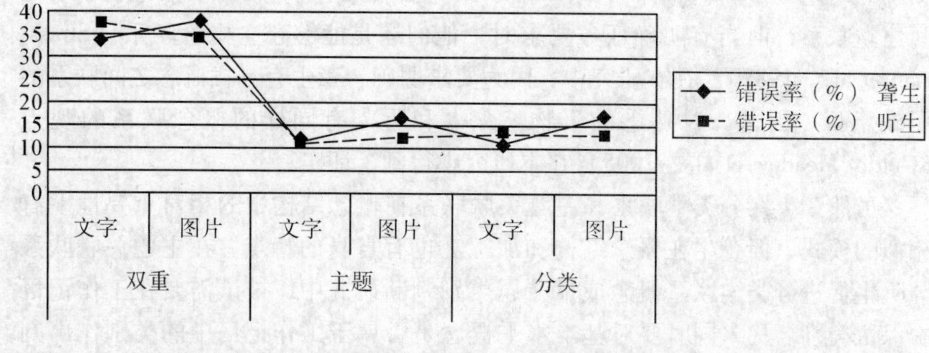

图 7-6　不同听力状态被试在不同联系类型、不同呈现形式条件下的迫选判断错误率

（三）讨论

和主题关联联系促进分类学联系概念成员所属类别判断研究类似，不论是反应时还是错误率均未体现聋生对分类学联系或主题关联联系有相对比较敏感的趋势。听生对主题反应时显著长于对分类，不能说明听生对分类学联系的敏感性较主题关联联系更强，否则，在双重条件下他们应该有较高错误率，但其在双重条件下错误率和聋生没有显著性差异。听生对图片的错误率显著高于对文字，说明他们在判断中受到了图片形象信息的干扰。然而，聋生的判断较少受到刺激呈现形式影响。与此相对应的是，聋生对文字反应时较听生显著长，而对图片反应时和听生之间差异要小得多。对双重和分类，聋生反应时较听生显著长，但对主题，聋生和听生反应时的差距要小。更为重要的是，聋生在总体上反应时较长。聋生对双重反应时较对分类和主题长，而听生却未表现出这种差异。这说明，聋生在刺激呈现形式和对刺激项之间同时存在一种以上的概念联系的比较上可能和听生有不同的认知机制。

三、总的讨论

主题关联联系促进分类学联系概念成员所属类别判断研究和主题关联联系促进分类学联系概念成员所属类别判断研究的结果一致表明，在分类学联系和主题关联联系在概念结构中的相对重要性上，聋生和听生有同样的模式。在主题关联联系促进分类学联系概念成员所属类别判断研究中，当判断基本水平概念是否属于相应分类学类别时，聋生和听生的判断同样会受到主题关联联系的促进。在主题关联联系促进分类学联系概念成员所属类别判断研究中，和听生相似，聋生并未表现出对分类学联系或主题关联联系更为敏感的趋势。这一发现与主题关联联系和分类学联系在成人概念结构中重要性彼此相当的结论（Lin & Murphy，2001）一致。虽然聋生可能难于自发地在事物之间建立联系，但当有明确任务要求时，他们还是能够建立概念联系（Strassman et al.，1987）。在本研究中，因为要求明确，聋生有寻找概念之间联系的明确意识。因此，对熟悉的事物，聋人和听人有同样的概念联系的观点（Goldin Meadow et al.，2005）在本研究中得到了证实。

虽然聋生在分类学联系和主题关联联系在概念结构中的相对重要性上有相似的模式，但聋生在概念结构和加工上也有自身的特点。在主题关联联系与听生促进分类学联系概念成员所属类别判断研究中，被试需要在工作记忆中保留类别名称，同时要对基本水平概念是否属于工作记忆中的类别作出判断。此时，聋生的反应时较听生短，错误率却较听生高。在主题关联联系促进分类学联系概念成员所属类别判断研究中，当需要对同时呈现的三个刺激中存在的一种以上的概念联系作出选择性判断时，聋生和听生在错误率上没有显著性差异，但聋生的反应时却较听生显著长。而且，相对于听生，聋生对概念联系的判断较少受刺激呈现形式（图片/文字）影响。之所以如此，有如下原因：

首先，聋生的视觉信息获取能力相对较强，其概念加工具有形象化的特点。在主题关联联系促进分类学联系概念成员所属类别判断研究中，听生对图片错误率高于对文字。其实，不论是图片还是文字，呈三角形排列的三个刺激都占据了较大的视觉空间。被试必须在较大的视野范围内分配注意以寻找项目之间的联系，完成判断。当图片呈现时，被试需要寻找每幅图片的关键特征。虽然主题关联联系和分类学联系都是重要的概念联系类型（Lin & Murphy，2001），但由于受语言和教育影响，听生也许有相对较强的分类学联系倾向，对有分类学联系的图片能够迅速形成语义联系，而对有主题关联联系的图片形成语义联系较难。当需要在较大视野范围内搜寻这种信息时，他们的这种特点便暴露出来。相反，聋生有很强的在大范围内获取视觉信息的能力（Proksch & Bavelier，2002），有在工作记忆中加工形象信息的倾向（王敬欣，2000）。他们能够更有效地获取和加工图片信息，因此，其判断就较少受刺激呈现形式的影响。另外，青少年聋生的分类学联系概念表征有形象化特点（张积家、李德高，2008）。这些因素的综合作用，导致聋生的语义判断较少受刺激呈现形式的影响。

其次，聋生的分类学联系概念比较模糊，因而概念联系的比较能力就较听生弱。在上一实验中，当需要对一种概念联系作出判断时，聋生的反应速度就较听生快，错误率却较听生高，体现出聋生的分类学联系上位概念表征较为模糊（张积家、李德高，2008）和分类学联系相对较弱的特点（Marschark et al.，2004）。在主题关联联系促进分类学联系概念成员所属类别判断研究中，聋生的反应速度较慢，这显然是由聋生的概念联系比较能力相对较弱造成的。当需要对三个项目中同时存在的两种概念联系作比较时，聋生显然难以取舍，存在较大的困难。

再次，聋生对抽象刺激的加工速度慢于听生，同时比较两种概念联系的速度也慢于听生。在主题关联联系促进分类学联系概念成员所属类别判断研究中，不论刺激是图片还是文字，也不论联系类型是分类、主题还是双重，聋生和听生在错误率上均无显著性差异。但聋生对文字的反应时较听生显著长，对分类和双重组合的反应时均显著长于听生。而且，不论是对图片还是对文字，聋生对双重组合的反应时均长于其他两种组合，而听生却未表现出这些差异。这表明，只要给聋生充裕的时间，聋生最终可以在概念联系判断上的正确率达到和听生同样的水平，但他们对抽象刺激的加工速度和对同时存在的两种概念联系的比较速度慢于听生，这表明他们的概念加工能力总体上比听生差。那么，聋生在概念加工上究竟差在何处？

主题关联联系促进分类学联系概念成员所属类别判断研究的迫选判断可

以分为三个阶段：①识别刺激；②识别刺激体现的两种概念联系；③比较两种概念联系的强弱。聋生能够在较大的视野内分配注意（Sladen et al.，2005），能够在较短时间内获取视觉信息并较早地开始语义加工。因此，他们的刺激识别速度至少不比听生慢。由于聋生的概念联系与听生相似，所以聋生对两种概念联系的识别速度也未必慢于听生。而且，受手语实践的影响，聋生手指运动灵活，有利于迅速地完成按键动作。因此，聋生的反应时比听生长的唯一解释应该来自第三个阶段：聋生对两种概念联系的比较比听生要困难。这一推断与已有的研究结果一致。例如，在一般情况下，难以对聋生教授科学（Roald，2002）和数学（Pagliaro & Kritzer，2005）课程。和 Kelly（2003）关于聋生数学语言理解困难的解释相似，聋校的教师认为，聋生难以接受汉语的被动句式。Frostad（1999）发现，一个 6 年级的男聋生，看起来挺聪明，瑞文推理测验成绩也在中上水平，然而，他的算术运算能力不好，他喜欢掰着手指头做算术题。他对两位数的加法运算很快，但对两位数以上的加法运算却极为困难，他似乎不会进位。

要比较两类概念联系的强弱，必须在工作记忆中同时表征它们。也许是因为概念联系是基于语义的，难以进行形象化的表征，抑或是因为聋生在工作记忆中的信息加工倾向于依赖视觉空间的编码（Flaherty & Moran，2001），聋生难以在工作记忆中同时表征两种类型的概念联系，自然也就难以对两类概念联系的强弱作出比较。因此，反应时就被严重地拉长了。在分类的条件下，在每一套刺激中存在着一强一弱的两种概念联系，应该能够容易地作出判断，但聋生的耗时却远远多于听生，这显然是由于表征的原因造成的；而在双重的条件下，在每一套刺激中同时存在着两种强度相当的概念联系，聋生的反应时更加长，这其中应该既有表征的原因，也有操作的原因。由于聋生很难在工作记忆中同时表征两种具有形象化特征的概念联系，因此在比较时也容易顾此失彼：当他们注意到其中一种概念联系时，另一种概念联系就变得微弱或趋于消失，因此他们就更加难以权衡和作出取舍。这种聋生难以进行概念联系比较的推理和聋生数学成绩落后的相关研究发现（Kelly，2003；Markey et al.，2003；Masataka，2006）一致。

聋生概念加工的上述特点，与聋生使用手语有关。手语的独特性影响了聋人对世界的认知以及他们的概念加工。手语分为自然手语和规约手语。自然手语是使用者自己创造、主要用于未受教育的聋人中的手语，其特点是以形象比划为主，词汇量少，表达形式简略。自然手语通过模式手势（molded gestures）和模仿手势（imitative gestures）创造的绝大部分语素都具有肖像性质（游顺钊，1991）。模式手势比划出的形状和动作取决于工具或物体的形状或使用方法，模仿手势是对动作或行动的模仿。因此，自然手语最重要的特点就是形象性、情境性和模糊性，难以表达高度抽象的事物的本质特征。聋生长期使用自然手语，决定了聋生的分类学联系概念有较强的形象化倾向，容易进行加工但精度不高。所以，在主题关联联系促进分类学联系概念成员所属类别判断研究中，聋生反应比听生快，错误却比听生多；在主题关联联系促进分类学联系概念成员所属类别判断研究中，当需要对两种概念联系作出精确比较时，聋生反应时就明显长，而且呈现形式影响不显著。

总之，本研究发现，在主题关联联系和分类学联系的相对重要性方面，青少年聋生和听生有相似的模式。聋生关于概念联系的比较判断不受刺激呈现形式影响，但对同时存在的两种概念联系的比较能力明显较听生弱。由于在本研究中，聋生的年龄比听生年长 2 ~3 岁，所以可以推论，与听生年龄相仿的聋生水平会更差。本研究结果和弱智儿童概念联系的研究结果有一致之处。张积家和方燕红（2009）对弱智儿童常见食物概念结构的研究表明，弱智儿童的概念发展水平随着年龄增长而提高。弱智儿童概念联系类型的发展趋势是：以基于情境的 SF 联系为主向以分类学关系为主转变，趋势与智力正常的儿童相同。但是，弱智儿童概念的发展速度和水平落后于正常儿童。聋生、弱智儿童的概念联系模式与正常儿童相似，反映了人类思维发展的共性；聋生、弱智儿童和正常儿童的区别，反映了语言、教育、智力水平和感知特点对思维的影响，同时也反映了人类思维发展的个性。

第八章

SF 联系、主题关联联系和分类学联系[①]

记忆往往借助于语言帮助（杨治良、郭力平、王沛、陈宁，1999）。聋人工作记忆中有手语命题表征倾向（Wagner，Nusbaum & Goldin Meadow，2004）。就像听人对外界信息语义加工伴有言语器官运动一样，聋人有自发的手势变化和唇动现象。Marschark（1998）通过控制聋人双手手指运动考察其记忆广度，结果表明，聋人言语加工中需要手语编码。本研究包括四个实验：通过控制被试的言语器官运动，或者强制被试使用其优势语言（听生使用口语而聋生使用手语）进行记忆学习活动，比较不同听力状态被试对分别有分类学联系、主题关联联系和 SF 联系概念词的记忆和自由回忆成绩差异。

一、SF 联系和分类学联系 I

本实验的目的是通过控制言语器官运动，考察聋生在自由回忆任务中对分类学联系和 SF 联系的相对意识倾向，并作如下假设：①如果相对于分类学联系，聋生更倾向于使用 SF 联系来组织概念，那么，他们对表征有 SF 联系概念词的自由回忆成绩可能较分类学联系概念词高；②如果言语器官的机械运动能干扰输入信息的语言编码，那么，在双手运动受控制的条件下，聋生的自由回忆成绩将受到明显的影响。

（一）方法

采用 2（听力状态：聋生和听生）×2（联系类型：分类学联系和 SF 联系）×3（控制类型：自由、声控和手控）混合设计。听力状态为被试间变量，另外两个变量为被试内变量，因变量为自由回忆准确率。参照 Marschark（1998）的研究，在学习阶段要求被试在三种条件下完成词学习：双手不动且嘴里不出声、双手不动而嘴里不停地发出“啦啦啦……”声和双手手指不停地敲击桌面但嘴里不出声。这便是控制类型的三个水平。为描述方便，分别简称为自由、声控和手控条件。

① 本章四项实验研究结果首次发表在《斯堪的纳维亚心理学杂志》2009 年第 8 期。

1. 被试

聋生共 11 人（男生 6 人），年龄为 15.8 ±1.0 岁，来自初中 2、3 年级，瑞文标准推理测验成绩良好和中等人数比为 4∶7；听生 11 人（男生 6 人），年龄为 11.8 ±0.5 岁，为 6 年级在校生，瑞文标准推理测验良好和中等人数比为 4∶7。

2. 材料

参照以往研究（Lucariello & Nelson，1985），并结合预备实验结果，从分类学联系题目（衣物、动物、食物、交通工具、家具和体育运动）回答中每个题目选取前 9 个重复率最高的词；同样，从 SF 联系题目（早餐、坐车上学、动物园看动物、冬天穿着、生日餐和午餐）回答中每个题目选取前 9 个重复率最高的词，共 108 个词。如表 8－1 所示。

表 8－1　不同联系类型概念词列表

组次	分类学联系概念	SF 联系概念
1	面包车、出租车、火车、轿车、自行车、地铁、公共汽车、飞机、摩托车	出租车、地铁、电车、公共汽车、摩托车、三轮车、私家车、小巴、校车
2	凳子、衣柜、桌子、饭桌、床、沙发、衣架、椅子、书柜	耳罩、羽绒服、长裤、大衣、棉衣、毛衣、袜子、手套、围巾
3	猪、长颈鹿、老虎、牛、狗、猴子、兔子、大象、老鼠	粽子、油条、包子、馒头、面条、玉米、面包、鸡蛋、牛奶
4	鱼、米饭、鸡肉、包子、馒头、面条、玉米、猪肉、饼干	鱼、米饭、鸡肉、鸡腿、鸭肉、面条、猪肉、饺子、牛肉
5	运动服、裙子、鞋子、衬衣、裤子、毛衣、短裤、牛仔裤、T 恤衫	汉堡包、巧克力、鸡翅、蟹、面条、蛋糕、雪糕、面包、虾
6	跳水、羽毛球、乒乓球、跳高、篮球、跳绳、跑步、足球、排球	猴、大象、河马、孔雀、鳄鱼、斑马、老虎、长颈鹿、熊猫

熟悉性评定结果表明，聋生和听生对词的熟悉性评定分数无显著性差异，聋生为 6.15 ±0.55，听生为 6.13 ±0.46，$t=0.53$，$p>0.10$。把分类学联系和 SF 联系的词合并成 6 组（衣物和早餐、动物和午餐、食物和坐车上学、交通工具和动物园看动物、家具和生日餐、体育运动和冬天穿着），每组由来自 1 个分类学联系和 1 个 SF 联系题目的共 18 个词组成。从预备实验结果中选取和衣物、动物、食物、交通工具、家具、体育运动概念范畴无关的 10 个具体概念词作为练习材料，对每个词从 Internet 上搜得一幅图片，并制成 400 ×300

像素 jpg 格式的图片。聋生（5.95 ± 0.57）和听生（5.91 ± 0.74）的图文一致性评定分数无显著性差异，$t = 0.89$，$p > 0.10$。

3. 程序

使用 Microsoft Visual Basic 6.0 编程并通过 15 寸显示器（1 024 × 768 像素）呈现指导语："将依次出现 18 幅图片。请努力记住它们。记忆时，嘴里不要出声、双手（手指）不动。然后，完成部分算术计算。最后，根据记忆，写出做题之前见过的事物的名称。书写记忆词时，不必顾及先后顺序，有错别字也没有关系。"

程序随机调出词组并随机呈现组内词对应的图片：在白色背景中央呈现第一幅图片，图片呈现 1 500 ms 之后消失。然后呈现第二幅图片。每组图片呈现完毕时，在红色字提示下，被试开始 2 分钟算术运算。之后，被试在蓝色字提示下开始自由回忆。

除了练习阶段之外，实验分三个阶段。每个阶段包括 2 个"学习—运算—回忆"循环，每个循环完成 1 组材料。当第 2 组材料完成时，第二次呈现指导语，指导语里"记忆时，嘴里不要出声、双手（手指）不动"换成"记忆时，嘴里不停地发出'啦啦啦……'声，但是双手（手指）不动"。当第 4 组材料完成时，第三次呈现指导语，指导语里"记忆时，嘴里不要出声、双手（手指）不动"换成"记忆时，双手手指不停地敲击桌面，但是嘴里不出声"。其流程如图 8 –1 所示。

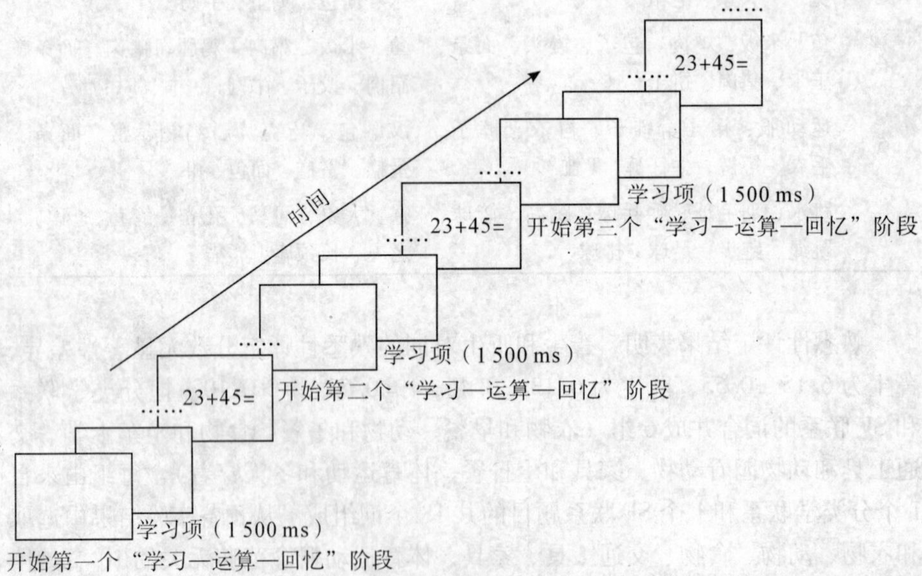

图 8 –1　三阶段记忆和自由回忆流程图

研究者充当主试并有 2 位心理学研究生协助，在被试所在学校计算机教室（对聋生先后分 2 组并有 2 位聋校老师协助）集体测验。被试每人发放 8 张纸条（除第一张纸条用于登记个人信息之外，其他纸条按顺序编号，每张纸条印有 18 条间隔 1 厘米的横线，顶端注有“每条横线上只能写一个词”字样），集体示范并讲解操作要求，特别说明自由回忆时不要顾及词的先后顺序。确定被试明确要求后，帮助他们运行程序，观察并根据需要个别指导他们完成练习阶段。正式实验阶段被试独立完成。在第二、三阶段开始时，主试监督并根据需要提示被试学习词时嘴里发出“啦啦啦……”声或双手敲击桌面。

（二）结果

两位心理学专业硕士研究生筛选被试自由回忆中写下的词并剔除书写不清者，聋生有效数据率为 96.2%，听生为 97.9%。对每个被试计算其每组刺激中误报率（添加词数/18 ×100%）和每组刺激中分类学联系和 SF 联系概念词的自由回忆准确率（正确词数/9 ×100%），结果如表 8－2 所示。

表 8－2　不同处理条件下被试自由回忆准确率（%）和误报率（%）

控制类型	听力状态	联系类型	准确率（$M \pm SD$）	误报率（$M \pm SD$）
自由	听生	分类学联系	33.33 ±11.54	4.17 ±4.73
		SF 联系	31.39 ±8.31	
	聋生	分类学联系	21.46 ±11.28	2.27 ±3.28
		SF 联系	21.97 ±10.35	
声控	听生	分类学联系	29.44 ±9.72	7.78 ±6.84
		SF 联系	31.67 ±7.67	
	聋生	分类学联系	22.73 ±7.46	3.28 ±3.7
		SF 联系	20.71 ±12.62	
手控	听生	分类学联系	28.61 ±7.49	11.39 ±8.16
		SF 联系	27.78 ±5.01	
	聋生	分类学联系	26.01 ±12.05	8.33 ±8.87
		SF 联系	25.25 ±11.21	

对准确率进行 2（听力状态：聋生和听生）×2（联系类型：分类学联系和 SF 联系）×3（控制类型：自由、声控和手控）三因素重复二因素混合测

量方差分析表明，听力状态主效应显著，$F(1, 20) = 14.78$，$p < 0.01$，$R^2 = 0.270$。听力状态和控制类型的交互作用显著，$F(2, 40) = 5.50$，$p < 0.05$，$R^2 = 0.115$。其他效应不显著。简单效应分析表明，在自由条件下，聋生（$M = 21.72$）的自由回忆准确率显著低于听生（$M = 32.36$），$F(1, 20) = 14.37$，$p < 0.01$，$R^2 = 0.255$；在声控条件下，聋生（$M = 21.72$）的自由回忆准确率显著低于听生（$M = 30.56$），$F(1, 20) = 15.61$，$p < 0.01$，$R^2 = 0.271$。听生在手控条件下（$M = 28.19$）的自由回忆准确率趋于低于自由条件（$M = 32.26$），$p = 0.05$；也趋于低于声控条件（$M = 30.56$），$p = 0.05$。如图 8－2 所示。

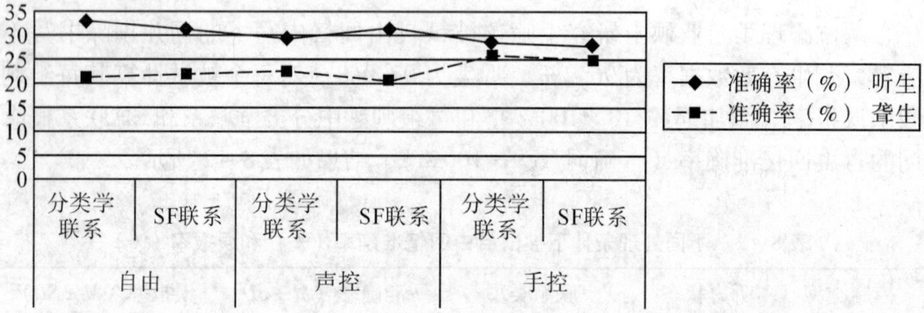

图 8－2　不同听力状态被试在不同控制类型、不同联系类型条件下的自由回忆准确率

对误报率进行 2（听力状态：聋生和听生）×3（控制类型：自由、声控和手控）二因素混合测量方差分析表明，听力状态主效应显著，$F(1, 20) = 7.10$，$p < 0.05$，$R^2 = 0.151$，聋生的误报率（$M = 4.63$）低于听生（$M = 7.78$）。控制类型主效应显著，$F(2,40) = 20.65$，$p < 0.01$，$R^2 = 0.340$，被试在三种不同的控制类型条件下误报率不全相同。进一步分析表明，听生在手控条件下的误报率显著高于自由条件，$p < 0.01$。聋生手控条件下的误报率显著高于声控条件（$p < 0.05$）和自由条件（$p < 0.05$）。其他效应不显著。如图 8－3 所示。

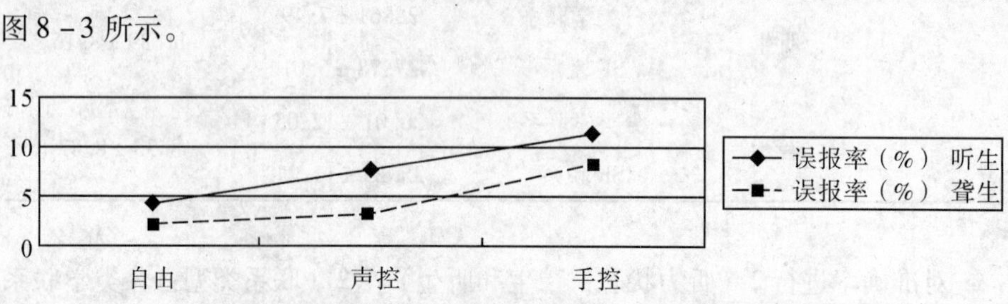

图 8－3　不同听力状态被试在不同控制类型条件下的误报率

二、主题关联联系和分类学联系 I

实验任务同 SF 联系和分类学联系 I 相似，只是实验材料以文字形式而不是图片形式呈现。实验假设是，如果相对于分类学联系，聋生倾向于使用主题关联联系组织概念，那么，他们对有主题关联联系词的自由回忆成绩可能相对分类学联系词较高；如果控制言语器官运动，那么，聋生在双手受到控制的条件下其自由回忆准确率应该较低。

（一）方法

采用 2（听力状态：聋生和听生）×2（联系类型：分类学联系和主题关联联系）×3（控制类型：自由、声控和手控）混合设计。听力状态为被试间变量，另外两个变量为被试内变量。控制类型的三种条件和 SF 联系及分类学联系研究 I 相同；因变量为自由回忆准确率。

1. 被试

聋生 10 人（男生 6 人），年龄为 15.9 ±1.1 岁，来自初中 2、3 年级，瑞文标准推理测验成绩良好和中等人数比为 3 : 7；听生 10 人（男生 6 人），年龄为 11.8 ±0.6 岁，来自小学 6 年级，瑞文标准推理测验成绩良好和中等人数比为 3 : 7。

2. 材料

参照相关研究（Lin & Murphy，2001）并结合预备实验结果，确定 30 对有主题关联联系的词和 30 个概念范畴名称（每个概念范畴取前 2 个频率最高的词），共 120 个词，如表 8 -3 所示。

表 8 -3　主题关联联系和分类学联系概念词列表

组次	联系类型	概念词
1	主题	服务员、饭店、车站、乘客、图书馆、书、大海、轮船、巢、鸟
	分类	衬衣、裤子、雪梨、苹果、鲤鱼、金鱼、护士、医生、雨衣、伞
2	主题	手套、手、庄稼、农民、沙漠、骆驼、竹子、熊猫、讲台、教师
	分类	打火机、火柴、冰箱、电视、筷子、碗、花生、核桃、消防车、救护车
3	主题	飞行员、飞机、信封、邮票、邮局、邮递员、母鸡、鸡蛋、嘴唇、口红
	分类	米饭、面条、木棉花、荷花、床、凳子、鸭子、鸡、舌头、耳朵

(续上表)

组次	联系类型	概念词
4	主题	蜘蛛网、蜘蛛、汽油、汽车、鞋子、脚、钥匙、锁、白云、天空
	分类	狗、猪、薯片、面包、高楼、体育馆、鳄鱼、乌龟、公路、铁路
5	主题	墨水、钢笔、医院、医生、渔网、渔船、书包、学生、大海、海龟
	分类	燕子、麻雀、出租车、火车、笛子、钢琴、蝴蝶、蜜蜂、电话、手机
6	主题	牙刷、牙齿、黑板、粉笔、舞台、演员、泥土、蚯蚓、照片、照相机
	分类	青菜、白菜、圆珠笔、笔记本、足球、跑步、老虎、狮子、鱼、海豚

对所有词进行熟悉性评定，对主题关联联系词对进行关联强度评定。聋生和听生对分类学联系词的熟悉性评定分数没有显著性差异，聋生为6.22±0.51，听生为6.22±47，$t=0.03$，$p>0.10$；对主题关联联系词的熟悉性评定分数没有显著性差异，聋生为6.13±0.53，听生为6.12±0.47，$t=0.37$，$p>0.10$；聋生和听生对主题关联联系词对关联强度评定分数无显著性差异，聋生为6.36±0.36，听生为6.35±0.27，$t=0.17$，$p>0.10$。

把30个分类学联系范畴名称随机分为6组，对应概念词分成6组，每组由5对词组成。对每组再搭配5对主题关联联系的词，使每组共有20个词，覆盖5个分类学联系概念范畴和5种主题关联联系，每个范畴只有2个基本水平概念词，每种主题关联联系只有2个词。

3. 程序

实验程序同SF联系和分类学联系Ⅰ。

(二) 结果

数据处理方式同SF联系和分类学联系Ⅰ。聋生的有效数据率为96.9%，听生为98.1%。不同处理条件下被试自由回忆准确率和误报率如表8－4所示。

表 8-4　不同处理条件下被试自由回忆准确率（%）和误报率（%）

控制类型	听力状态	联系类型	准确率（$M \pm SD$）	误报率（$M \pm SD$）
自由	听生	分类学联系	19.72 ± 6.29	4.44 ± 8.2
		主题关联联系	14.44 ± 7.45	
	聋生	分类学联系	17.36 ± 9.18	3.25 ± 4.06
		主题关联联系	20 ± 12.58	
声控	听生	分类学联系	10.27 ± 7.37	1.94 ± 3.49
		主题关联联系	13.89 ± 7.96	
	聋生	分类学联系	13.15 ± 7.68	5.75 ± 4.67
		主题关联联系	16.32 ± 9.26	
手控	听生	分类学联系	14.44 ± 6.15	1.67 ± 2.97
		主题关联联系	11.11 ± 7.78	
	聋生	分类学联系	17.11 ± 10.18	6.05 ± 5.19
		主题关联联系	16.58 ± 11.67	

和 SF 联系和分类学联系研究 I 相似，对准确率进行混合测量方差分析表明，控制类型主效应显著，$F(2, 36) = 5.64$，$p < 0.05$，$R^2 = 0.137$。进一步分析表明，聋生在声控条件下的自由回忆准确率显著低于自由条件，$p < 0.05$；听生在自由条件下的自由回忆准确率显著高于声控条件（$p < 0.01$）和手控条件（$p < 0.05$）。其他效应不显著。如图 8-4 所示。

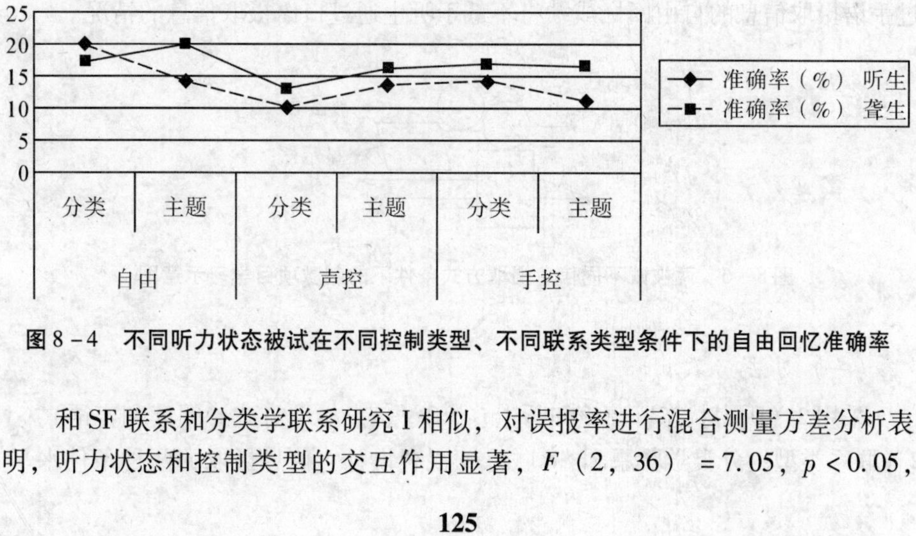

图 8-4　不同听力状态被试在不同控制类型、不同联系类型条件下的自由回忆准确率

和 SF 联系和分类学联系研究 I 相似，对误报率进行混合测量方差分析表明，听力状态和控制类型的交互作用显著，$F(2, 36) = 7.05$，$p < 0.05$，

$R^2=0.168$。其他效应不显著。简单效应分析表明，聋生在手控条件下的误报率趋于高于自由条件，$p=0.05$。在声控（$t=-2.810$，$p<0.01$，$d=0.92$）和手控（$t=-3.148$，$p<0.01$，$d=1.04$）条件下，聋生的误报率均高于听生。如图 8－5 所示。

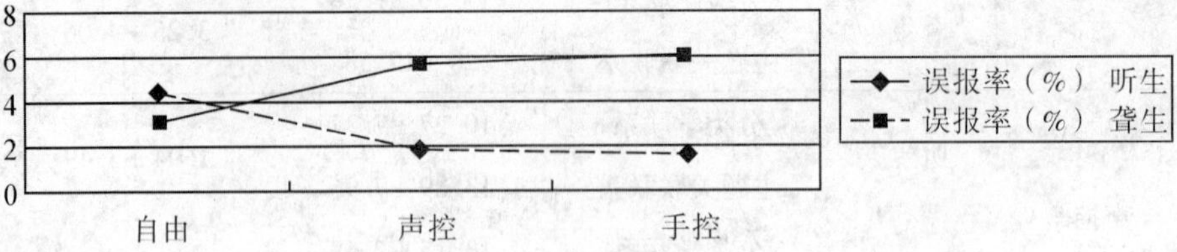

图 8－5　不同听力状态被试在不同控制类型条件下的误报率

三、SF 联系和分类学联系Ⅱ

手语是聋人最自然的语言（Klatter Folmer et al.，2006），他们基于文字形式的言语交流远不如面对面的手语交流来得流畅，聋生通过手语摄取信息的记忆应该更能反映其心理现实。因此，我们设计了一个由两个被试（A 和 B）合作完成的控制信息摄取条件的自由回忆任务：逐一呈现刺激，被试 A 把看到的刺激内容通过优势语言报告给相同听力状态的另一被试 B，如图 8－6 所示。当刺激呈现完时，A 和 B 都要马上进行自由回忆。以往对即时自由回忆受长时记忆影响的研究表明（Lambert，Chang & Lin，2003），如果相对于分类学联系，聋生更倾向于使用 SF 联系组织概念，那么，聋生对有 SF 联系词的自由回忆成绩应更好；如果聋生记忆受信息摄取方式影响，那么，聋生通过手语摄取信息的自由回忆成绩将不低于听生通过口语摄取信息的情况。

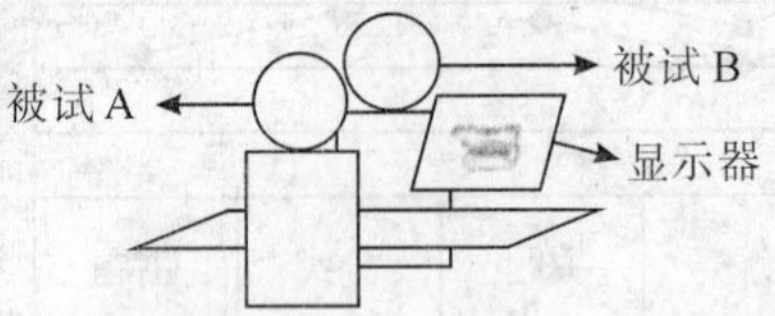

图 8－6　两被试不同信息摄取方式条件下的刺激项目学习示意图

（一）方法

采用 2（听力状态：聋生和听生）×2（信息摄取方式：阅读和言语）×2（联系类型：分类学联系和 SF 联系）混合设计。信息摄取的两种条件水平对于聋生而言是阅读和手语条件，对于听生而言是阅读和口语条件。联系类型为被试内变量，另外两个变量为被试间变量，因变量为自由回忆准确率和误报率。

1. 被试

聋生共30人（男生17人），年龄为13.7±1.3岁，来自小学5、6年级和初中1年级，瑞文标准推理测验成绩良好和中等人数比为3：7；听生共30人（男生17人），年龄为10.8±1.0岁，来自小学4、5、6年级，瑞文标准推理测验成绩良好和中等人数比为4：11。两类被试分别随机平均分为2组，聋生和听生分别各构成15对被试。每对被试中一个在阅读条件下进行记忆学习，一个在言语条件下进行记忆学习。阅读条件下被试负责操作电脑，每当显示器上出现一幅图片时，把图片上显示的事物名称（口头或者用手语）告诉另一信息摄取条件下的被试，然后，两个被试都需在给定纸条上完成自由回忆。

2. 材料

材料同SF联系和分类学联系I。

3. 程序

使用Microsoft Visual Basic 6.0编程并通过15寸显示器（1 024×768像素）呈现指导语："将依次出现18幅图片。每出现一幅图片的时候，请口头或者用手语清楚地告诉对方图片上的事物。之后，告诉对方写出所有记住事物的名称，同时，自己也要根据记忆写出全部事物的名称。"

程序随机调出词组并随机呈现组内词所对应的图片：在白色背景中央呈现第一幅图片，图片呈现3 000 ms后消失，然后呈现第二幅图片。每组图片呈现完毕时，在屏幕中央出现蓝色提示字"请告诉对方开始自由回忆，然后，自己也要写下自己说过的事物名称"。3分钟后，在屏幕中央出现蓝色提示字，提示被试继续。每对被试都完成回忆便继续。如此下去，直到6组图片呈现和回忆完毕。程序自动记录图片呈现的先后顺序和被试信息。正式实验阶段包括6个"交流—回忆"循环，每个循环完成1组材料的记忆和自由回忆。

研究者充当主试并有2位心理学研究生协助，在被试所在学校计算机教室（每组10人，且对于聋生有2位聋校老师协助）集体测验。被试每人发放8张纸条（除第一张纸条用于登记个人信息之外，其他纸条按顺序编号，每张纸条印有20条间隔1厘米的横线，顶端注有"每条横线上只能写一个词"字样）。请他们自由配对并对他们集体示范，讲解操作要求（特别说明自由回忆时不要顾及词的先后顺序，对听生还要强调说话方声音不要太高或者太低，以对方听清为准），确保被试明确要求后，帮助他们运行程序，并安排配对双方信息摄取方式：一方坐在电脑前，面对电脑屏幕；另一方坐在对面，面对显示器背，而且双方都偏离显示器一侧以便进行言语交流。不同被试对之间相距 2 米或以上，以免互相干扰。

（二）结果

数据处理方式同 SF 联系和分类学联系 I。聋生的有效数据率为 95.8%，听生为 96.6%。不同处理条件下被试自由回忆准确率和误报率如表 8－5 所示。

表 8－5　不同处理条件下被试自由回忆准确率（%）和误报率（%）

信息摄取	听力状态	联系类型	准确率（$M \pm SD$）	误报率（$M \pm SD$）
阅读	听生	分类学联系	30.32 ± 6.42	4.75 ± 6.96
		SF 联系	31.69 ± 4.97	
	聋生	分类学联系	30.62 ± 5.04	3.58 ± 4.47
		SF 联系	34.57 ± 4.66	
言语	听生	分类学联系	27.64 ± 6.46	3.89 ± 5.31
		SF 联系	30.33 ± 7.46	
	聋生	分类学联系	24.95 ± 4.47	8.7 ± 8
		SF 联系	29.08 ± 4.38	

对准确率进行 2（听力状态：聋生和听生）×2（信息摄取：阅读和言语）×2（联系类型：分类学联系和 SF 联系）三因素重复一因素混合测量方差分析表明，联系类型主效应显著，$F(1, 56) = 17.08$，$p < 0.01$，$R^2 = 0.241$，被试对 *SF* 联系概念词（$M = 31.42$）准确率显著高于分类学联系概念词（$M = 28.38$）。信息摄取主效应显著，$F(1, 56) = 9.24$，$p < 0.01$，$R^2 = 0.142$。听力状态和信息摄取的交互作用边缘显著，$F(1, 56) = 5.38$，$p = 0.05$，$R^2 = 0.108$。其他效应不显著。简单效应分析表明，在阅读条件下，聋生的自由回忆准确率显著高于手语条件下聋生，$t = 3.836$，$p < 0.01$，$d = 0.57$。如图 8－7 所示，聋生对不同联系类型概念词准确率似乎有不同于听生的趋势，因此，对不同听力状态被试进行联系类型单因素分析表明，聋生对于 SF 联系（31.82 ± 5.25）概念词的自由回忆准确率显著高于分类学联系（27.79 ± 5.49），$t = 3.827$，$p < 0.01$，$d = 0.75$。

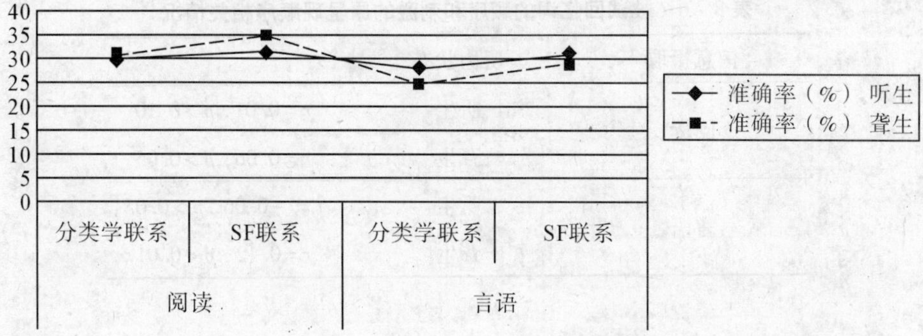

图 8－7　不同听力状态被试在不同信息摄取、不同联系类型条件下的自由回忆准确率

对误报率进行 2（听力状态：聋生和听生）×2（联系类型：分类学联系和 SF 联系）混合测量方差分析表明，听力状态和信息摄取的交互作用显著，$F(1, 28) = 3.35$，$p = 0.07$，$R^2 = 0.056$。其他效应不显著。简单效应分析表明，在阅读条件下，聋生的误报率显著低于手语条件下的聋生，$t = -2.164$，$p < 0.05$，$d = 0.79$；在手语条件下，聋生的误报率显著高于口语条件下的听生，$t = -1.940$，$p = 0.06$，$d = 0.71$。如图 8－8 所示。

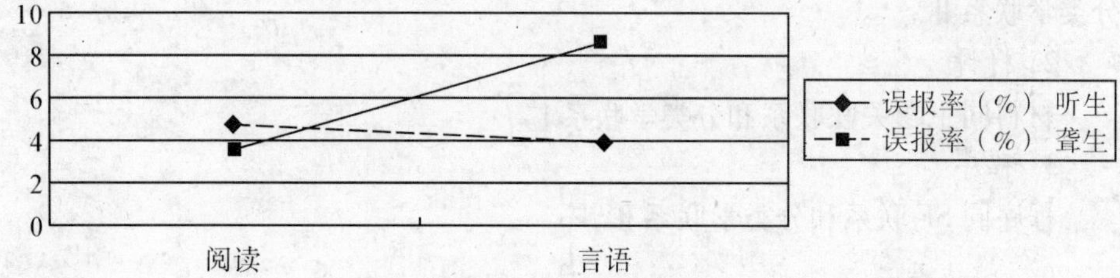

图 8－8　不同听力状态被试在不同信息摄取条件下的误报率

被试被清楚告知在自由回忆的时候不要顾及词的先后顺序，回忆的词越多越好，但是，对比分析被试回忆词和刺激呈现的顺序表明，不同处理条件下有不同的特点：手语条件下聋生回忆词的顺序和刺激的原呈现顺序显著相关。如表 8－6 所示。

表 8-6　被试回忆词的顺序和刺激的原呈现顺序相关情况

信息摄取	听力状态	
阅读	听生	$r=0.01$, $p>0.10$
	聋生	$r=0.06$, $p>0.05$
言语	听生	$r=-0.06$, $p>0.05$
	聋生	$r=0.12$, $p<0.01$

四、主题关联联系和分类学联系Ⅱ

采用和 SF 联系和分类学联系研究Ⅱ相似的设计来考察如下假设：如果相对于分类学联系，聋生更倾向于使用主题关联联系组织概念，那么，对有主题关联联系词的自由回忆成绩可能相对听生较高；如果聋生记忆活动受信息摄取方式影响，那么，在言语条件下其自由回忆成绩可能和言语条件下听生相同。

（一）方法

1. 被试

聋生年龄为 13.7±1.4 岁，听生年龄为 10.7±0.9 岁，其他同 SF 联系和分类学联系Ⅱ。

2. 材料

材料同主题关联联系和分类学联系Ⅰ。

3. 程序

程序同 SF 联系和分类学联系Ⅱ。

（二）结果

实验数据处理同 SF 联系和分类学联系Ⅰ。聋生有效数据率为 96.3%，听生为 97.6%。被试自由回忆准确率和误报率如表 8-7 所示。

表 8-7　不同处理条件下被试自由回忆准确率（%）和误报率（%）

信息摄取	听力状态	联系类型	准确率（$M \pm SD$）	误报率（$M \pm SD$）
阅读	听生	分类学联系	19.61±11.72	2.33±1.38
		主题关联联系	16.83±11.14	
	聋生	分类学联系	25.31±9.53	3.13±2.64
		主题关联联系	21.77±6.8	

(续上表)

信息摄取	听力状态	联系类型	准确率 ($M \pm SD$)	误报率 ($M \pm SD$)
言语	听生	分类学联系	19.94 ± 10.76	8.28 ± 5.4
		主题关联联系	17.72 ± 9.98	
	聋生	分类学联系	16.79 ± 7.98	16.58 ± 7.87
		主题关联联系	18.61 ± 7.12	

对准确率进行 2（听力状态：聋生和听生）×2（联系类型：分类学联系和主题关联联系）×2（信息摄取：阅读和言语）三因素重复一因素混合测量方差分析表明，联系类型主效应显著，$F(1, 56) = 6.29$，$p < 0.05$，$R^2 = 0.098$；信息摄取和联系类型的交互作用显著，$F(1, 56) = 4.88$，$p < 0.05$，$R^2 = 0.078$；信息摄取、联系类型和听力状态三者的交互作用显著，$F(1, 56) = 3.22$，$p = 0.08$，$R^2 = 0.053$。其他效应不显著。简单效应分析表明，阅读条件下聋生对分类学联系概念词的自由回忆准确率显著高于主题关联联系概念词，$t = -2.350$，$p < 0.05$，$d = 0.43$；阅读条件下听生对分类学联系概念词的自由回忆准确率趋于高于主题关联联系概念词，$t = -2.124$，$p = 0.05$，$d = 0.24$。对于分类学联系概念词，阅读条件下聋生的自由回忆准确率显著高于手语条件下的聋生，$t = 2.740$，$p < 0.05$，$d = 0.97$。在阅读条件下，聋生对于分类学联系（$t = -3.294$，$p < 0.01$，$d = 0.53$）和主题关联联系（$t = 2.961$，$p < 0.05$，$d = 0.54$）概念词的自由回忆准确率均显著高于听生。不过，口语条件下的听生对于分类学联系概念词的自由回忆准确率趋于高于主题关联联系概念词，而手语条件下的聋生对于分类学联系概念词的自由回忆准确率却趋于低于主题关联联系概念词。如图 8-9 所示。

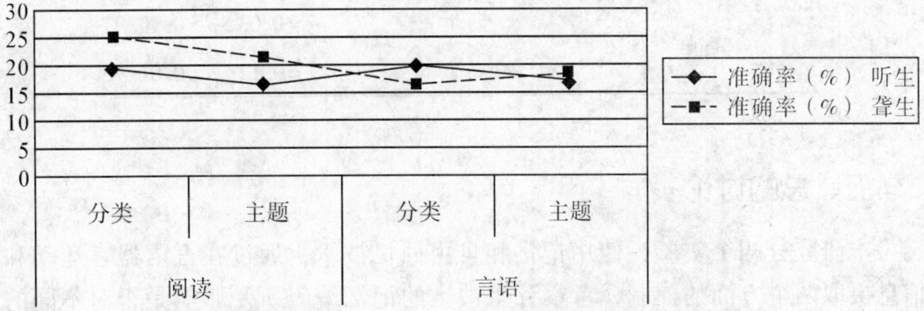

图 8-9　不同听力状态被试在不同信息摄取、不同联系类型条件下的自由回忆准确率

对误报率进行2（听力状态：聋生和听生）×2（信息摄取：阅读和言语）混合测量方差分析表明，信息摄取主效应显著，$F(1, 56) = 57.55$，$p < 0.01$，$R^2 = 0.498$；听力状态主效应显著，$F(1, 56) = 12.65$，$p < 0.01$，$R^2 = 0.179$；听力状态和信息摄取的交互作用显著，$F(1, 56) = 8.63$，$p < 0.01$，$R^2 = 0.130$。简单效应分析表明，手语条件下聋生的误报率显著高于阅读条件下聋生，$t = -6.487$，$p < 0.01$，$d = 2.30$；口语条件下听生的误报率显著高于阅读条件下听生，$t = -4.127$，$p < 0.01$，$d = 1.21$；手语条件下聋生的误报率显著高于口语条件下听生，$t = -3.403$，$p < 0.01$，$d = 1.23$。如图8－10所示。

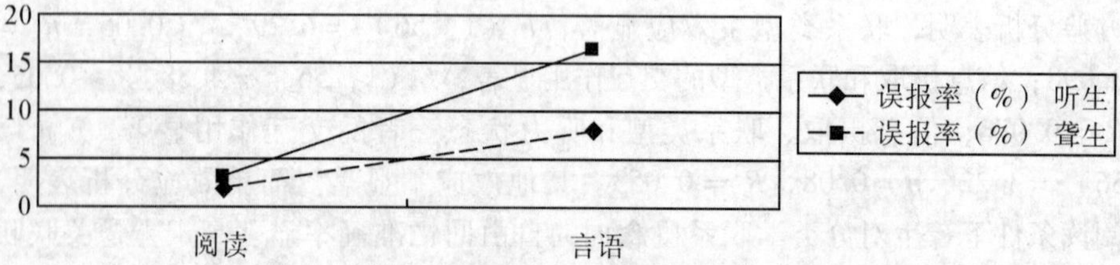

图8－10　不同听力状态被试在不同信息摄取条件下的误报率

和SF联系和分类学联系研究Ⅱ相似，手语条件下聋生的回忆词的顺序和刺激的原呈现顺序显著相关，如表8－8所示。

表8－8　被试回忆词的顺序和刺激的原呈现顺序相关情况

信息摄取	听力状态	
阅读	听生	$r = -0.09$，$p < 0.05$
	聋生	$r = 0.09$，$p < 0.01$
言语	听生	$r = 0.03$，$p > 0.10$
	聋生	$r = 0.12$，$p < 0.01$

五、总的讨论

本研究分四个实验，使用记忆和自由回忆技术，通过在言语器官运动和信息摄取两个方面的控制，考察聋生被试的记忆编码所受影响是否对不同的概念联系类有不同的倾向，是否与听生有不同的倾向。SF联系和分类学联系研究Ⅰ表明，聋生自由回忆准确率有低于听生的现象，但他们没有表现出对

SF 联系概念刺激有高于分类学联系概念刺激的倾向。然而，正如 SF 联系和分类学联系研究Ⅱ所示，当聋生不得不通过手语传递和接受外界信息的时候，其成绩总体上不低于听生，而且，他们对于 SF 联系概念刺激的自由回忆准确率高于分类学联系概念刺激。虽然在主题关联联系和分类学联系研究Ⅰ中，聋生的成绩和听生没有差异，但在最后的实验中，当他们不得不借助手语进行记忆加工的时候，聋生的成绩趋于高于听生，他们对主题关联联系概念词的成绩趋于高于分类学联系概念词。此外，在后两个实验中，聋生的误报率较高，其回忆词的顺序和刺激的原呈现顺序显著相关。

Marschark and Everhart（1999）在推理实验研究中发现，当需要借助分类学联系方面的信息解决问题时，听生会提问一些概括性的问题，例如，“是动物吗?”“是圆的吗?”而聋生则提问一些具体问题，例如，“是一头牛吗?”在 SF 联系和分类学联系研究Ⅰ中，聋生对图片呈现的由 9 个有 SF 联系和 9 个有分类学联系的概念刺激组成的随机排序的刺激系列的自由回忆准确率低于听生，其原因可能是因为他们倾向于忽略刺激之间的概念联系。在主题关联联系和分类学联系研究Ⅰ中，被试必须记住 10 个词对，其中的每对都有不同的主题关联联系或者分类学联系，对于这 20 个词随机排序后的词系列，被试可能在记忆过程中难以发现词之间的概念联系。因此，特别是听生，如果他们企图寻找词之间的概念联系，并企图把多个词组合成信息块，那么，信息块的数量将很可能会大大超过工作记忆容量数字 7，因为，先后呈现的词之间可能没有语义联系。聋生可能因为他们已经习惯孤立地对待外界信息（Strassman et al.，1987），所以，他们的记忆成绩不比听生低，甚至有高于听生的倾向。

受语言障碍的影响，向聋生传授知识具有较大难度。一方面，可能类似于 Shangtie and Hoffmeister（2000）的情况，学校缺乏手语过关的老师。其实，新到聋校参加工作的教师可能不懂手语，因为许多聋校不鼓励学生使用手语，何况亟待改善的中国手语（顾定倩等，2005）在教学中只能处于辅助语言的地位。另一方面，聋生的有声语言能力发展缓慢（李德高、张积家，2006）。然而，聋生在课堂之外主要使用手语（Klatter Folmer et al.，2006）。而且，研究表明，像科学（Roald，2002）和数学（Pagliaro & Kritzer，2005）这样的课程，教学难度极大。

但是，聋生似乎在一些认知能力方面具有自己的优势。例如，成年聋人能够比成年听人在较大视野内分配注意（Sladen et al.，2005）。因此，聋生在认知任务中可能过于依赖其视觉优势（Proksch & Bavelier，2002），对工作记忆中视觉空间画板的依赖性更大（Wilson & Emmorey，1997），倾向于忽略项目之间的概念联系，并倾向于孤立地编码信息。

聋人的语义加工可能是基于手语的。在后两个实验中，聋生不得不进行基于手语信息编码的时候，其成绩至少不低于听生。这一结果与聋人记忆能力不弱于听人的观点（Marschark，1998）一致。更为重要的是，聋生的自由回忆成绩反映了他们有相对分类学联系较强的 SF 联系或主题关联联系意识，表明他们能够根据项目之间的语义联系组织记忆，这也与聋人和听人普通认知能力没有差异的观点（Vernon，2005）相似。

另外，在前两个实验中，当聋生手指连续敲击桌面的同时学习和记忆显示器上概念信息的时候，手指活动的信息可能以某种语义信息发送到了大脑，在 2 分钟之后的自由回忆过程中，信息提取可能受到错误编码信息的干扰。因此，不论刺激呈现形式是文字还是图片，他们的误报率比其他言语器官运动控制条件下显著较高。

在手语交流中，重复、表情、肢体运动和具体的语言交流环境都是重要的信息传递形式。然而，在后两个实验中，信息传递是单向的，缺乏类似言词之外的信息传递形式，因为每个刺激项都是常见的简单概念。例如，苹果和电话，被试只能用简洁的手势表达一次，信息传递方式是孤立的，信息接受者只能根据具体的手势体会信息的意义。此外，手语中同一个手势在不同场合有不同的含义，如果缺乏手势本身之外的信息来源，那么，信息接受者可能难以明确手势的具体含义。所以，在这两个实验中，手语接受者的准确率低而误报率高。

自然手语的表达形式基于客观事物、事件中的空间和时间顺序（游顺钊，1991）。当面对一新事物，或者当言语交流遇到对方缺乏和自己共同的手势词的时候，聋人常常借助于事物、事件的时空顺序，分解表达自己的思想。研究者曾经询问一个 6 年级聋生如何用手势表达“沙发”，她想了一会儿，先作出“软”的手势，然后又作出一个“坐”的手势。也许是因为手语的这种对时空关系的依赖性特点，聋童倾向于难以发展满足算数运算需要的概念策略（Frostad，1999）。本研究中也发现了类似的现象：聋生自由回忆词的顺序和刺激的原呈现顺序显著相关。

年幼儿童能够轻松地对主题关联联系形成心理表征，例如，3 岁儿童把“车”和“人”放在一起，并同时念念有词地说“人开车”。相反，分类学联系的建立基于对事物间相似属性的抽象。一般来说，8 岁前的儿童难以发展稳定的分类学联系概念组织意识（Markman，1989），但他们能够在生活经历中获得关于世界的朴素认识（Lucariello & Nelson，1985）。在学习事物名称的时候，年幼儿童似乎能够模糊地理解词的意义，但他们会指“猫”、“马”、

"牛"或"大象"为"狗"。除了语言能力发展的制约之外，背景知识的发展也制约着科学概念组织意识的发展。例如，和初中生相比，玛雅成年文盲有较强的依据主题关联联系而不是分类学联系来组织概念的倾向（Nguyen & Murphy，2003）。

手语是聋生的主要语言，然而，聋生可能因为在日常生活中与周围人的言语交流机会较少，导致手语实践受到严重限制。而且，因为缺乏引导，其手语可能趋于停留在表达能力极为有限的自然手语水平上。虽然特殊教育有助于聋生发展有声语言能力，但是多数聋生只有在课堂上才有主动的有声语言实践，其相应的语言能力发展速度和程度远不及听生。可想而知，不论从手语还是有声语言能力方面，聋人分类学联系概念结构意识发展得不到和听生同样程度的来自语言的促进作用，其相应的概念结构意识必然趋于停留在较低水平上。因而，在其概念结构中，基于生活经历的 SF 联系和主题关联联系应该处于相对分类学联系较强的地位。

在 SF 联系和分类学联系研究 I 中，虽然刺激的呈现形式是图片，但听生对系列刺激的记忆编码活动可能相当程度上是基于语义的。因为天天讲话和读书，所以，嘴里不停地发出"啦啦啦"的声音可能不会影响其同时进行的记忆编码效率。但是，可能因为不习惯边做运动边记忆，因此，保持 10 个手指连续敲击桌面可能会影响其同时进行的记忆编码活动的效率（包燕、王甦，2000）。因而，和另外两种不要求手指运动的言语器官运动控制条件相比，其自由回忆准确率较低，误报率较高。然而聋生的记忆编码活动似乎没有受到手指运动的影响，这也许是因为聋生有相对较强的视觉信息摄取能力（Proksch & Bavelier，2002）和相对较强的形象性信息的记忆和加工能力（王敬欣，2000）。聋生的记忆和自由回忆成绩在不同的言语器官运动控制条件下趋于相对稳定。

在主题关联联系和分类学联系研究 I 中，刺激系列中的不同项目之间缺乏概念联系，因此，记忆工作量相对较大，需要相对较多的注意资源，被试的记忆编码容易受到言语器官运动控制的影响。所以，听生在声控和手控条件下的自由回忆准确率低于自由条件。聋生也许因为手语实践的影响，比较习惯于手指运动，因此，在手控条件下，他们的自由回忆准确率相对听生较少受到影响。

聋生受声控条件影响和听生相似的现象需要特别解释。虽然聋生识别汉字的时候有强烈的字形依赖倾向（吴彩娟，2001），但是，也许因为教育的关系，他们已经习惯于看到汉字就读出其拼音。有研究表明，聋人大学生在汉字识别任务中似乎有明显的语音意识（昝飞、谭和平，2004）。然而，聋生不可能发展和听生同样程度的有声语言的语音自动化意识（李德高、张积家，2006），他们的发音活动必然占用相对听生较大的注意资源，因此，嘴里连续不停地发出“啦啦啦”可能会影响同时进行的对文字呈现概念项目系列的记忆编码活动。

总之，聋生在记忆任务中可能采用不同于听生的策略，因此，在言语器官运动、信息摄取和刺激呈现形式都受到控制的情况下，他们的自由回忆准确率和误报率有不同于听生的变化特点。如果不使用手语，聋生有孤立加工信息的倾向，其记忆成绩低于听生；当必须使用手语的时候，其成绩不但不低于听生，而且其记忆可能相对听生在较大程度上依赖 SF 联系和主题关联联系而不是分类学联系。

第九章

青少年聋生的语言与概念认知

在社会生活实践中，人基于对周围事物的认识形成了关于世界结构的复杂的概念知识体系。作为人们研究较为深入的概念联系类型，分类学联系、主题关联联系和 SF 联系，它们从一个侧面体现了这种概念知识的复杂性特点。从发展角度看，不同类型的概念联系在不同人的概念结构中有不同的相对重要性。青少年聋生虽然和听生生活在同一个社会环境中，但由于在生理条件、语言实践、生活经历和受教育程度等方面和听生有所不同，其概念结构中关于不同类型概念联系表征的发展应该有其独特性。为了检验这种猜测，本研究提出了如下方面的实验假设：

如果相对大学听生，大学聋生分类学联系概念中上、下位概念间联系存在不对称性（Marschark et al.，2004），那么，在概念认知活动中，其认知能力尚处于发展阶段的青少年聋生应该表现出类似的特点；如果和大学聋生的情况相同，其分类学联系意识相对听生较弱，那么，像主题关联联系和 SF 联系这两种基于生活经历关于事物之间外部联系的心理表征可能在其概念结构中占有相对重要的位置，青少年聋生应该对这两种概念联系有相对于分类学联系比较清楚的意识。如果青少年聋生在信息加工中依赖手语编码，那么，在概念认知活动中控制其手的动作必然会影响其对概念刺激的语义加工；如果他们对图片和文字呈现体现不同类型概念联系的概念刺激有不同于听生的相对敏感性，那么，他们对这两种呈现形式的概念刺激应该表现出不同于听生的行为模式。

通过十二个实验研究发现，青少年聋生在不同任务中对不同形式呈现、体现不同类型概念联系概念刺激的行为反应和听生既有相同、也有不同的方面。和听生相同的行为表现似乎体现了人普遍的概念认知特点，和听生不同的表现则可能是其独特的认知心理的表露。在对所有实验结果进行简单汇总的基础上，从概念联系和信息加工两个纬度讨论青少年聋生概念认知行为及其语言能力的关系，最后就研究发现带来的启示进行简单讨论，为聋人书面语教育和概念知识教育提出一些实用性建议。

一、概念联系

（一）分类学联系

对青少年聋生和听生分类学联系意识进行直接比较涉及五个实验。在单词联想任务中，被试根据每个表征分类学联系概念中上位或下位概念的词写出首先想到的另外一个词。在纳入统计分析的10个量化指标中，虽然两类被试在其中8个指标上显著相关，但是，聋生概念联想词的集中性相对较差；其联想词与刺激词之间体现的分类学联系概念中上、下位概念之间的联系以及同位概念之间的联系均相对较听生较弱。

在分类学联系概念词中上、下位概念词间联系判断任务中，对先后呈现的两个分类学联系概念词，其中一个是分类学联系概念类别名称，另一个表征对应的基本水平概念成员，被试判断它们是否有概念联系。结果表明，如果基本水平概念典型性低，那么聋生的错误率高；相反，其错误率就低。这体现了其分类学联系基本水平概念的典型性意识，但聋生的错误率显著高于听生，说明他们对分类学联系概念中上、下位概念间联系意识相对听生较弱。

在序列呈现分类学联系基本水平概念的归类判断任务中，先后连续呈现来自同一分类学联系概念范畴的四个基本水平概念刺激，被试判断最后一个刺激（目标刺激）是否和前三个刺激（启动刺激）属于同一分类学联系概念类别。结果和听生的情况相同，当启动刺激表征的概念典型性高时，聋生的反应时较短；反之，反应时较长。和听生情况不同的是，当启动刺激表征的概念典型性低时，聋生的错误率较高；反之，较低。说明聋生对高典型性基本水平概念成员相对容易形成概念类别，而对低典型性基本水平概念成员相对难以形成相应的概念类别。

在错误记忆任务中，被试学习一些分类学联系基本水平概念刺激，然后对部分学习过的概念刺激（目标刺激）和其典型性不同于目标刺激却和目标刺激属于同样概念类别的诱饵刺激进行再认。结果和预期相同，聋生对典型性高的目标刺激正确再认率高于典型性低的目标刺激，体现了其分类学联系基本水平概念的典型性意识。虽然聋生目标刺激的正确再认率和听生没有显著性差异，但是，其诱饵刺激的错误再认率显著高于听生，说明其分类学联系概念边界可能相对听生比较模糊，容易把没有见过的同类概念刺激认作见过。

在主题关联联系促进分类学联系概念成员所属类别判断任务中，有3个概念词A、B和C，A是分类学联系概念的类别名（如“昆虫”），C是A的下位概念（如“蜘蛛”），B不属于A却和C有主题关联联系（如“蜘蛛网”)。先呈现A，然后A消失。从A消失处的下一行开始，分上下两行同时呈现B和C，被试判断B和C中是否有属于A者。受阅读习惯影响，在A消失之后，被试会首先看到B，然后再看到C。如果B和C之间概念联系强，那么根据SAM，被试看到B后会激活C的心理表征，判断C所表征概念是A的成员的速度就会更快，准确率会更高。结果虽然和听生相同，聋生的反应时受到主题关联联系的促进，但是，聋生的错误率显著高于听生，说明其分类学联系概念中上、下位概念间联系相对听生较弱。

显然，得到反复证明的是，和听生相同，青少年聋生对分类学联系基本水平概念有明确的典型性意识，但和听生不同的是，他们不同水平概念间联系意识相对较弱。根据Rosch（1975）的原型说，聋生分类学联系基本水平概念的典型性意识明确，说明他们有清楚的分类学联系概念类别意识。同时，这也证明了分类学联系基本水平概念典型性效应的强健可靠。然而，聋生概念边界较为模糊的证据似乎也暗示了其分类学联系概念范畴相对较小，他们能够比较明确地意识到高典型性概念成员的所属概念类别，但对于典型性较低的基本水平概念成员，他们可能不太明确其概念类别所属。其实，这种现象与其分类学联系概念中不同水平概念间联系较弱现象一致，反映了其分类学联系概念结构系统发展不够完善的心理本质。

本研究还试图通过两个实验直接考察青少年聋生分类学联系概念中上、下位概念间联系是否有不对称现象，但是没有得到预期结果。之所以如此，恐怕和聋生分类学联系概念间联系较弱的现象一样，有其分类学联系概念表征方面的原因，也有刺激呈现形式的原因。只要直接考察分类学联系概念中上、下位概念间联系意识，就必须使用书面词，因为概念类别名似乎无法用语言形式以外的形式呈现，然而，聋生的书面语能力薄弱（Gaustad & Kelly，2004），他们能否和听生一样准确快速地理解表征具体概念或抽象概念的书面词，这令人怀疑。如果在不能准确领会书面词意义的前提下作出判断，那么，聋生的这种判断很可能不会真正反映其分类学联系概念表征的心理现实。此外，汉字词的语义透明性可能某种程度上掩盖了聋生分类学联系概念中上、下位概念间联系不对称意识的体现。

不过，对其分类学联系概念的直接考察暴露了青少年聋生有待于深入探究的独特方面。既然其概念间联系相对较弱，对典型性低的概念成员所属归类不够明确，那么，聋生就应该存在分类学联系概念中上、下位概念间联系不对称的现象。如果说之所以没有暴露此心理现象是因为汉字词语义透明性所致，那么，他们是怎样识别分类学联系上位和基本水平概念词的呢？拼音文字语言国家的青少年聋生能够在类似任务中表现出这种不对称吗？这种心理现象以及和其分类学联系概念间联系相对较弱现象反映了其分类学联系概念中不同水平概念怎样的表征呢？因此，青少年聋生分类学联系概念研究的下一个目标就应该是揭露其不同（上位、基本）水平概念词的识别进程和心理表征特点。

（二）分类学联系、SF 联系和主题关联联系

有四个实验直接考察青少年聋生概念结构中是否和听生相比有 SF 联系意识相对分类学联系较强的倾向。在语义流畅性任务中，被试使用其优势语言（听生用口语，聋生用手语）在 1 分钟内尽量多地列举出某分类学联系或者 SF 联系概念类别的概念成员。结果，虽然聋生产词量远低于听生，但其列举 SF 联系概念成员的总产词量及其在此任务中使用的不重复词汇量都似乎有高于分类学联系概念类别情况的趋势。

在食物概念词自由归类任务中，被试把 58 个常见食物概念词随意分成任意多的组。结果表明，青少年聋生在语义流畅性任务中表现的 SF 联系意识相对分类学联系较强的可能趋势得到了重复：聋生虽然也能根据分类学联系归类一些食物概念词，但和听生不同的是，聋生有明显的根据 SF 联系进行食物概念词归类的倾向。例如，他们把油条、面包、包子和面条同其他充饥的食物分离开来，他们拒绝把这些食物和米饭放在一起，其原因可能是，米饭是中午饭或者晚饭吃的主食，而油条、面包、包子和面条等则是早餐经常吃的食物。

在记忆和自由回忆任务中，当需要直接接收电脑显示概念信息的时候，青少年聋生对分类学联系和 SF 联系概念刺激的自由回忆准确率没有体现其不同程度的意识倾向，而且聋生的成绩较听生低。然而，当聋生只接收手语传递过来的信息而听生只接收口语传递来的信息的时候，聋生和听生自由回忆准确率的差异消失，聋生对分类学联系概念刺激的成绩显著低于其对 SF 联系概念刺激的成绩。聋生的概念结构中有 SF 联系意识相对分类学联系较强的倾向。

SF 联系是年幼儿童主要使用的一种概念联系类型。随着年龄的增长，儿童对 SF 联系的依赖逐渐减弱，而其分类学联系概念结构的发展则越来越完善。一般来说，10 岁听童的概念组织已经接近成人（Desprels Fraysse & Lecacheur，1996）。本研究中，聋生均超过这个年龄，但在四个实验中，聋生似乎至少在其中三个实验中的行为反应体现了其 SF 联系意识相对分类学联系较强的倾向。因此可以说，聋生的分类学联系意识发展相对听生有所滞后。

有趣的是，在学习电脑呈现图片概念刺激后进行自由回忆的任务中，聋生可能受孤立看待事物的心理倾向的影响，其概念间联系意识较弱，似乎不

能根据刺激间的概念联系有效地组织信息，导致其成绩较听生低，而且其成绩也没有体现 SF 联系意识相对分类学联系较强的倾向。但是，在手语词记忆和自由回忆活动中，聋生的行为体现了其不弱于听生的概念联系意识及其 SF 联系意识相对分类学联系较强的倾向。

同样，在分类学联系和主题关联联系相对意识方面，聋生似乎有类似的行为模式倾向。在记忆和自由回忆任务中，直接接收电脑显示概念信息的时候，聋生对概念刺激的记忆和自由回忆准确率没有体现其主题关联联系和分类学联系有程度不同意识的倾向。然而，当聋生只接收手语传递来的信息而听生只接收口语传递来的信息的时候，聋生对分类学联系概念刺激的成绩倾向于低于对主题关联联系概念刺激的成绩；而听生的情况则相反，他们对分类学联系概念刺激的成绩倾向于高于主题关联联系概念刺激的成绩。

在单词联想任务中，聋生联想词和刺激词之间的主题关联联系联想强度显著高于听生的情况。

在主题关联联系促进分类学联系概念成员所属类别判断任务中，青少年聋生和听生相同，对 C 是 A 的概念成员的判断受到了 B 和 C 之间主题关联联系的促进。同样，在主题关联联系—分类学联系迫选任务中，以三角形排列方式呈现的 3 个具体概念刺激 A、B 和 C：A 位于顶端，两个备选项（B 和 C）分别位于两个底角。A、B 和 C 的组合有 3 种情况：两个备选项中一个和 A 有分类学联系，另一个和 A 没有联系（例如，A 为“商店”，C 为“饭店”，B 为“足球”）；两个备选项中一个和 A 有主题关联联系，另一个和 A 没有关联（例如，A 为“法院”，C 为“法官”，B 为“泥土”）；两个备选项中一个和 A 有主题关联联系，另一个和 A 有分类学联系（例如，A 为“口红”，C 为“嘴唇”，B 为“胭脂”）。结果表明，不论是准确率还是反应时，均没有体现聋生相对听生有较强主题关联联系意识的倾向。

可见，和 SF 的情况相似，聋生概念结构中有主题关联联系意识相对分类学联系较强的趋势。但是，这种概念联系相对不平衡趋势的体现取决于实验任务：对于必须通过手语完成的实验任务，或者像单词联想、手语词自由产生、食物概念词自由归类这样的任务，聋生能够表现出和听生相比其概念结构中分类学联系相对较弱而主题关联联系或 SF 联系相对较强的心理现实。也就是说，青少年聋生在相关概念认知任务中似乎采用了两种策略：用手语和不用手语。如果任务允许足够自由，或者如果任务要求必须使用手语，那么他们就使用手语完成作业，其行为结果反映了其和听生一样能够利用刺激间概念联系组织信息的能力，而且反映了他们对基于事物间抽象的分类学联系的意识相对较弱而对基于生活经历的事物间外部联系（SF 联系和主题关联联系）的意识相对较强的倾向。

那么，聋生为什么要使用不同的策略呢？从他们在各个任务中的表现看，他们用与不用手语的认知策略似乎不受刺激呈现形式的影响：不论对图片还是文字形式呈现的概念刺激，他们的认知策略运用模式似乎是一样的。表面上看，他们的策略运用模式特点唯一地取决于任务。这也许是当前聋人教育的悲哀。

造成这样的结果大概有以下两方面的原因：首先，聋生手语不受鼓励，成年聋人参与聋人教育者少，教育聋人的听人教师手语娴熟者少，手语在聋人教学活动中只有在不得已的时候充当辅助手段，这可能使聋生产生一种信念，手语是不提倡的，应该学习使用学校和老师教授的语言技能。然而，由于种种原因，学校和老师教授的东西毕竟有限，可能满足不了其认知发展的需求。其次，聋生在课后主要使用手语进行日常言语交流。他们可能没有机会应用和实践课堂上学来的东西，结果，在不借助于手语的认知活动中，其认知技能的提高速度可能极为缓慢。

二、信息加工

（一）图像和书面词识别

在错误记忆任务中，青少年听生对图片呈现目标刺激的正确再认率低于文字呈现的目标刺激，对图片呈现诱饵刺激的错误再认率高于文字呈现的诱饵刺激，但是，聋生的再认率没有受到刺激呈现形式变化的影响。同样，在主题关联联系—分类学联系迫选任务中，如果概念刺激是以图片形式呈现的，那么听生对有主题关联联系概念组合的反应时较无主题关联联系的概念组合长；对于主题组合和分类组合，听生对图片呈现刺激的错误率较文字呈现的刺激高。聋生也没有类似的来自刺激呈现形式变化方面的差异。在序列归类任务中，被试对连续呈现的3个刺激形成类别化的概念表征存储在工作记忆中，然后再对第4个刺激作出判断。听生对图片呈现刺激的错误率高于文字呈现刺激，聋生的错误率也没有这方面的差异。不过，出人意料的是，聋生在图片呈现刺激条件下的反应时较文字条件下长，而听生则没有这种反应时方面的差异。

三个实验一致表明：一方面，听生对图片呈现概念的加工似乎受到图片中丰富的视觉信息的干扰；相反，聋生对图片呈现概念的感知却非常明确。另一方面，听生对文字呈现概念的感知明确，聋生对文字呈现概念的加工精确程度也不比对图片的差。这两种现象似乎共同说明，不论聋生还是听生，他们都能快速、有效地知觉书面词呈现的概念信息，这体现了汉语书面词的语义透明性特征。

听生对图片呈现概念的感知受到视觉刺激干扰，而聋生没有，即聋生能够明确、有效地感知图片呈现的概念信息。这又与聋生对序列图片呈现同分类学联系概念类别的概念成员归类判断较慢的现象矛盾。因此，对图片和文字呈现的具体概念刺激，聋生和听生可能有不同的信息感知觉加工机制。我们可以假设，听生对两种形式呈现的刺激都主要进行语义加工，不过他们对图像信息的编码可能受到一些视觉刺激干扰。毫无疑问，聋生也能对文字和图片呈现概念刺激进行语义加工，但是，因为其第一语言是基于视觉空间信息加工的手语，他们对文字词和图像可能有不同的信息加工倾向。聋生对图片呈现刺激能准确形成概念心理表征，这种表征应该有肖像性的和手语语义性的成分。这种表征的明显特点就是具体事物概念表征相互趋于孤立。然而，他们对具体概念书面词知觉后形成的心理表征似乎没有这么明显的孤立性倾向。

我们不妨把聋生看作其第一语言为手语、第二语言为书面语的不同语言模式的双语者。根据层级修正模型（the revised hierarchical model，简称 RHM）（Kroll & Stewart，1994），双语者的两种语言共享概念表征，尤其是其第二语言水平较低者，对第二语言刺激词，他们需经第一语言间接地通达词汇。因此，聋生对文字词知觉后，可能经手语激活其相应的概念表征。但是，根据 Duyck and De Houwer（2008）的研究，对于具体事物概念词，不论其第二语言高低，双语者似乎能够建立第二语言词的形态信息和相应概念表征的形—意匹配。聋人主要依赖视觉获取信息，聋生是否充分利用书面词丰富的视觉特征，在具体概念书面词和对应概念表征之间也建立了强健的形—意匹配关联呢？这两种假设都有待证实。目前可以肯定的是，聋生对具体概念书面词的识别不同于对图片刺激的信息识别。

（二）手语编码

聋生对手语刺激有明确的语义联想。在记忆编码阶段，如果控制其言语器官的运动，青少年听生的记忆和自由回忆准确率没有受到来自发音器官运动控制方面的影响，但是，聋生却明显受到来自手的运动控制的干扰。如果不要求必须接收手语词，那么，他们利用概念联系帮助记忆的自发性就较弱，他们倾向于孤立地记忆概念信息；相反，如果必须学习手语词，那么，他们的自由回忆成绩不但不再低于听生，而且其准确率也体现了其对不同类型概念联系不同程度的敏感性，其回忆词的先后顺序和输入词的先后顺序显著相关。

如果聋人的第一语言是手语，其工作记忆活动便是基于手语的。确实，在五个相关任务中，要么手指运动信息干扰了聋生对图片或文字呈现概念的记忆编码；要么，与其他情况相反，在手语词产生或理解加工过程中，聋生的行为结果均体现了其明确的概念联系意识。尤其是在手语词记忆和自由回忆任务中，他们的成绩不低于听生，反映了其认知资源利用能力和听人无差异的事实（Boutla，Supalla，Newport & Bavelier，2004）。

（三）概念联系比较判断

在分类学联系概念中上、下位概念间联系判断任务和主题关联联系促进分类学联系概念成员所属类别判断任务中，被试需直接对分类学联系概念中上、下位概念词之间的概念联系作出判断，此时，聋生反应时短而错误率高。在序列归类判断任务中，虽然聋生的准确率和听生没有差异，但其反应时较短。因此，对于刺激间关系的单一维度的判断，聋生反应快捷，不过，他们对分类学联系概念词中上位概念词意义把握的模糊性可能干扰了其判断的准确性。与此相反，在主题关联联系—分类学联系迫选判断任务中，被试对同时呈现的三个项目之间体现的两种概念联系的相对强弱作出判断，虽然聋生的准确率和听生没有显著性差异，但是，其反应速度严重减缓。因此，和听生相比，聋生有单、双维度注意要求下信息加工不平衡的现象：在单维度注意需求下，其信息加工速度快捷；在双维度注意需求下，其信息加工反应迟缓。

聋生这种单、双维度注意要求下认知行为的差异可能有三个方面的原因：第一个原因可能是其概念表征方面的。对同时存在于 3 个刺激之间两种概念联系的比较，被试需要意识到这两种概念联系并在工作记忆中形成相应的抽象概念表征。也许因为他们相对难以借助手语形成这样的概念表征，他们不得不来回反复比较，因而反应速度减慢。第二个原因可能来自手语和有声语言的习惯差异。例如，“You eat more meat than I eat fish.”直译为“你吃肉比我吃鱼吃得多”。这种结构很不符合汉语习惯，英语不熟练的中国人要理解这种直译的句子可能颇费周折。也许聋人在手语交流中很少遇到同时进行两个比较判断的场合，因此，他们比较 A、B 之间的联系强度大于或小于 A、C 之间的强度也颇费周折。第三个原因可能是因为聋生手语能力有限，他们依赖语言的逻辑比较能力较弱。研究表明，一般情况下，聋生理解比较、否定等复杂句子特别困难（Kelly et al.，2003）；聋生阅读能力与其手语水平成正比，手语好的聋生其阅读能力也强（Chamberlain & Mayberry，2000）。

三、总的讨论

系列实验研究表明，青少年聋生在概念认知活动中似乎采用两种策略：

如果不使用手语，那么其概念间联系意识，不论是分类学联系、主题关联联系或者 SF 联系意识，均相对听生较弱；如果强制使用手语，那么，他们似乎能够有效利用概念间联系组织和记忆信息，而且即使不要求使用手语而进行概念刺激记忆学习，手指的强制运动信息也会不自觉地干扰其记忆编码。可见，也许因为其书面语能力较弱，聋生概念思维过程中不能脱离对手语的依赖。他们已经是青少年，其思维模式恐怕也难以发生根本性改变，因此，对他们进行知识甚至语言教学的实践中，如果能够充分发挥其手语思维优势，那么，他们接受教育的效率可能会提高很多。相反，如果忽略他们基于手语进行思考判断的事实，那么，在学习过程中，他们将难以自发、迅速地在知识信息之间建立逻辑关系，其学习效率必然会提高缓慢。

对于文字和图片呈现的概念刺激，青少年聋生的信息加工机制似乎也有不同。对于图像，他们倾向于相对书面词更加孤立地看待事物；然而对于文字呈现的具体概念，他们似乎能够建立书面词及其含义之间稳定的形—意匹配关系，似乎能够意识到书面词的语义价值。

受手语语言模式的限制，他们接受书面语句法结构可能比较困难，但是，汉语书面词语义透明且视觉信息丰富的特点可能符合聋人依赖视觉获取信息的认知特点，单个的具体概念书面词可能有助于弥补其手语词的匮乏。他们对书面词的认知策略可能类似于其学习新的手语词。因此，汉语书面语教学过程中，不要过早强调句子、篇章之类，而应着重扩大字词识别认知教学力度，通过字词学习帮助他们建立丰富的概念知识网络，同时，逐渐结合短语、词组、短句和语境，引导他们掌握词的多个意思，不断固化其概念语义网络，使其建立一词多义的形—意匹配，从而达到提高其汉语语文能力的目的。

对于分类学联系概念，一方面，其概念联系意识相对其他两种基于生活经历的事物之间的外部联系较弱；另一方面，他们分类学联系概念中不同水平概念的识别和组织可能有独特的认知机制。因此，聋生的分类学联系概念意识需要教育。不妨在字词教学中，把具体事物的概念范畴关系作为字词教学的主线索之一，在引导学生建立具体的字词意义关联的同时，从分类学联系概念中同位概念关系和上、下位概念关系方面帮助他们扩充和巩固常见分类学联系概念范畴知识网络，提升其对事物知识进行抽象、逻辑组织的能力。

由于青少年聋生手语词汇量可能相对较小，可能尤其缺乏抽象概念词，而且其手语言语实践主要发生在语言交流需求相对简单的日常生活中，他们可能没有锻炼用手语表达复杂逻辑的言语经历，因此，其进行两种概念联系比较的反应较听生缓慢的现象并不奇怪。

可以肯定的是，聋人有发展任何逻辑比较能力的认知资源。作者认为，逻辑比较能力的培养应该和分类学联系概念意识发展的培养一样，融合在汉语字词教育实践中。所有能力的培养都是一个缓慢的过程，是一个基于语言发展和语言实践的过程，同时也是从一开始就应该和其他教育实践同时进行、融为一体的过程。从一开始对聋生实施教育时，应该首先强化汉字词教学，在字词教育中融合分类学联系概念和逻辑推理教学。如果说年幼听童一年能学习2 000字，那么年幼聋童要达到这个目标不是没有可能。如果在其入学之前就能系统地掌握几千个字词，那么该聋生接受课堂教育的效果将会大大提高。

参考文献

[1] Akhutina, T. V. The structure of the individual mental lexicon from the standpoint of LS Vygotsky's ideas. *Journal of Russian and East European Psychology*, 2003, 41: pp. 115 - 128.

[2] Allman, T. M. Patterns of spelling in young deaf and hard of hearing students. *American Annals of the Deaf*, 2002, 147 (1): pp. 46 - 64.

[3] Ansell, E. & Pagliaro, M. The relative difficulty of signed arithmetic story problems for primary level deaf and hard-of-hearing students. *Journal of Deaf Studies and Deaf Education*, 2006, 11 (2): pp. 153 - 170.

[4] Antia, S. D. & Levine, L. M. Educating deaf and hearing children together: Confronting the challenges of inclusion. *In M. J. Guralnick (Ed.), Early childhood inclusion: Focus on Change.* Baltimore, MD: Paul H. Brookes, 2001: pp. 365 - 398.

[5] Antia, S. D., Reed, S. & Kreimeyer, K. H. Written language of deaf and hard-of-hearing students in public schools. *Journal of Deaf Studies and Deaf Education*, 2005, 10 (3): pp. 244 - 255.

[6] Auer Jr, E. T. & Bernstein, L. E. Estimating when and how words are acquired: a natural experiment on the development of the mental lexicon. *Journal of Speech, Language, and Hearing Research*, 2008, 51 (3): p. 150.

[7] Auer Jr., E. T. Bernstein, L. E. & Tucker, P. E. Is subjective word familiarity a meter of ambient language? A natural experiment on effects of perceptual experience. *Memory and Cognition*, 2000, 28: pp. 789 - 797.

[8] Baddeley, A. D. *Working Memory.* Oxford, England: Clarendon Press, 1986.

[9] Baddeley, A. D., Thomson, N. & Buchanan, M. Word length and the structure of short-term memory. *Journal of Verbal learning and Verbal Behavior*, 1975, 14: pp. 575 - 589.

[10] Badecker, W. Representational properties common to phonological and orthographic output systems. *Lingua*, 1996, 99: pp. 55 - 83.

[11] Bandurski, M. & Galkowski, T. The development of analogical reasoning in Deaf children and their parents' communication mode. *Journal of Deaf Studies and Deaf Education*, 2004, 9 (2): pp. 153 –175.

[12] Banks, J. , Gray, C. & Fyfe, R. The written recall of printed stories by severely deaf children. *British Journal of Educational Psychology*, 1990, 60: pp. 192 –206.

[13] Barth, H. , La Mont, K. , Lipton, J. , Dehaene, S. , Kanwisher, N. & Spelke, E. Non-symbolic arithmetic in adults and young children. *Cognition*, 2006, 98: pp. 199 –222.

[14] Battsch, K. & Willman, H. M. Young children's attribution of action to beliefs and desires. *Child Development*, 1989, 60: pp. 946 –964.

[15] Baus, C. , Gutiérrez Sigut, E. , Quer, J. & Carreiras, M. Lexical access in Catalan signed language (LSC) production. *Cognition*, 2008, 108: pp. 856 –865.

[16] Bavelier, D. , Tomann, A. , Hutton, C. Mitchell, T. , Corina, D. , Liu, G. and Neville, H. Visual attention to the periphery is enhanced in congenitally deaf individuals. *Journal of Neuroscience*, 2000, 20: pp. 1 –6.

[17] Bavelier, D. , Brozinsky, C. , Tomann, A. , Mitchell, T. , Neville, H. & Liu, G. Impact of early exposure to sign language on the cerebral organization for motion processing. *Journal of Neuroscience*, 2001, 21: pp. 8931 –8942.

[18] Bavelier, D. , Newport, E. L. , Hall, M. , Supalla, T. & Boutla, M. Ordered short-term memory differs in signers and speakers: Implications for models of short-term memory. *Cognition*, 2008, 107: pp. 433 –459.

[19] Bellugi, U. & Klima, E. S. Aspects of sign language and its structure. In J. F. Kavanaugh & J. E. Cutting (Eds.). *The role of Speech in Language*. Cambridge, MA: MIT Press, 1975: pp. 171 –203.

[20] Best, H. *Deafness and the deaf in the United States*. New York: Macmillan, 1943: pp. 147.

[21] Bishop, M. & Hicks, S. Orange eyes: Bimodal bilingualism in hearing adults from deaf families. *Sign Language Studies*, 2005, 5 (2): pp. 188 –232.

[22] Blank, A. & Bridger, H. W. Conceptual cross-modal transfer in deaf and hearing children. *Child Development*, 1966, 37 (1): pp. 29 –38.

[23] Blatto. Vallee, G. , Kelly, R. R. , Porter, J. , Gaustad, M. G. , & Fonzi, Visual-spatial representation in mathematical problem solving by deaf and

hearing students. *Journal of Deaf Studies and Deaf Education*, 2007, 12 (4): pp. 432 – 448.

[24] Blaye, A. & Bonthoux, F. Thematic and taxonomic relations in preschoolers: The development of flexibility in categorization choices. *British Journal of Developmental Psychology*, 2001, 19: pp. 395 – 412.

[25] Bloom, L. & Tinker, E. The intentionality model and language acquisition: Engagement, effort, and the essential tension in development. *Monographs of the Society for Research in Child Development*, 2001, 66 (4): pp. 310 – 321.

[26] Bogolepova, I. N. & Malofeeva, L. I. Characteristics of the development of speech motor fields 44 and 45 in the left and right hemispheres of the human brain during early postnatal ontogenesis. *Morfologiya*, 2000, 117 (2): pp. 13 – 18.

[27] Bogolepova, I. N., Malofeeva, L. I. & Belogrud, T. V. Characteristics of the structure of the speech motor cortex of the frontal area of the brain of a deaf mute child. *Neuroscience and Behavioral Physiology*, 2004, 34 (2): pp. 199 – 202.

[28] Bond, G. G. An assessment of cognitive abilities in hearing and hearing impaired preschool children. *Journal of Speech and Hearing Disorders*, 1987, 52: pp. 319 – 323.

[29] Bosworth, B. G. & Dobkins, K. R. The effects of spatial attention on motion processing in deaf signers, hearing signers, and hearing nonsigners. *Brain and Cognition*, 2002a, 49: pp. 152 – 169.

[30] Bosworth, B. G. & Dobkins, K. R. Visual field asymmetries for motion processing in deaf and hearing signers. *Brain and Cognition*, 2002b, 49: pp. 170 – 181.

[31] Bosworth, R. & Dobkins, K. R. Left-hemisphere dominance for motion processing in deaf signers. *Psychological Science*, 1999, 10 (3): pp. 256 – 262.

[32] Boutla, M., Supalla, T., Newport, E. L. & Bavelier, D. Short-term memory span: insights from sign language. *Nature: Neuroscience*, 2004, 7 (9): pp. 997 – 1002.

[33] Brained, C. & V. Reyna. Fuzzy trace theory and children' false memories. *Journal of Experimental Child Psychology*, 1998, 719 (2): pp. 81 – 129.

[34] Brentari, D. Eects of language modality on word segmentation: An experimental study of phonological factors in a sign language. In L. Goldstein, D. Whalen & C. Best (Eds.). *Papers in laboratory phonology*. Hague: Mouton de Gruyter, 2006 (8): pp. 155 – 164.

[35] Brown, L. B. & Forgas, J. P. The structure of religion: A multi-dimensional scaling of informal elements. *Journal for the Scientific Study of Religion*, 1980, 19 (4): pp. 423 – 431.

[36] Bull, R., Blatto. Vallee, G. & Fabich, M. Subitizing, magnitude representation, and magnitude retrieval in deaf and hearing adults. *Journal of Deaf Studies and Deaf Education*, 2006, 11 (3): pp. 289 – 302.

[37] Bull, R., Marschark, M. & Blatto Vallee, G. SNARC hunting: Examining number representation in deaf students. *Learning and Individual Differences*, 2005, 15: pp. 223 – 236.

[38] Burnett. R. C., Medin, D. L., Ross, N. O. & Block, S. V. Ideal is typical. *Canadian Journal of Experimental Psychology*, 2005, 59 (1): pp. 3 – 10.

[39] Campbell, R. & Wright, H. Deafness and immediate memory for pictures: dissociations between "inner speech" and the "inner ear"? *Journal of Experimental Child Psychology*, 1990, 50: pp. 259 – 286.

[40] Carreiras, M., Gutiérrez Sigut, E., Baquero, S. & Corina, D. Lexical processing in Spanish sign language (LSE). *Journal of Memory and Language*, 2008, 58: pp. 100 – 122.

[41] Chaffin R. Associations in unfamiliar words: Learning the meanings of new words. *Memory and Cognition*, 1997, 25: pp. 203 – 226.

[42] Chamberlain, C. & Mayberry, R. I. Theorizing about therelation between American sign languag and reading. In C. Chamberlain, J. P. Morford & R. I. Mayberry (Eds). *Language Acquisition by Eye.* Mahwah, NJ: Earlbaum, 2000.

[43] Chen, K. C. Extremity of semantic differential ratings in deaf and hearing subjects. *The Journal of General Psychology*, 1977, 96: pp. 231 – 236.

[44] Collins, A. M. & Loftus, E. F. A Spreading-activation theory of semantic processing. *Psychological Review*, 1975, 82 (6): pp. 407 – 429.

[45] Collins, A. M. & Quilian, M. R. Retrieval time from semantic memory. *Journal of Verbal Learning and Verbal Behavior*, 1969, 8: pp. 240 – 248.

[46] Colmenero, J. M., Catena, A., Fuentes, L. J. & Ramos, M. M. Mechanisms of visuospatial orienting in deafness. *Journal of Cognitive Psychology*, 2004, 16 (6): pp. 791 – 805.

[47] Conrad, R. Acoustic confusion in immediate memory. *British Journal of Psychology*, 1964, 55: pp. 75 – 84.

[48] Corina, D. P. & Emmorey, K. Lexical priming in American sign lan-

guage. *Poster presented at the 34th annual meeting of the Psychonomics Society*, Washington, DC, 1993: p. 11.

[49] Corina, D. P., San Jose. Robertson, L., Guillemin, A., High, J. & Braun, A. R. Language lateralization in a bimanual language. *Journal of Cognitive Neuroscience*, 2003, 15 (5): pp. 718 - 730.

[50] Cowan, N. The magical number 4 in short-term memory: a reconsideration of mental storage capacity. *Behavioral & Brain Scinces*, 2001, 24 (1): pp. 87 - 185.

[51] Cuetos, F., Monsalve, A., Pinto, A. & Rodríguez Ferreiro, J. Predictor variables of written picture naming in the deaf. *Reading and Writing: An Interdisciplinary Journal*, 2004, 17: pp. 227 - 240.

[52] Daneman, M. & Green, I. Individual differences in comprehending and producing words in context. *J. Mem. Lang*, 1986, 25: pp. 1 - 18.

[53] Daniels, M. Using signed language as a second language for kindergarten students. *Child Study Journal*, 2003, 33 (1): pp. 53 - 70.

[54] Daniels, M. Happy Hands: The effect of ASL on hearing children's literacy. *Reading Research and Instruction*, 2004, 44 (1): pp. 85 - 100.

[55] Darwin, C. J., Turvey, M. T. & Browder, R. G. An auditory analogue of the Sperling partial report procedure: Evidence for brief auditory storage. *Cognition Psychology*, 1972, 3: pp. 255 - 267.

[56] Davis, S. M. & Kelly, R. R. Comparing deaf and hearing college students' mental arithmetic calculations under two interference conditions. *American Annals of the Deaf*, 2003, 148 (3): pp. 213 - 221.

[57] Davis, H. & Siverman, S. R. *Hearing and deafness*. New York: Holt, Rinehart & Winston, 1978.

[58] Desprels Fraysse, A. & Lecacheur, M. Children's conception of object, as revealed by their categorizations. *The Journal of Genetic Psychology*, 1996, 157 (1): pp. 49 - 64.

[59] Dewhurst, S. & Anderson, S. Effects of exact and category repetition in true and false recognition memory. *Memory and Cognition*, 1999, 27 (4): pp. 664 - 673.

[60] Dromi, E. Early lexical development. In M. Barrett (Eds.). *The development of language: Studies in developmental psychology*. Philadelphia, PA: Psychology Press, 1999: pp. 99 - 131.

[61] Dye, M. W. G. & Shih, S. Phonological priming in British sign language. In L. M. Goldstein, D. H. Whalen & C. T. Best (Eds.). *Papers in laboratory of phonology*. Berlin: Mouton de Gruyter, 2006 (8).

[62] Dye, M. W. G., Baril, D. E. & Bavelier, D. Which aspects of visual attention are changed by deafness? The case of the Attentional Network Test. *Neuropsychologia*, 2007, 45: pp. 1801-1811.

[63] Ellis, A. W. & Morrison, C. M. Real age of acquisition effects in lexical retrieval. *Journal of Experimental Psychology: Learning, Memory, and Cognition*, 1998, 24: pp. 515-523.

[64] Emmorey, K. & Corina, D. Hemispheric specialization for ASL signs and English words: Differences between imageable and abstract forms. *Neuropsychologia*, 1993, 31 (7): pp. 645-653.

[65] Emmorey, K. Non-antecedent suppression in American sign language. *Language and Cognitive Processes*, 1997, 12 (1): pp. 103-119.

[66] Emmorey, K. The neural systems underlying language: Insights from sign language research. *AAAS Annual Meeting*, 2002.

[67] Emmorey, K. & Corina, D. Lexical recognition in sign language: Effects of phonetic structure and morphology. *Perceptual & Motor Skills*, 1990, 71: pp. 1227-1252.

[68] Emmorey, K. & Kosslyn, S. Enhanced image generation abilities in deaf signers: A right hemisphere effect. *Brain and Cognition*, 1996, 32: pp. 28-44.

[69] Emmorey, K., Grabowski, T., McCullough, S., Damasio, H., Ponto, L. L. B., Hichwa, R. D. & Bellugi, V. Neural systems underlying lexical retrieval for sign language. *Neuropsychologia*, 2003, 41 (3): pp. 85-95.

[70] Emmorey, K., Allen, J., Bruss, J., Schenker, N. & Damasio, H. A morphometric analysis of auditory brain regions in congenitally deaf adults. *Proceedings of the National Academy of Sciences of the United States of America*, 2003, 100 (17): pp. 10049-10054.

[71] Emmorey, K., Kosslyn, S. & Bellugi, U. Visual imagery and visual-spatial language: Enhanced imagery abilities in deaf and hearing ASL signers. *Cognition*, 1993, 46: pp. 139-181.

[72] Emmorey, K., McCullough, S. & Brentari, D. The acquisition of spatial constructions in American sign language and English. *Language and Cognitive Processes*, 2003, 18 (1): pp. 21-45.

[73] Emmorey, K. , Mehta, S. & Grabowski, T. J. The neural correlates of sign versus word production. *NeuroImage*, 2007, 36 (1): pp. 202 –208.

[74] Estes, D. , Wellman, H. M. & Woolley, J. D. Children's understanding of mental phenomena. In H. W. Reese (Ed.). *Advances in Child Development and Behavior.* New York: Academic Press, 1985.

[75] Fajardo, I. , Canas, J. J. , Salmeron, L. & Abascal, J. Improving deaf users' accessibility in hypertext information retrieval: are graphical interfaces useful for them? *Behaviour & Information Technology*, 2006, 25 (6): pp. 455 –467.

[76] Falkman, K. W. & Hjelmquist, E. Do you see what I mean? Shared reference in non-native, early signing deaf children. *Journal of Deaf Studies and Deaf Education*, 2006, 11 (4): pp. 410 –420.

[77] Fischer, S. D. , Delhorne, L. A. & Reed, C. M. Effects of rate of presentation on the reception of American sign language. *Journal of Speech, Language, and Hearing Research*, 1999, 42 (3): pp. 568 –582.

[78] Flaherty, M. & Moran, A. Memory span for Arbic numerals and digit words in Japanese kanji in deaf signers. *Japanese Psychological Research*, 2001, 43 (2): pp. 63 –71.

[79] Fleetwood, E. & M. Metzger. Cued-language structure: An analysis of cued American English based on linguistic principles. *Silver Spring*, MD: Calliope Press, 1998.

[80] Forgas, J. P. , Laszlo, J. , Siklaki, I. & S. Moylan, J. Images of politics: A multidimensional analysis of implicit representations of political parties in a newly emerging democracy. *European Journal of Social Psychology*, 1995, 25: pp. 481 –496.

[81] Frith, U. Beneath the surface of developmental dyslexia. In Patterson K. , Marschall J. , Coltheart M. *Surface Dyslexia.* London: Erlbaum, 1985.

[82] Frostad, P. & Ahlberg, A. Solving story-based arithmetic problems: Achievement of children with hearing impairment and their interpretation of meaning. *Journal of Deaf Studies and Deaf Education*, 1999, 4 (4): pp. 283 –293.

[83] Frostad, P. Deaf children's use of cognitive strategies in simple arithmetic problems. *Educational Studies in Mathematics*, 1999, 40: pp. 129 –153.

[84] Furth, H. G. *Thinking without language.* New York: Free Press, 1966.

[85] Gastgeb, H. Z. , Strauss, M. S. & Minshew, N. J. Do individuals with autism process categories differently? The effect of typicality and development. *Child*

Development, 2006, 77 (6): pp. 1717 – 1729.

[86] Gaustad, M. G. & Kelly, R. R. The Relationship between Reading Achievement and Morphological Word Analysis in deaf and hearing students matched for reading level. *Journal of Deaf Studies and Deaf Education*, 2004, 9 (3): pp. 269 – 285.

[87] Gaustad, M. G., Kelly, R. R., Payne, J. A. & Lylak, E. Deaf and hearing students' morphological knowledge applied to printed English. *American Annals of the Deaf*, 2002, 147 (5): pp. 6 – 21.

[88] Gaustad, M. G. Morphographic analysis as a word identification strategy for deaf readers. *Journal of Deaf Studies and Deaf Education*, 2000, 5 (1): pp. 60 – 80.

[89] Gaustad, M. G., Kelly, R. R., Payne, J. A. & Lylak, E. Deaf and hearing students' morphological knowledge applied to printed English. *American Annals of Deaf*, 2002, 147 (5): pp. 5 – 21.

[90] Geraci, C., Gozzi, M., Papagno, C. & Cecchetto, C. How grammar can cope with limited short-term memory: Simultaneity and seriality in sign languages. *Cognition*, 2008, 106: pp. 780 – 804.

[91] Gerbsbacher, M. A. Resolving 20 years of inconsistent interaction between lexical familiarity and orthography, onccreteness, and polysemy. *Journal of Experimental Psychology: General*, 1984, 113: pp. 256 – 281.

[92] Gesell, A. & Illg, F. L. *Infant and child in the culture of today*. New York, Harpers, 1953: p. 102.

[93] Gilliland, J. & Stone, M. Color and Communication in the Dreams of Hearing and Deaf Persons. *Dreaming*, 2007, 17 (1): pp. 48 – 56.

[94] Goldin Meadow, S. & Mylander, G. Spontaneous sign systems created by deaf children in two cultures. *Nature*, 1998, 391 (5): pp. 279 – 281.

[95] Goldin Meadow, S., Gelman, S. A. & Mylander, C. Expressing generic concepts with and without a language model. *Cognition*, 2005, 96 (2): pp. 109 – 126.

[96] Goldin Meadow, S., Mylander, C. & Franklin, M. How children make language out of gesture: Morphological structure in gesture systems developed by American and Chinese deaf children. *Cognitive Psychology*, 2007, 55 (2): pp. 87 – 135.

[97] Golhooly, K. J. & Logie, R. H. Age-of-acquisition, imagery, concrete-

nenss, familarity and ambiguity measures for 1 944 words. *Behavior Research Methods & Instrumentation*, 1980, 12: pp. 395 – 427.

[98] González, A., Quintana, I., Barajas, C. & Linero, M. J. The role of age and oral lexical competence in false belief understanding by children and adolescents with hearing loss. *The Volta Review*, 2007, 107 (1): pp. 123 – 139.

[99] Harris, M. & Moreno, C. Deaf children's use of phonological coding: evidence from reading, spelling and working memory. *Journal of Deaf Studies and Deaf Education*, 2004, 9 (3): pp. 253 – 268.

[100] Harris, M. It's all a matter of timing: Sign visibility and sign reference in deaf and hearing mothers of 18-month-old children. *Journal of Deaf Studies and Deaf Education*, 2001, 6 (3): pp. 177 – 185.

[101] Harris, P. L., Brwn, E., Marriot, C., Whithall, S. & Harmer, S. Monsters, Ghosts and witches: Testing the limits of the fantasy-reality distinction in young children. *British Journal of Developmental Psychology*, 1991, 9: pp. 105 – 123.

[102] Hauser, P. C., Dye, M. W. G., Boutla, M., Green, C. S. & Bavelier, D. Deafness and visual enumeration: Not all aspects of attention are modified by deafness. *Brain Research*, 2007, 1153: pp. 1801 – 1811.

[103] Henderson, L. Writing systems and reading processes. In: L. Henderson (ed.), *Orthographies and Reading*. Hilsdale, NJ: Erlbaum, 1984: pp. 1 – 3.

[104] Herring. Harrison, T. J., Gardner Ⅲ, R. & Lovelace, T. S. Adapting peer tutoring for learners who are deaf or hard of hearing. *Intervention in School and Clinic*, 2007, 43 (2): pp. 82 – 87.

[105] Higgins, P. & Nash, J. *Understanding deafness socially*. Springfield, IL: C. C. Thomas, 1987.

[106] Hildebrandt, U. & Corina, D. Phonological similarity in American sign language. *Language and Cognitive Processes*, 2002, 17 (6): pp. 593 – 612.

[107] Hosie, J. A., Russell, P. A., Gray, C. D., Scott, C., Hunter, N., Banks, J. S. & Macaulay, M. C. Knowledge of display rules in prelingually deaf and hearing children. J. *Child Psychol. Psychiat.*, 2000, 40 (3): pp. 389 – 398.

[108] Hyde, M., Zevenbergen, R. & Power, D. Deaf and hard of hearing students' performance on arithmetic word problems. *American Annals of the Deaf*, 2003, 148 (1): pp. 56 – 64.

[109] Inoue, T. Memory in deaf signers and embodied cognition of sign lan-

guages. *Japanese Psychological Research*, 2006, 48 (3): pp. 223 –232.

[110] Izzo, A. Phonemic awareness and reading ability: An investigation with young readers who are deaf. *American Annals of the Deaf*, 2002, 147: pp. 18 –29.

[111] Jerger, S., Damian, M. F., Tye Murray, N., Dougherty, M., Mehta, J. & Spence, M. Effects of childhood hearing loss on organization of semantic memory: Typicality and relatedness. *Ear & Hearing*, 2006, 27 (6): pp. 686 –702.

[112] Jerger, S., Lai, L. & Marchman, V. A. Picture naming by children with hearing loss: I. effect of semantically related auditory distractors. *Journal of the American Academy of Audiology*, 2002, 13: pp. 478 –492.

[113] Job, J. Factors involved in the ineffective dissemination of sexuality information to individuals who are deaf or hard of hearing. *American Annals of the Deaf*, 2004, 149 (3): pp. 264 –273.

[114] Johnson, M. K., Hashtroudi, S. & Lindsay, D. S. Source monitoring. *Psychological Bulletin*, 1993, 114 (1): pp. 3 –28.

[115] Kanabus, M., Szelag, E., Rojek, E. & Poeppel, E. Temporal order judgment for auditory and visual stimuli. *Acta Neurobiol. Exp.* 2002, 62: pp. 263 –270.

[116] Keehner, M. & Gathercole, S. E. Cognitive adaptations arising from nonnative experience of sign language in hearing adults. *Memory & Cognition*, 2007, 35 (4): pp. 752 –761.

[117] Kelly, R. R. Using technology to meet the developmental needs of deaf students to improve their mathematical word problems solving skills. *Mathematics and Computer Education*, 2003, 37 (1): pp. 8 –15.

[118] Kelly, R. R., Lang, H. G., Mousley, K. & Davis, S. M. Deaf college students' comprehension of relational language in arithmetic compare problems. *Journal of Deaf Studies and Deaf Education*, 2003, 8 (2): pp. 120 –132.

[119] Kethleen, C. C. Extremity of semantic differential ratings in deaf and hearing subjects. *The Journal of General Psychology*, 1977, 96: pp. 231 –236.

[120] Klatter. Folmer, J., Kolen, E., Hout, R. & Verhoeven, L. Language development in deaf children's interactions with deaf and hearing adults: A Dutch longitudinal study. *Journal of Deaf Studies and Deaf Education*, 2006, 11 (2): pp. 238 –251.

[121] Koetitz, L. E. Cognitive and psycholsocial development in deaf children: A review of the literature. *Education and Training of the Mentally Retarded*,

1976, 11: pp. 66 –72.

[122] Korvorst, M. , Nuerk, H. C. & Willmes, K. The hands have it: Number representations in adult deaf signers. *Journal of Deaf Studies and Deaf Education*, 2007, 12 (3): pp. 362 –372.

[123] Kritzer, K. L. The construction of a classification schema as a foundation for mathematical understanding in young deaf children. *Focus on Learning Problems in Mathematics*, 2007, 29 (3): pp. 15 –29.

[124] Kroll, J. F. & Stewart, E. Category interference in translation and picture naming: Evidence for asymmetric connections between bilingual memory representations. *Journal of Memory and Language*, 1994, 33: pp. 149 –174.

[125] Kusche, C. A. , Garfield, T. S. & Greenberg, M. T. The understanding of emotional and social attributions in deaf adolescents. *Journal of Clinical Child Psychology*, 1983, 12 (2): pp. 153 –160.

[126] Kyle, F. E. & Harris, S. Concurrent correlates and predictors of reading and spelling achievement in deaf and hearing school children. *Journal of Deaf Studies and Deaf Education*, 2006, 11 (3): pp. 273 –288.

[127] Kyle, J. G. Sign language as cognition for deaf people: Pitfalls and prospects. *Appliced Cognitive Psychology*, 1989, 3: pp. 109 –125.

[128] Lambert, B. L. , Chang, Y. & Lin, S. J. Immediate free recall of drug names: Effects of similarity and availability. *American Journal of Health-System Pharmacy*, 2003, 60: pp. 156 –168.

[129] Lambertz, N. , Gizewski, E. R. , de Greiff, A. & Forsting, M. Cross-modal plasticity in deaf subjects dependent on the extent of hearing loss. *Cognitive Brain Research*, 2005, 25: pp. 884 –890.

[130] Larkin, L. Speech and sign language trigger similar brain activity. *The Lancet*, 2000, 356 (9246): 1989 –1989.

[131] LeCompte, D. C. , Neely, C. B. & Wilson, J. R. Irrelevant speech and irrelevant tones. *Journal of Experimental Psychology: Learning, Memory, and Cognition*, 1997, 23 (2): pp. 472 –483.

[132] Lederberg, A. R. & Spencer, P. E. Word-Learning Abilities in Deaf and Hard-of-Hearing Preschoolers: Effect of Lexicon Size and Language Modality. *Journal of Deaf Studies and Deaf Education*, 2009, 14 (1): pp. 44 –62.

[133] Lee, C. P. & Obrzut, J. E. Taxonomic clustering and frequency associations as features of semantic memory development in children with learning disabili-

ties. *Journal of Learning Disabilities*, 1994, 27 (7): pp. 454 –462.

[134] Leybaert, J. & Lechat, J. Phonological similarity effects in memory for serial order of cued speech. *Journal of Speech, Language, and Hearing Research*, 2001, 44 (5): pp. 949 –963.

[135] Leybaert, J. Reading in the deaf: The roles of phonological codes. In M. Marschark & D. Clarc (Eds.). *Psychological Perspectives in Deafness.* New York: Lawrence Erlbaum Associates, 1993: pp. 269 –309.

[136] Li, D. & Zhang, J. Chinese deaf adolescents' free recall of taxonomic, slot-filler, and thematic categories. *Scandinavian Journal of Psychology*, 2009, 50: pp. 355 –366.

[137] Lillo Martin, D. Modality effects and modularity in language acquisition: The acquisition of American Sign Language. In W. C. Ritchie & T. K. Bhatia (Eds.). *Handbook of Child Language Acquisition.* New York: Academic Press, 1999: pp. 531 –567.

[138] Lin, E. L. & Murphy, G. L. Effects of background knowledge on object categorization and part detection. *Journal of Experimental Psychology: Human Perception and Performance*, 1997, 23 (4): pp. 1153 –1169.

[139] Lin. E. L. & Murphy, G. L. Thematic relations in adults' concepts. *Journal of Experimental Psychology: General*, 2001, 130 (1): pp. 3 –28.

[140] Loke, W. H. & Song, S. Central and peripheral visual processing in hearing and non-hearing individuals. *Bulletin of the Psychonomic Society*, 1991, 29 (5): pp. 437 –440.

[141] López, A., Atran, S., Coley, J. D., Medin, D. L. & Smith, E. E. The tree of life: Universal and cultural features of folk-biological taxonomies and inductions. *Cognitive Psychology*, 1997, 32: pp. 251 –295.

[142] Losiewicz, B. L. A specialized language system in working memory: evidence from American Sign Language. *Southwest J. Linguist*, 2000, 19: pp. 63 –75.

[143] Lucariello, J. & Nelson, K. Slot-filler categories as memory organizers for young children. *Developmental Psychology*, 1985, 21 (2): pp. 272 –282.

[144] Lucariello, J. Together wherever we go: The ethnographic child and the developmentalist. *Child Development*, 1998, 69 (2): pp. 355 –358.

[145] Luce, P. A. & Pisoni, D. B. Recognizing spoken words: The neighborhood activation model. *Ear and Hearing*, 1998, 19: pp. 1 –36.

[146] Lundy, J. E. B. Age and language skills of deaf children in relation to

theory of mind development. *Journal of Deaf Studies and Deaf Education*, 2002, 7 (1): pp. 41 – 56.

[147] Lytle, R. R., Johnson, K. E. & Yang, J. Deaf education in China: History, current issues, and emerging deaf voices. *American Annals of the Deaf*, 2005/2006, 150 (5): pp. 457 – 469.

[148] MacSweeney, M., Campbell, R., Woll, B., Giampietro, V., David, A., S., McGuire, P. K., Calvert, G. A. & Brammer, M. J. Dissociating linguistic and nonlinguistic gestural communication in the brain. *NeuroImage*, 2004, 22: pp. 238 – 251.

[149] MacSweeney, M., Waters, D., Brammer, M. J., Woll, B. & Goswami, U. Phonological processing in deaf signers and the impact of age of first language acquisition. *NeuroImage*, 2008, 44: pp. 1369 – 1379.

[150] MacSweeney, M., Woll, B., Campbell, R., McGuire, P. K., David, A. S., Williams, S. C. R., Suckling, J., Calvert, G. A. & Brammer, M. J. Neural systems underlying British sign language and audio-visual English processing in native users. *Brain*, 2002, 125 (7): pp. 1583 – 1593.

[151] Margaret, E. & Karen, E. A visuo-spatial phonological loop in working memory: Evidence from American Sign Language. *Memory & Cognition*, 1997, 25 (3): pp. 313 – 324.

[152] Margellos Anast, H., Estarziau, M. & Kaufman, G. Cardiovascular disease knowledge among culturally deaf patients in Chicago. *Cognition*, 2006, 42: pp. 235 – 239.

[153] Markey, C., Markey, D. & Booker, G. Using structured games to teach early fraction concepts to students who are deaf or hard-of-hearing. *American Annals of the Deaf*, 2003, 148 (3): pp. 251 – 258.

[154] Markman, E. M. *Categorization and Naming in Children: Problems of Induction.* Cambridge, MA: MIT Press, 1989.

[155] Marschark, M. & Mouradian, V. Discourse rules in the language productions of deaf and hearing children. *Journal of Experimental Child Psychology*, 1994, 57 (1): pp. 89 – 107.

[156] Marschark, M. & Mayer, T. S. Interactions of language and memory in deaf children and adults. *Scandinavian Journal of Psychology*, 1998, 39: pp. 145 – 148.

[157] Marschark, M. Influences of signed and spoken language on memory

span. *Paper presented at Annual Meeting of the Psychonomic Society*, 1996.

[158] Marschark, M. Memory for Language in Deaf Adults and Children. *Scand Audiol*, 1998, 27 (49): pp. 87 – 92.

[159] Marschark, M. and Everhart, V. Problem-solving by deaf and hearing students: Twenty questions. *Deafness and Education International*, 1999, 1: pp. 65 – 82.

[160] Marschark, M., Convertino, C., McEvoy, C. & Masteller, A. Organization and use of the mental lexicon by deaf and hearing individuals. *Cognition*, 2004, 149 (1): pp. 51 – 61.

[161] Marschark, M., Green, V., Hindmarsh, G. & Walker, S. Darwing insight from pictures: The development of concepts of false drawig and false belief in children with deafness, normal hearing, and Autism. *Child Development*, 2002, 73 (5): pp. 1442 – 1459.

[162] Marschark, M., Lang, H. G. & Albertini, J. A. *Educating the Deaf Students*. Oxford University Press, Inc, 2002.

[163] Marschark, M., Sapere, P., Convertino, C., Seewagen, R. & Maltzen, H. Comprehension of sign language interpreting: Deciphering a complex task situation. *Sign Language Studies*, 2004, 4 (4): pp. 345 – 368.

[164] Marschark, M., Everhart, V. S., Martin, J. & West, S. A. Identifying linguistic creativity in deaf and hearing children. *Metaphor and Symbolic Activity*, 1987, 2 (4): pp. 281 – 306.

[165] Martin, D. S. *Cognitive Process and Hearing Impaired Learners*. (Report No. 23). Washington DC: Office of Educational Research and Improvement. 1989. (ERIC Document reproduction Service No. ED 353731).

[166] Masataka, N. Differences in arithmetic subtraction of nonsymbolic numerosities by deaf and hearing adults. *Journal of Deaf Studies and Deaf Education*, 2006, 11 (2): pp. 139 – 143.

[167] Masataka, N., Ohnishi, T., Imabayashi, E., Hirakata, M. & Matsuda, H. Neural correlates for numerical processing in the manual mode. *Journal of Deaf Studies and Deaf Education*, 2006, 11 (2): pp. 144 – 152.

[168] Mayne, A. M. Expressive vocabulary development of infants and toddlers who are deaf or hard of hearing. *Volta Review*, 1998, 5: pp. 1 – 28.

[169] Mayne, A. M., Ryan, T. & Messenheimer, T. Receptive vocabulary development of infants and toddlers who are deaf or hard of hearing. *Volta Review*,

1998, 100 (5): pp. 29 – 52.

[170] McEvoy, C., Marschark, M. & Nelson, D. L. Comparing the mental lexicons of deaf and hearing individuals. *Journal of Educational Psychology*, 1999, 91 (2): pp. 312 – 320.

[171] McGregor, K. K., Friedman, R. M., Reilly, R. M. & Newman, R. M. Semantic representation and naming in young children. *Journal of Speech, Language, and Hearing Research*, 2002, 45 (2): pp. 332 – 346.

[172] McQuarrie, L. & Parrila, R. Phonological representations in deaf children: Rethinking the "Functional Equivalence" hypothesis. *Journal of Deaf Studies and Deaf Education*, 2009, 14 (2): pp. 137 – 154.

[173] Medin, D. & Schaffer, M. Context theory of classification learning. *Psychological Review*, 1978, 85: pp. 207 – 238.

[174] Meyer, D. E. On the representation and retrieval of stored semantic information. *Cognitive Psychology*, 1970, 1: pp. 242 – 300.

[175] Miller, G. A. The magical number seven, plus or minus two: Some limits on our capacity for processing information. *Psychology Review*, 1956, 63: pp. 81 – 97.

[176] Miller, P. Reading comprehension and its relation to the quality of functional hearing: Evidence from readers with different functional hearing abilities. *American Annals of the Deaf*, 2005, 150: pp. 305 – 323.

[177] Miller, P. Communication mode and the processing of printed words: Evidence from readers with prelingually acquired deafness. *Journal of Deaf Studies and Deaf Education*, 2002, 7 (4): pp. 312 – 329.

[178] Miller, P. Processing of written word and non-word visual information by individuals with pre-lingual deafness. *Journal of Speech, Language, and Hearing Research*, 2004, 47 (5): pp. 990 – 1000.

[179] Miller, P. What the visual word recognition skills of prelingually deafened readers tell about their reading comprehension problems. *Journal of Developmental and Physical Disabilities*, 2006a, 18 (2): pp. 91 – 121.

[180] Miller, P. What the processing of real words and pseudohomophones can tell us about the development of orthographic knowledge in prelingually deafened individuals. *Journal of Deaf Studies and Deaf Education*, 2006b, 11 (1): pp. 21 – 38.

[181] Miller, P. The role of spoken and sign languages in the retention of

written words by prelingually deafened native signers. *American Journal of Deaf Studies and Deaf Education*, 2007, 12 (2): pp. 184 -208.

[182] Mitchell, R. E. & Karchmer, M. A. Parental hearing status and signing among deaf and hard of hearing students. *Sign Language Studies*, 2005, 5 (2): pp. 231 -244.

[183] Mitchell, R. E. How many deaf people are there in the United States? Estimates from the survey of income and program participation. *Endnotes In The Author 2005*. Oxford University Press, 2005.

[184] Monreal, S. T. & Hernόndez, R. S. Reading levels of Spanish deaf students. *American Annals of the Deaf*, 2005, 15 (4): pp. 379 -387.

[185] Most, T. , Adi. Bensaid, L. & Bergman, M. The effect of stimulus structure on the auditory-visual perception of speech by Hebrew speaking adults with profound hearing loss. *Clinical Linguistics & Phonetics*, 2000, 14 (4): pp. 243 -253.

[186] Murphy, G. L. Causes of taxonomic sorting by adults: A test of the thematic-to-taxonomic shift. *Psychonomic Bulletin & Review*, 2001, 8 (4): pp. 834 -839.

[187] Musselman, C. How do children who can't hear learn to read an alphabetic script? *Journal of Deaf Studies and Deaf Education*, 2000, 5: pp. 11 -31.

[188] Namei S. Bilingual lexical development: A Persian-Swedish word association study. *International Journal of Applied Linguistics*, 2004, 14 (3): pp. 363 -388.

[189] Neath, I. Modeling the effects of irrelevant speech on memory. *Psychonomic Bulletin & Review*, 2000, 7: pp. 403 -423.

[190] Nelson, K. Variations in children's concepts by age and category. *Child Development*, 1974, 45: pp. 577 -584.

[191] Nelson, K. Global and functional: Mandler's perceptual and conceptual processes in infancy. *Journal of Cognition and Development*, 2000, 1: pp. 49 -54.

[192] Newman, A. J. , Bavelier, D. , Corina, D. , Jezzard, P. & Neville, H. J. A critical period for right hemisphere recruitment in American sign language processing. *Nature: Neuroscience*, 2002, 5 (1): pp. 76 -80.

[193] Newport, E. L. Maturational constraints on language learning. *Cognition Scince*, 1990, 14: pp. 11 -28.

[194] Nguyen, S. P. & Murphy, G. L. An apple is more than just a fruit:

Cross-classification in children's concepts. *Child Development*, 2003, 74 (6): pp. 1783 – 1806.

[195] Nida, R. E. & Lange, G. Young children's use of spatial cues to organize and recall object names. *The Journal of Genetic Psychology*, 1997, 158 (4): pp. 457 – 465.

[196] Olson, A. C. & Caramazza, A. Orthographic structure and deaf spelling errors: Syllables, letter frequency, and speech. *The Quarterly Journal of Experimental Psychology*, 2004, 57A (3): pp. 385 – 417.

[197] Ortiz, I. R. R. Sign language comprehension: The case of Spanish sign language. *Journal of Deaf Studies and Deaf Education*, 2008, 13 (3): pp. 378 – 390.

[198] Osberger, M. & Hesketh, L. Speech and language disorders related to hearing impairment. In: N. Lass, J. Northern, L. McReynolds & D. Yoder (Eds.). *Handbook of Speech-Language Pathology and Audiology*. Toronto: BC Decker, 1986: pp. 858 – 886.

[199] Ottem, E. An analysis of cognitive studies with deaf subjects. *American Annals of the Deaf*, 1980, 125: pp. 564 – 575.

[200] Özçalıskan, S., Goldin Meadow, K., Gentner, D. & Mylander, C. Does language about similarity play a role in fostering similarity comparison in children? *Cognition*, 2009, 112: pp. 217 – 228.

[201] Pagliaro, C. M. & Kritzer, K. L. Discrete mathematics in deaf education: A survey of teachers' knowledge and use. *American Annals of the Deaf*, 2005, 150 (3): pp. 251 – 259.

[202] Paivio, A. & Csapo, K. Concrete image and verbal memory codes. *Journal of Experimental Psychology*, 1969, 80: pp. 279 – 285.

[203] Parasnis, I. Cognitive diversity in deaf people: Implications for communication and education. *Scandinavian Audiology*, 1998, 27 (49): pp. 109 – 115.

[204] Paul, P. V. Deaf children's comprehension of multimeaning words: Research and implications. *Based on A Paper Presented at the Annual Indiana Association for Child and Adults with Learning Disabilities*, 1987, p. 13.

[205] Pavlicic, T. The organization of verbs in the mental lexicon. *UMI*, 2004.

[206] Pena, E. D., Bedore, L. M. & Zlatic Giunta, R. Category-generation performance of bilingual children: The influence of condition, category, and lan-

guage. *Journal of Speech, Language, and Hearing Research*, 2002, 45 (5): pp. 938 –947.

[207] Penhune, V. B., Cismaru, B., Dorsaint Pierie, R., Petitto, L. & Zatorre, R. J. The morphometry of auditory cortex in the congenitally deaf measured using MRI. *NeuroImage*, 2003, 20 (2): pp. 1215 –1225.

[208] Peterson, C. C. & Siegal, M. Changing focus on the representational mind: Deaf, autistic and normal children's concepts of false photos, false drawings, and false beliefs. *The British Journal of Developmental Psychology*, 1998, 16: pp. 301 –320.

[209] Proffitt, J. B., Coley, J. D. & Medin, D. L. Expertise and category-based induction. *Journal of Experimental Psychology: Learning, Memory & Cognition*, 2000, 26 (4): pp. 811 –828.

[210] Proksch, J. & Bavelier, D. Changes in the spatial distribution of visual attention after early deafness. *Journal of Cognitive Neuroscience*, 2002, 14: pp. 687 –701.

[211] Provine, R. R. & Emmorey, K. Laughter among deaf signers. *Journal of Deaf Studies and Deaf Education*, 2008, 11 (4): pp. 403 –409.

[212] Pyers, J. E. & Senghas, A. Language promotes false-belief understanding. *Psychological Science*, 2009, 20 (7): pp. 805 –812.

[213] Quinn, J. G. & McConnell, J. Irrelevant pictures in visual working memory. *Quarterly Journal of Experimental Psychology*, 1996, 49A (1): pp. 200 –215.

[214] Reed, D. M., Delhorne, L. D., Durlach, N. I. & Fischer, S. D. A study of the tactual and visual reception of fingerspelling. *Journal of Speech and Hearing Research*, 1990, 22: pp. 786 –797.

[215] Rettenbach, R, Diller, G. & Sireteanu, R. Do deaf people see better? Texture segmentation and visual search compensate in adult but not in juvenile subjects. *Journal of Cognitive Neuroscience*, 1999, 11 (5): pp. 560 –583.

[216] Rietveld, S., Spiering, M., Rotteveel, M. & van Beest, I. Visual performance of adults with prelingual auditory impairment. *American Annals of the Deaf*, 2004/5, 149 (5): pp. 421 –427.

[217] Roald, I. Norwegian deaf teachers' reflections on their science education: Implications for instruction. *Journal of Deaf Studies and Deaf Education*, 2002, 7 (1): pp. 57 –72.

[218] Roald, I. Norwegian deaf teachers' reflections on their science education: Implications for instruction. *Journal of Deaf Studies and Deaf Education*, 2007, 7 (1): pp. 57 – 73.

[219] Roberts, P. M. & Dorze, G. L. Bilingual aphasia: Semantic organization, strategy use, and productivity in semantic verbal fluency. *Brain and Language*, 1998, 65: pp. 287 – 312.

[220] Robinson, R. & Paramo, P. Juvenile prostitution and community rehabilitation: An exploratory analysis of beliefs and values. *Journal of Community & Applied Social Psychology*, 2007, 17: pp. 237 – 247.

[221] Rönnberg, J, Soderfeldt, B. & Risberg, J. Regional cerebral blood flow during signed and heard episodic and semantic memory tasks. *Applied Neuropsychology*, 1998, 5 (3): pp. 132 – 138.

[222] Rönnberg, J., Rudner, M. & Ingvar, M. Neural correlates of working memory for sign language. *Cognitive Brain Research*, 2004, 20 (2): pp. 165 – 182.

[223] Rosch, E. H. Cognitive representation of semantic categories. *Journal of Experimental Psychology*, 1975, 104: pp. 192 – 233.

[224] Rosch, E. H., Mervis, C. B., Gray, W. D., Johnson, D. M. & Boyes Braem, P. Basic objects in natural categories. *Cognitive Psychology*, 1976, 8: pp. 382 – 439.

[225] Ross, B. M. Probability concepts in deaf and hearing children. *Child Development*, 1966, 37: pp. 917 – 927.

[226] Ross, R. H. & Murphy, G. L. Food for thought: Cross-classification and category organization in a complex real-world domain. *Cognitive Psychology*, 1999, 38: pp. 495 – 553.

[227] Rosselli, M., Ardila, A., Salvatierra, J., Marquez, M., Matos, L. & Weekes, V. A. A cross-linguistic comparison of verbal fluency tests. *International Journal of Neuroscience*, 2002, 112: pp. 759 – 766.

[228] San Jose Robertson, L., Corina, D. P., Ackerman, D. et al. Neural systems for sign language production: Mechanisms supporting lexical selection, phonological encoding, and articulation. *Human Brain Mapping*, 2004, 23 (3): pp. 156 – 167.

[229] Sánchez Marin, F. J. Visual performance of deaf and hearing children and adults, in the detection of a moving stimulus. *Optical Review*, 2003, 10 (4): pp. 216 – 220.

[230] Sarachan Deily, A. B. *Deaf readers' comprehension of individual sentences.* Condensed version of this paper presented at the International Convention of the Alexander Graham Bell Association of the Deaf (Houston, TX, June 26, 1980).

[231] Sarachan Deily, A. B. *Semantic analyses of classroom writing behavior of the deaf.* A condensed version of this paper was presented at the International Convention of the Alexander Grahm Bell Association for the deaf (Toronto, Canada, June 25, 1982).

[232] Senghas, A, Kita, S. & Ozyurek, A. Children creating core properties of language: Evidence from an emerging sign language in Necaragua. *Science*, 2004, 305: pp. 1779 - 1782.

[233] Senior, G. Temporal orientation in hearing impaired people. *Disability, Handicap & Society*, 1988, 3 (3): pp. 277 - 290.

[234] Shangtie, C. & Hoffmeister, R. J. Why schools for deaf children should hire deaf teachers: A preschool issue. *Journal of Education*, 2000, 182 (3): pp. 37 - 47.

[235] Share, D. L. Phonological recoding and self-teaching: Sine qua non of reading acquisition. *Cognition*, 1995, 55: pp. 151 - 218.

[236] Shatz, M., Wellman, H. & Silber, S. The acquisition of mental verbs: A systematic investigation of the first reference to mental state. *Cognition*, 1983, 14: pp. 301 - 321.

[237] Siegal, M. & Peterson, C. C. Breaking the mold: A fresh look at questions about children's undertanding oflies and mistakes. *Developmental Psychology*, 1996, 32: pp. 322 - 334.

[238] Sladen, D. P., Tharpe, A. M., Ashmead, D. H., Grantham, D. W. & Chun, M. M. Visual attention in deaf and normal hearing adults: Effects of stimulus compatibility. *Journal of Speech, Language, and Hearing Research*, 2005, 48 (6): pp. 1529 - 1537.

[239] Smith, E. E., Shoben, E. J. & Rips, L. J. Structure and process in semantic memory: A feature model of semantic decisions. *Psychological Review*, 1974, 81: pp. 214 - 241.

[240] Snow, C., Burn, S. & Griffin, P. *Preventing Reading Difficulties in Your Children.* Washington DC: National Academy Press, 1998.

[241] Spencer, P. E. & Lederberg, A. Different modes, different models:

Communication and language of young deaf children and their mothers. In L. Adamson & M. Romski (Eds.). *Communication and Language Acquisition. Discoveries from Atypical Development.* Baltimore, MD: Paul H. Brookes, 1997: pp. 203 – 230.

[242] Sperling, G. The information available in brief visual presentations. *Psychol. Monogr. Gen. Applied*, 1960, 74: pp. 1 – 29.

[243] Sterne, A. & Goswami, U. Phonological awareness of syllables, rhymes, and phonemes in deaf children. *J. Child Psychol. Psychiat.*, 2000, 41 (5): pp. 609 – 625.

[244] Stokoe, W. C., Jr. Sign language structure: An outline of the visual communication systems of the American deaf. *Journal of Deaf Studies and Deaf Education*, 2005, 10 (1): pp. 3 – 37.

[245] Strassman, B. K., Kretschmer, R. E. & Bilsky, L. H. The instantiation of general terms by deaf adolescents/adults. *J. Commun Disord*, 1987, 20 (1): pp. 1 – 13.

[246] Sur, M. Rewiring cortex: Cross-modal plasticity and its implications for cortical development and function. In B. Stein (Ed.). *Handbook of multisensory processes.* Cambridge, MA: MIT Press, 2004: pp. 681 – 694.

[247] Sutcliffe, A., Dowker, A. & Campbell, R. Deaf children's spelling: Does it show sensitivity to phonology? *Journal of Deaf Studies and Deaf Education*, 1999, 4 (2): pp. 111 – 123.

[248] Swisher, M. V. Perceptual and cognitive aspects of recognition of signs in peripheral vision. In M. Marschark & M. D. Clark (Eds.). *Psychological perspectives on deafness.* Hillsdale, NJ: Lawrence Erlbaum Associates Inc, 1993: pp. 209 – 227.

[249] Tager. Flusberg, H., Baron Cohen, S. & Cohen, D. An introduction to the debate. In S. Baron Cohen, H. Tager-Flusberg & D. Cohen (Eds.). *Understanding Other Minds: Perspectives from Autism.* Oxford, UK: Oxford University Press, 1993: pp. 10 – 39.

[250] Thompson, R., Emmorey, K. & Gollan, T. H. "Tip of the fingers" experiences by deaf signers. *Psychological Science*, 2005, 16 (1): pp. 856 – 860.

[251] Transler, C. & Reitsma, P. Phonological coding in reading of deaf children: Pseudohomophone effects in lexical decision. *The British Journal of Developmental Psychology*, 2005, 23: pp. 525 – 542.

[252] Troia, G. Phonological processing and its influence on literacy learning.

In C. Stone, E. Silliman, B. Ehren & K. Appel (Eds.). *Handbook of language and literacy: Development and disorders.* New York: The Guilford Press, 2004.

[253] Tulving, E. *Elements of episodic memory.* Oxford, England Clarendon, 1983.

[254] Tyler, L. K., Russell, R., Fadili, J. & Moss, H. The neural representation of nouns and verbs: PET studies. *Brain*, 2001, 124 (8): pp. 1619 – 1634.

[255] Van Deusen. Phillips, S. B., Goldin Meadow, S. & Miller, P. J. Enacting stories, seeing worlds: Similarities and differences in the cross-cultural narrative development of linguistically isolated deaf children. *Human Development*, 2001, 44: pp. 311 – 336.

[256] Venezky, R. English orthography: Its graphical structure and its relation to sound. *Reading Research Quarterly*, 1967, 2: pp. 75 – 105.

[257] Ventura, P., Morais, J. & Kolinsky, R. Evaluating feature-category relations using semantic fluency tasks. *Brain and Cognition*, 2005, 58: pp. 202 – 212.

[258] Vernon, M. Fifty years of research on the intelligence of deaf and hard-of-hearing children: A review of literature and discussion of implications. *American Annals of the Deaf*, 2005, 148 (3): pp. 213 – 221.

[259] Wagner, S. M., Nusbaum, H. & Goldin Meadow, S. Probing the mental representation of gesture: Is hand-waving spatial? *Journal of Memory and Language*, 2004, 50: pp. 395 – 407.

[260] Wauters, L. N., Knoors, H. E. T., Vervloed, M. P. J. & Aarnoutse, C. A. J. Sign facilitation in word recognition. *The Journal of Special Education*, 2007, 35 (1): pp. 31 – 40.

[261] Weiner, B. *Theories of Motivation: From Mechanism to Cognition.* Chicago: Rand-McNally, 1972.

[262] Wellman, H. Early understanding of the mind: The normal case. In S. Baron Cohen, H. Tager Flusberg & D. Cohen (Eds). *Understanding Other Minds: Perspetives from Autism.* Oxford: Oxford University Press, 1993.

[263] Wentura, D. & Frings, C. Repeated masked category primes interfere with related exemplars: New evidence for negative semantic priming. *Journal of Experimental Psychology*, 2005, 31 (1): pp. 108 – 120.

[264] Wilcox, S. Cognitive iconicity: Conceptual spaces, meaning, and gesture in signed languages. *Cognitive Linguistics*, 2004, 15 (2): pp. 119 – 147.

[265] Wills, A. J. & McLaren, I. P. L. Perceptual learning and free classi-

fication. *The Quarterly Journal of Experimental Psychology*, 1998, 51b (3): pp. 235 -270.

[266] Wilson, M. & Emmorey, K. Working memory for sign language: A window into the architecture of working memory system. *Journal of Deaf Studies and Deaf Education*, 1997, 2 (3): pp. 121 -130.

[267] Wilson, M. & Emmorey, K. A "word length effect" for sign language: Further evidence for the role of language in structuring working memory. *Memory & Cognition*, 1998, 26: pp. 584 -590.

[268] Wilson, M. & Emmorey, K. When does modality matter? Evidence from ASL on the nature of working memory. In Emmorey, K. & Lane, H. (Eds.). *The Signs of Language Revisited*: *An Anthology to Honor Ursula Bellugi and Edward Klima*. Mahwah, New Jersey: Lawrence Erlbaum, 2000: 135 -142.

[269] Wilson, M. & Fox, G. Working memory for language is not special: Evidence for an articulatory for novel stimuli. *Psychonomic Bulletin & Review*, 2007, 14 (3): pp. 470 -473.

[270] Wilson, M. & Emmorey, K. A visuospatial phonological loop in working memory evidence from American sign language. *Memory & Cognition*, 1997, 25 (3): pp. 313 -340.

[271] Wilson, M. & Emmorey, K. The effect of irrelevant visual input on working memory for sign language. *Journal of Deaf Studies and Deaf Education*, 2003, 8 (2): pp. 97 -103.

[272] Wilson, M. The effect of irrelevant visual input on working memory for sign language. *Journal of Deaf Studies and Deaf Education*, 2003, 8 (2): pp. 97 -103.

[273] Wilson, M., Bettger, J. G., Niculae, I. & Klima, E. S. The impact of language modality on the structure of working memory. *Journal of Deaf Studies and Deaf Education*, 1997, 2: pp. 150 -160.

[274] Wood, F. Focal and diffuse memory activation assessed by localized indicators of CNS metabolism: The semantic-episodic distinction. *Human Neurobiology*, 1987, 6: pp. 141 -151.

[275] Yoshinaga Itano, C. From screening to early identification and intervention: Discovering predictors to successful outcomes for children with significant hearing loss. *Journal of Deaf Studies and Deaf Education*, 2003, 8: pp. 11 -13.

[276] Zarfaty, Y., Nunes, T. & Bryant, P. The performance of young deaf

children in spatial and temporal number tasks. *Journal of Deaf Studies and Deaf Education*, 2004, 9 (3): pp. 315 – 326.

［277］包燕，王甦. 分配注意对短时记忆中知觉组织的影响. 心理学报，2000（3）：258～263

［278］本杰明·李·沃尔夫. 论语言、思维和现实. 高一虹等译. 长沙：湖南教育出版社，2001

［279］陈少毅，兰继军. 手语研究与聋人康复和聋校教学. 中国特殊教育，2003（5）：32～36

［280］邓惠兰. 手语语言学与语言习得研究的关系. 当代语言学，2002（3）：201～224

［281］董燕萍. 关于心理语言学中双语词汇记忆的试验手段. 解放军外语学院学报，1998（5）：1～8

［282］方俊明，何大芳. 中国聋人手语脑功能成像的研究. 中国特殊教育，2003（2）：50～56

［283］顾定倩，刘扬，冬雪，王娇艳. 关于中国手语推广与研究情况的调查分析. 中国特殊教育，2005（4）：3～10

［284］郭誉玫. 手语新知：视觉语言学. 教育资料与研究，1984（2）：1～10

［285］何文明. 聋校教学语言效率研究. 中国特殊教育，2003（1）：36～40

［286］胡雅梅，牛玉柏. 手语在听觉障碍儿童认知发展中的作用. 中国特殊教育，2003（4）：49～53

［287］雷江华，方俊明. 聋人纯度的大脑机制研究. 心理科学，2005（1）：10～12

［288］李德高，张积家. 先天聋人的语音、正字法意识和概念知识结构. 心理科学进展，2006（3）：354～359

［289］李炯英. 波兰语义学派概述. 外语教学与研究，2005，37（5）：377～382

［290］梅芙生. 对我国聋人语言教学法的沉思. 教育科学，1999（3）：44～47

［291］孟宪章，龚耀先. 聋童与正常儿童智力比较研究. 中国临床心理学杂志，1995（3）：137～139

［292］诺姆·乔姆斯基. 乔姆斯基语言学文集，长沙：湖南教育出版社，2000

[293] 沙毓英. 从摩梭人的词汇看人类概念的发展. 心理学报，1995 (3)：328～333

[294] 史蒂芬·平克. 语言本能. 洪兰译. 汕头：汕头大学出版社，2004

[295] 孙国仁. 聋人与正常人内隐记忆的比较研究. 中国特殊教育，2000 (1)：31～34

[296] 王东. 自然手语与规约手语之研究. 中国特殊教育，2003 (3)：33～39

[297] 王红强. 聋童在绘人智能测验中的特征. 中国特殊教育，1998 (4)：23～26

[298] 王敬欣. 聋人和听力正常人语言理解和生成的实验研究. 中国特殊教育，2000 (1)：8～12

[299] 王静. 中国聋人自然手语和古代汉语之比较. 中国特殊教育，2008 (2)：35～38

[300] 王庭照. 聋人与听力正常人心理旋转能力的比较研究. 中国特殊教育，2000 (1)：20～25

[301] 维果茨基. 思维与语言. 李维译. 杭州：浙江教育出版社，1999

[302] 吴彩娟. 学龄初期聋童与健听童汉字学习心理的实验研究. 辽宁师范大学，2000

[303] 杨治良，郭力平，王沛，陈宁等. 记忆心理学. 上海：华东师范大学出版社，1999

[304] 游顺钊. 视觉语言学. 徐志民译. 台北：大安出版社，1991

[305] 昝飞，谭和平. 不同感觉通道词汇影响聋生汉字加工的实验研究. 心理科学，2004 (1)：80～83

[306] 张积家，陈俊. 语言表达方式对科学概念语义提取时间的影响. 心理科学，2001 (3)：306～308

[307] 张积家，董昌锋. 范畴变量对虚假记忆的影响. 心理学报，2006 (3)：324～332

[308] 张积家，方燕红. 汉字词和图片命名与分类的比较. 心理学报，2009 (2)：114～126

[309] 张积家，和秀梅. 纳西人亲属词的概念结构. 心理学报，2004 (6)：654～662

[310] 张积家，李德高. 青少年聋生的分类学联系. 心理学报，2008 (11)：1178～1189

[311] 张积家，刘丽虹，谭力海. 语言关联性假设的研究进展——新的证据与看法. 语言科学，2005（3）：42～56

后　记

本研究得以顺利完成，首先要感谢我的导师张积家教授的精心指导，尤其是研究中实现的多种研究范式的应用，均得益于导师每周都亲临指导的课题组活动。研究过程中得到了众师兄弟姐妹们的大力支持：刘丽虹帮我联络主要被试来源；郭志颖、崔占玲、曾细红、李茂、林娜等直接帮我完成了许多具体的实验研究工作；其他同年级的同学或低年级的许多师妹师弟，例如，徐明慧、刘红艳、石艳彩、段新焕、党玉晓、张恩涛等，都帮我当过至少一次实验主试，在此向他们表示衷心的感谢。

感谢陈柏华博士为我联系许多学校，确保大量预备实验得以顺利完成。感谢徐锦民博士对我生活和研究工作中的帮助。更要感谢我的室友——周象贤博士，生活上我们相互理解和体贴，学习上我们相互激励和帮助，使这三年成为我人生的重要阶段。

广州市聋人学校高珂娟主任对我研究意向的肯定和支持使我开始时对聋人研究的畏惧感顿时消失。在此后漫长的实验研究中，吴雪云老师、何维维老师、陈晓君老师、张晓娜老师、林小珍老师和李玲老师，他们除了有求必应地协调配合我的研究、有序地充当实验主试之外，还协助我完成许多相关工作。张辉老师、吴雪云老师和周艳老师在手语指导语和实验材料录像中表现出的认真和耐心令我钦佩。在计算机网络服务器和计算机网络教室及其他相关设备的使用中，负责技术的邓勇华老师、陈晓老师和熊瑛老师都给予了我热情的帮助。近两年的实验研究中，每当我需要任何帮助时，都会得到相应的老师和工作人员的热情支持。我在广州聋人学校感受到的不只是高主任和其他领导（如戴校长和潘副校长等）对聋人教育研究的高度重视，而且还有全体老师和工作人员对聋人教育的无私奉献。感谢广州市聋人学校2006—2007年间小学四年级到高中二年级全体在校聋生的热情参与。

感谢广州市员村小学吕红英副校长、广州市育才中学赵卫平副校长和陈支南副校长、佛山市第十四中学张卫东主任、佛山市启聪学校郑俏华副校长、佛山市同济小学双春梅副校长、佛山市建设小学陈帼雄副校长、佛山市第二中学王建伟主任。还要感谢以上学校的中小学生们，是他们的真诚配合才使本研究的预备实验和对照实验研究得以顺利完成。

李德高
2010 年 10 月